IDEAL LIBRARY

# The Dance of Life

## The Other Dimension of Time

에드워드 홀 문화인류학 4부작 ❹ 최효선 옮김

# 생명의 춤

## 시간의 또 다른 차원

한길사

**이상의 도서관 49**

생명의 춤 시간의 또 다른 차원

**지은이** 에드워드 홀
**옮긴이** 최효선
**펴낸이** 김언호

**펴낸곳** (주)도서출판 한길사
**등록** 1976년 12월 24일
**주소** 10881 경기도 파주시 광인사길 37
**홈페이지** www.hangilsa.co.kr
**전자우편** hangilsa@hangilsa.co.kr
**전화** 031-955-2000~3  **팩스** 031-955-2005

**CTP출력·인쇄** 예림  **제본** 예림바인딩

제1판 제1쇄 2000년 7월 30일
제1판 제2쇄 2009년 8월 20일
제2판 제1쇄 2013년 2월 28일
제2판 제2쇄 2021년 5월  3일

값 20,000원

ISBN 978-89-356-6544-6 04330
ISBN 978-89-356-6545-7 (세트)

• 잘못 만들어진 책은 구입하신 서점에서 바꿔드립니다.
• 이 도서의 국립중앙도서관 출판시도서목록(CIP)은 서지정보유통지원시스템 홈페이지(seoji.nl.go.kr)와
국가자료공동목록시스템(www.nl.go.kr/kolisnet)에서 이용하실 수 있습니다.
(CIP제어번호: CIP2013000826)

# 시간의 숨겨진 차원

• 옮긴이의 말

지금의 세계는 모든 인간을 '시장의 파리 떼'로 환원시키는 거대한 기계다. "새천년을 맞아 가장 부가가치가 높고 각광받는 산업은 문화산업이 될 것이다"라는 말 또한 수상쩍다. 과학과 기술의 상품화로 지구상의 거의 모든 인간을 사로잡은 자본주의 논리가 문화에도 그대로 적용되어 '문화상품'의 개발에 기치를 올리고 있는 이즈음, 인간은 또다시 자기자신을 돌아볼 기회(문화에 대한 새롭고도 반성적인 '원근법적' 시각을 통하여)를 자본주의적 시장논리에 빼앗기고 있을지도 모른다.

니체가 '미래의 철학을 위한 서곡'이라는 부제가 달린 『선악의 피안』을 쓴 것이 1885년이다. 당시 서구의 문화와 사상을 통렬히 비판하면서 니체가 우리에게 베푼 덕이 바로 이 '미래의 철학'으로 그것은 우리 자신의 '해독'(解讀)의 노력 속에서만 존재하게 될 잠재태일 것이다. 그렇지 않을 때 우리에게는 저 기계를 피하게 해줄 어떤 보장도 없다. 에드워드 홀이 자신의 모든 책에서 직접적으로 혹은 우회적으로 역설하고 있는 내용은 이에 다름 아니다.

홀에 의하면 인간은 자기 외부의 언장물(延長物)을 진화시킴으로써 자신의 약점을 보완해왔고 그것이 다름 아닌 문화(언어나 문명의 이기를 포함하여)라는 것이다. 그저 편리한 것이 문화라고 믿는다는 니체의 불만에 나타나듯이 문제는 자신이 진화시킨 연장물이 가져다주는 편리함에 젖어서 어느덧 인간은 그 연장물의 구속을 눈치채지 못한 채 문화의 지배를 받게 되었다는 점이다.

홀의 모든 시도는 바로 이 문화의 속박을 풀기 위해 우리가 하지 않으면 안 될 노력에 관한 것들이다. 그 노력이란 우리 자신을 진정으로 알고자 하는 일이며 그러기 위해서는 무의식중에 당연시되면서 자신을 얽어매는 문화적 습관을 읽어내어 새로운 습관으로 개선시킬 수 있는 자발성을 갖추어야 한다는 것이다.

현대 프랑스 철학의 유심론적 실재론자인 라베송(F. Ravaisson)은 인간을 무한한 습관의 잠재력을 가진 존재로 보았다. 일단 형성된 습관은 필연성·자동성을 띠는데 새로운 습관을 들이는 능력이 부족한 존재는 그만큼 더 필연성에 지배된다. 그리고 새로운 습관을 무한히 형성할 수 있는 것은 이 필연성으로부터의 해방, 즉 자유를 의미한다. 자유와 선택, 창조는 주어진 습관을 끊임없이 무화(無化)시키는 능력 이외의 것이 아니며 이것은 베르그송이 말했듯이 '무한히 옛 습관에 새로운 습관을 대체시키는' 힘을 의미한다. 그리고 인간의 탁월성은 바로 여기에서 유래한다.

역으로 문화를 진정으로 이해하려면 삶에 대한 우리의 관심을 다시 불러일으키지 않으면 안 된다. 홀은 문화가 인간에게 부과된 것일 뿐만 아니라 넓은 의미에서 문화 그 자체가 인간이며 삶이 풍부한 의미를 지니게 되는 것은 복잡다양한 문화에서 수백만 가지 가능한 결합을 이끌어낸 결과라고 주장하고 있다. 다른 문화를 연구하는 궁극적인 이유도 자신의 삶에 생동감과 새로운 인식을 부여하기 위한 것으로 삶에 대한 관심은 대조와 차이라는 충격을 통해서 비로소 촉발될 수 있기 때문이다.

홀은 머리로 쓰는 학자가 아니라 발로 쓰는 부지런한 학자이다. 그가 문화를 연구하는 과정에서 독창적으로 만들어낸 용어——예컨대 프록세믹스, 연장의 전이, 저맥락·고맥락의 메시지, 모노크로닉·폴리크로닉한 시간——들은 수십 년간의 체험을 통해 얻은 사례들에 의해 하나하나 설명되고 입증된다.

그가 차례로 발표한 『침묵의 언어』(*The Silent Language*, 1959), 『숨겨진 차원』(*The Hidden Dimension*, 1966), 『문화를 넘어서』(*Beyond Culture*, 1976), 『생명의 춤』(*The Dance of Life*, 1983)은 상호연관성을 지닌 연작으로, 다양한 신개념들을 일관성 있게 반복하여 다룸으로써 문화에 관한 다층적이고도 통합적인 반성과 전망을 전개시키고 있다. 여기에는 문화인류학뿐만 아니라 언어학·사회심리학·교육학·역사학·행동과학에서 생물학·동물행동학·유전학과 같은 자연과학에 이르기까지 다양한 학문적 업적이 초학문분야적(interdisciplinary) 접근방식으로 원용되고 있다.

그러나 그의 책들은 자신이 밝히고 있듯이 어떤 전문적인 학문분야에도 속하지 않는 독자적인 것으로 특정 독자나 전문가를 위한 것이 아니다. 따라서 다분히 심각한 주제를 다루고 있는 그의 문체는 자못 경쾌하고 내용 또한 생생하고 흥미로울 뿐만 아니라 실용적인 이야깃거리로 점철되어 있다. 아마도 그의 경력이 그러한 능력의 원천을 말해줄 것이다.

홀은 1942년 컬럼비아 대학에서 박사학위를 취득하고 나바호족, 호피족, 에스파냐계 미국인, 남태평양의 트루크족 등과 더불어 현지조사 연구를 행했다. 그 후 해외원조사업이 집중적으로 행해지던 1950년대에 미국 국무성의 의뢰로 '해외파견요원 훈련사업'에서 수년간 정부와 기업을 위해 외국에서 일할 미국인들을 선발하고 훈련시키는 데 종사해 왔다. 그 일을 통해 그는 외국에서 일하는 미국인이 그 나라 사람들과의 관계에서 겪는 대부분의 어려움은 통문화적 의사소통(cross-cultural communication)에 관해 거의 배운 바가 없다는 사실에 기인한다는 점을 확신했다고 한다. 그리고 나서 1959년에서 1963년까지는 '워싱턴 정신의학교'에서 커뮤니케이션 연구 프로젝트를 지도했다.

그와 같은 경험을 기반으로 그가 절감한 인류의 당면 문제를 풀고자 한 노력의 결과가 바로 그의 책들이다. 세계 각지 사람들과의 상호관계가 점차 증가하고 있는 오늘날, 문화가 다른 사람들이 교류할 때 서로 호의를 가졌음에도 불구하고 그 문화 고유의 비언어적 행동양식을 이해하지 못해 의미를 왜곡하게 된다는 점에서, 홀은 무엇보다도 먼저 문화를 여러 차원의 복잡한 커뮤니케이션으로 이해할 필요가 있다고 생각한다. 그것을 다룬 책이 그의 첫 번째와 두 번째 저서이다. 두 책은 문화에 의해 형성된 경험의 구조를 각각 시간과 공간을 이용하는 방식에 근거하여 풀어냄으로써 부지불식간에 우리의 삶을 속박하고 있는 요인들을 기층문화에 입각한 체계적이고도 다각적인 시각으로 분석하고 있다.

홀에게 명성을 안겨준 첫 번째 저서『침묵의 언어』에서는 인류학의 전문영역으로만 다루어지던 문화를 커뮤니케이션의 한 형태로 분석하면서 너무나 모호한 개념이 돼버린 문화라는 말의 의미를 명확히 하기 위해 문화의 기본적 단위를 제시하고 있다. 그를 위한 기초 작업으로서 대부분의 문화가 성장한 생물학적 근원과 문화의 조성에 결합된 10가지 기본적 의사전달체계(비언어적 커뮤니케이션)와 인간이 사물을 경험하는 3가지 차원의 방식을 정리하고 있다.

또한 홀은 커뮤니케이션의 다양한 방식, 특히 '지각되지 않는' 측면을 다루면서 침묵의 언어로서의 시간과 공간을 상세히 분석하고 있다. 그는 자신의 접근방식들은 문화에 관한 기존 학설의 재탕이 아니라 사물을 새로운 시야로 바라보는 방식을 다룬 것이며 다른 문화를 진지하게 받아들이는 태도를 통해 자신에게조차 숨겨진 면을 파악할 수 있는, 즉 자신을 아는 가장 효과적인 방법을 다룬 것이라고 말한다.

두 번째 저서『숨겨진 차원』에서는 사람들이 문화의 한 기능으로서 공간을 사용하는 방식, 즉 인간이 공간을 구조하고 사용하는 방식에 문화가 미치는 영향을 프록세믹스(proxemics)라는 새로운 용어를 마련하여 관찰하고 있다. 여기에서 홀은 현대사회에서 갈수록 심각해지는 이문화 간 갈등의 한 요인이 개체 간의 거리, 즉 공간을 지각하는 형식의 문화적 차이에 있다고 보고 '침묵의 언어'인 공간이 야기하고 있는 여러 역작용을 감소시키기 위해 공간을 이용하는 방식을 동물행동학의 연구 성과 등 다양한 실험과 관찰을 통해 설명하고 있다. 특히 이 책은 건축학도들에게는 필독서로 꼽히는데 그 이유는 인간에게 편안하고 유용한 공간설계를 위해 염두에 두지 않으면 안 될 여러 가지 문화적·환경적 문제 들을 다루고 있기 때문일 것이다.

"도시는 인류가 뱉어낸 가래침이다"라는 장 자크 루소의 말을 절감할 정도로 현대의 도시는 인간의 연장물이 주는 모든 편리와 불편을 동시에 지니면서 인류의 골칫거리를 제조하고 있는 거대한 공장이 되었다. 홀은 환경문제·인구문제·인종문제 등이 농축되어 있는 거대도시의 문제를 인류의 미래와 직결된 것으로 보고 미래의 도시계획에 구체적인 비전을 제시하고 있다. 그리고 앞으로의 도시계획에는 기존의 전문가들 외에 심리학사·인류학자 등 새로운 전문기들이 반드시 참여해야 할 것이라고 당부한다.

앞서 강조했던 홀의 접근방식들은 세 번째 저서 『문화를 넘어서』에서도 유지되어 맥락화·동시동작·행동연쇄·동일시 등 인지나 행동상의 문제를 인간에 관한 생물학적·심리학적(정신분석학적) 기초사실에 근거하여 풀어내고 있다. 특히 교육과 관련해서는 현대의 제도화된 교육 패턴이 간과해온 것들을 최근의 연구성과를 동원하여 영장류로서의 인간이라는 유기체의 생리학적·신경학적 구조를 설명함으로써 개선점을 제시하고 있다. 쉽게 말하자면, 지금의 교육제도는 고도로 논리정연하고 수리능력이 탁월한 학생들만이 큰 혜택을 받도록 고안된 것으로, 두뇌와 재능이 뒤져서가 아니라 그 특별한 재능이 교육제도와 부합되지 않기 때문에 좌절하거나 배제되는 학생들이 많다는 것이다. 이 점에서 홀은 서구의 문화가 학습을 제도화시키는 과정에서 인간의 기본 본성은 엄청난 모욕을 감내할 수밖에 없었다고 지적한다.

또한 이문화 간의 차이를 극복하기 위해 홀이 마련한 구체적 방법으로, 드러나지 않은 숨겨진 차원의 문화를 파악하기 위한 악보(그는 문화를 읽어내기 위한 자신의 작업을 음악에서 악보를 만드는 작업에 비유한다), 즉 문화를 구성하는 다양한 요소를 분석하고 통합하는 작업이 제시된다. 그리고 오늘날과 같이 수많은 정보가 범람하는 세계에서 자신의 전문분야에서조차 시대의 흐름에 뒤지고 있는 듯한 불안감과 외부세상과의 연결점을 놓친 듯한 소외감에서 벗어날 수 있는 자신감을 부여하기 위해 맥락(context)을 파악하는 능력을 강조하고 과잉정보의 맹점을 집어내는 혜안을 갖출 수 있는 준거의 틀을 마련하고 있다. 여기에서 특별히 옮긴이의 관심을 끈 대목은 번역과 관련된 홀의 생각으로, 네 번째 책에서도 거듭 강조되듯이, 엄청난 시간과 돈을 쏟아부었음에도 컴퓨터가 결국 해내지 못한 번역작업의 실패요인이 다름 아닌 언어코드를 전체적인 맥락과 연관짓는 일에 있다는 것이다.

홀은 인간이 자신의 연장물, 특히 언어·도구·제도를 진화시키면서 스스로 창조한 괴물을 통제할 능력을 잃게 된 현상을 '연장의 전이'라고 명명하면서 인간은 스스로 연장시켜온 자신의 일부를 대가로 지불하고 진보해왔으며, 그 결과 인간의 본성은 다양한 형태로 억압되고 말았다고 주장한다. 이 시점에서 인간은 자신의 외부세계에 집중하던 관심을 방향전환시켜 내부의 상실되고 소외된 본연의 자아를 다시 찾는 일로 향하게 하지 않으면 안 된다는 홀의 염려가 이어지고 있다.

네 번째 책이 다루고 있는 주제가 바로 그것이다. 『생명의 춤』은 인간의 생명 그 자체를 이해하기 위한 지표로서 인류의 두 철학적 전통, 즉 서양철학과 불교철학을 기반으로 한 상이한 두 문화권의 비교를 통해 서로 얻고 배울 점을 논하고 있다. 이 책은 앞서의 책들에서 거론된 모든 개념을 되짚어나가면서, 특히 커뮤니케이션의 90퍼센트를 점하는 기층문화의 무의식적이고 숨겨진 문법이 사람들의 세계관을 규정하고 가치를 결정하며 생활의 기본적 템포와 리듬을 설정한다는 점을 염두에 두고 문화에 따른 시간관념의 차이를 재고찰하고 있다.

그는 여기에서 시간과 문화를 불가분의 관계로 보고 뉴턴적 모델에 입각한 절대적인 시간관념과 서구인의 우월감을 비판하고 있다. 홀은 시간이 하나의 문화가 발달하는 방식뿐만 아니라 그 문화에 속한 사람들이 세계를 경험하는 방식과도 밀접한 관련을 지니고 있다고 보고 다양한 시간의 고찰을 통해 문화의 드러나지 않은 속박에서 벗어나는 길을 모색하고 있다.

네 권의 책을 통해 홀이 일관되게 유지하고 있는 기본 정서는 무엇보다도 인류의 미래에 대한 우려와 기대이다. 그는 공평무사한 사람으로 문화 간의 갈등, 나아가 인간 내면의 갈등을 바라보는 시각 또한 보편타당한 인지상정을 기반으로 한다. 그는 이렇게 말한다.

"모든 사람, 모든 문화에 등급을 매기는 일을 멈추어야 한다. 진리에 이르는 길은 여러 갈래로서 진리를 추구하는 데 어떤 문화가 다른 문화보다 불리하거나 유리한 점은 없다는 사실을 인정하지 않으면 안 된다."

컴퓨터가 하지 못하는 인간의 일이기에 번역은 어쩔 수 없이 오역을 면하지 못하리라는 변명을 덧붙인다. 독자 여러분의 관심 있는 지적을 감히 기대한다.

옮긴이 최효선

생명의 춤

# 감사의 말

어떠한 책도 많은 사람의 적극적인 도움과 관여 없이는 결코 완성될 수 없다. 그러한 사람들 가운데에는 곁에 있으면서 적극적으로 관여하기 때문에 바로 그 도움을 확인할 수 있는 사람이 있다. 그들의 공헌은 너무나 명백하기 때문에 그것을 인정하지 않을 수 없다. 그러나 끝까지 드러나지 않는 또 다른 그룹이 있다. 내 말은 저자가 자신의 사고를 정립하기까지 의지해온 인물들, 즉 저자의 지적인 선조·선구자·개척자들로서 과거 수백 년에 걸쳐 인간행동에 관한 우리의 이해를 고된 노력으로 넓혀온 이들을 뜻한다. 그러므로 나는 먼저, 명성이 있건 없건 인정을 받았건 못 받았건 살아 있건 아니건 간에, 나의 사고에 커다란 도움을 줌으로써 내 대부분의 통찰을 가능하게 해준 학자들에게 감사하고 싶다. 그들이 아니었다면 나 자신이 정립한 견해 역시 무화(無化)되었을 것이다.

물론 구체적인 작업을 직접적으로 도와준 사람들도 많지만 이 지면에서 몇 사람만 선택하여 들게 되면 들지 못한 여타 사람들이 자동적으로 배제되기 때문에 여기에서조차 그들의 공헌이 다소 축소된 바가 없지 않다. 한 권의 책을 만드는 데 훌륭한 편집자는 저자 못지않은 노력을 기울인다. 또한 친구나 독자를 통해 우연히 접한 의견은 저자가 연관짓고자 애써온 이질의 다양한 사고가 필요로 하는 연결고리를 제공해주는 경우가 많다. 우선 나는 이 책이 세상에 나올 수 있도록 힘써준 주변 사람들의 도움에 송구스럽지만 깊이 감사한다.

윌리엄 화이트헤드는 오리지널 원고를 편집해주었고 나아가 최종 단계에서 많은 필요한 조언과 의견을 제공해주었다. 그리고 더블데이 출판사의 편집자 샐리 아테세로스의 열성적인 지원과 그녀의 인내심과 전문적인 경험에 특히 감사한다. 나의 저작권 대행자인 칼 브랜트는 늘 모든 저자에게 중요한 두 가지 역할을 해주었다. 하나는 나에게는 그가 일반독자를 대표하는 사람이었고 나의 글에 대해 창조적으로 반응하는, 편견 없는 정신을 제공해줄 수 있는 사람이었다. 다른 하나는 힘들지 않을 때가 없었지만 그래도 어려운 시기에 격려를 아끼지 않았다는 점이다. 그리고 나의 파트너이자 아내인 밀드레드 리드 홀(Mildred Reed Hall)은 개념, 편집, 비평, 지원, 보좌적 역할에서 이루 말할 수 없을 정도의 기능을 수행하였다. 그녀에게 이 책을 바친다.

수전 런드스톰은 원고를 수차례 반복하여 타이핑해주었다. 수전은 너무나 유능하고 도움이 되었기에 그녀가 없었다면 과연 이 책이 나왔을지 의심스럽다. 팻 댄드레이어는 원고를 읽고 비평해주었을 뿐만 아니라 색인작업—어떤 책이 장차 얼마나 유용할 것인지 판가름되는 작업—을 해주었다. 나의 동료인 와일리(Lawrence Wylie)와 콘던(William Condon)은 조언과 격려, 그리고 지적 자극을 제공해주었다. 또 다른 동료인 테드록(Barbara Tedlock)은 나에게 『시간과 고원 마야족』(*Time and the Highland Maya*)의 교정쇄를 보여주었을 뿐만 아니라 그 자료에 관한 깊이 있는 논의를 통해 키체족(Quiché)의 문화에 관한 그녀의 범상치 않은 관점을 충분히 이용할 수 있도록 허락해주었다.

이 사람들과 여기에 미처 적지 못한 사람들 모두에게 변함없이 깊은 감사의 마음을 표하지 않을 수 없다.


1982년 5월 4일
뉴멕시코, 산타페에서
에드워드 홀

# 머리말

　이 책은 문화로서의 시간, 즉 문화에 따라 어떻게 시간이 의식적으로 또는 무의식적으로 규정되고 이용되며 패턴화되는지를 다룬다. 왜냐하면 시간은 모든 문화의 핵심을 이루는 체계이기 때문이고 또한 문화는 문화적 체계로서의 시간을 이해할 때 탁월한 역할을 하기 때문에 여러 차원에서 시간을 문화로부터 분리한다는 것은 실질적으로 불가능한 일이다. 이 점은 특히 기층문화에서 그렇다. 여기에 관해서는 앞으로 자세히 다룰 것이다.

　『생명의 춤』은 인간·문화·행동에 관한 여러 책들 가운데 하나로서 모든 경험 가운데 가장 사적인(personal) 것을 다루고 있다. 즉 어떻게 사람들이 리듬이라는 눈에 보이지 않는 끈에 의해 서로 결합되고 시간이라는 감추어진 벽에 의해 서로 고립되는가 하는 문제이다. 시간은 언어로서, 모든 활동의 우선적인 조직자로서, 종합자와 통괄자로서, 우선권을 결정하고 경험을 분류하는 방법으로서, 일이 제대로 돌아가도록 만드는 피드백 기제(feedback mechanism)로서, 능력·노력·성과를 판단하는 척도로서 취급될 뿐만 아니라 사람들이 실제 어느 정도로 서로를 이해하며 또한 잘 지닐 수 있는지를 드러내는 특별한 전달체계로서 취급된다.

시간은 문화적 · 사회적 · 개인적 생활의 핵심체계이다. 사실 모든 일은 일종의 시간의 틀 안에서 일어난다. 이문화(異文化) 간의 교류에서 발생하는 복잡한 문제는 문화마다 독특한 패턴을 지닌 고유한 시간의 틀이 있다는 데 그 요인이 있다. 이 말은 외국생활에 효과적으로 적응하기 위해서는 그 나라의 일상언어를 배우는 것 못지않게 시간언어를 배우는 것이 필요하다는 뜻이다. 이 책의 몇몇 장에서는 서로를 반영하는 거울 이미지로서 미국인과 일본인을 다루었는데, 거기에서 시간은 다른 모든 일을 설정하는 결정적인 실마리가 된다. 그리고 몇몇 장에서는 서유럽 국가들 간의 관계와 라틴계 미국인, 앵글로계 미국인, 원주민(인디언) 사이의 관계를 다루었다.

이 책의 주제 가운데 하나는 인간은 하나의 커뮤니케이션 세계에 살고 있지만 그 세계를 말과 행동(언어적 세계와 비언어적 세계)이라는 두 부분으로 나누고 있다는 사실이다. 그 세계의 10퍼센트 정도를 차지하는 말은 변호 · 법률 · 적대관계와 같이 커뮤니케이션의 일방적인(unidirectional) 측면을 강조하는 반면, 나머지 90퍼센트를 차지하는 행동은 사람들의 느낌에 따른 피드백, 대립을 피하는 방법, 모든 사람의 타고난 권리인 본유적 논리 등을 강조한다.

언어는 실업가, 정치가, 세계의 지도자들의 매체이며 이들 모두의 최종분석에서 다루는 것은 권력이다. 그러므로 언어는 권력의 도구가 되는 것이다. 커뮤니케이션의 비언어적 · 행동적 측면은 일반인과 그들의 생활을 이끄는 핵심문화의 원천이다. 우리의 지도자들은 대체로 이러한 피드백, 지역적인 지혜, 감정의 복합체를 무시하거나 경시한다. 문제는 바로 이것이다. 커뮤니케이션의 90퍼센트에서 비롯된 피드백을 무시하고 어떻게 안정된 세계를 유지할 수 있겠는가?

이 점을 염두에 두고 반드시 해둘 말은 문화에 관한 그릇된 정보가 상당히 많고 속설 또한 적지 않다는 점이다. 문화를 인류학자들이 만들어 유포시킨 것으로 생각하는 사람들이 있다. 층위학이 지질학자들에 의해, 진화가 다윈에 의해 만들어진 개념이 아닌 것과 마찬가지로 문화도 인류학자들에 의해 만들어진 개념이 아니다. 문화는 대지·공기·물과 같이 개념이 아니다. 진화를 포함해서 이 모든 것은 사람들이 믿는 바와 전혀 무관하게 존재한다. 물론 문화에는 개념적인 측면도 있다. 즉 우주에 관한 신념체계와 유사한 문화의 성격에 관한 우리의 신념체계들이다. 그러나 단순히 무언가를 믿는다고 해서 그것이 사실이 되는 것은 아니다. 그리고 사실, 믿는 것이 철저한 오류라면 그러한 신념에 입각한 행동은 불화와 악을 초래할 수 있다.

상황에 따라서는 시간과 문화가 불가분이라는 입장에서 나의 주장은, 서구의 많은 사회과학자들이 코페르니쿠스 이전의 철학자들과 마찬가지로 서구의 철학적이고 과학적인 모델, 그것과 연관해서 뉴턴적 모델이 모든 문화에 적용될 수 있다고 하는 주장과 완전히 대립하고 있음을 알게 되었다. 그들은 문화를 분석할 때 시간을 불변의 것으로 간주하며 서구의 과학과 사상이 다른 어떤 사상체계보다도 앞선다고 본다. 예일 대학의 두브(Leonard Doob)[1] 교수는 그러한 입장을 집약한 사람으로 통문화적 맥락에서 시간에 관한 광범위한 저술을 하였다. 두브는 시간을 절대적인 것으로 보고, 아프리카를 전공한 인류학자 에번스-프리처

---

1) Leonard Doob, "Time: Cultural and Social Aspects," 1978.

드(Edward Evans-Pritchard)가 누에르(Nuer)족을 대상으로, 보해넌(Paul Bohannan)이 티브(Tiv)족을 대상으로 시간에 대해 연구한 발생인류학적 업적을 거부하고 있다. 두브는 시간체계가 '다른 문화적인 발달'과 무관하다고 주장한다. 나는 그와는 대립된 견해를 주장한다. 즉 시간은 하나의 문화가 발달하는 방식뿐만 아니라 그 문화의 사람들이 세계를 경험하는 방식과도 밀접한 관련이 있다.

영국의 인류학자인 리치(E.R. Leach)[2]는 문화와 관련하여 시간에 대한 또 다른 견해를 내세우고 있다. 그는 말한다.

"……우리는 생활에 간격을 만듦으로써 시간을 만들어낸다. 그렇게 하지 않는 한 측정될 수 있는 시간은 존재하지 않는다."

이러한 접근방식에서 읽을 수 있는 암시는 시간을 절대적인 것으로 간주하는 낡은 뉴턴적 사고방식이다. 앞으로 이 책에서 다루겠지만, 계측에 의해 시간을 만든다는 사고방식으로 설명할 수 있는 시간은 수많은 종류의 시간 가운데 한 가지 또는 기껏해야 두 가지에 지나지 않으며 호피(Hopi)족이나 수(Sioux)족처럼 시간을 나타내는 어휘조차 가지고 있지 않은 민족의 시간은 검토할 수 없다. 물론 그들도 시간을 안다. 호피족의 태양신앙 사제는 동지와 하지를 정확하게 관측하여 종교의식을 위한 역(曆)을 정한다. 이 점을 애써 주장할 필요는 없지만, 리치의 견해에 따라 시간을 다루게 되면 문제가 지나치게 단순화될 뿐만 아니라 시간에 관한 보다 흥미롭고 근본적인 고찰들을 제외시키는 결과를 낳게 된다.

이 책에서 내가 목표로 하는 것은 문화에 대한 통찰을 얻는 수단으로서 시간을 이용하는 것이지 그 역(逆)은 아니다. 사실 나는 후자(시간에

---

2) E.R. Leach, *Rethinking Anthropology*, 1961.

관하여 알기 위해 문화를 이용하는 것—옮긴이)가 가능하다고 믿지도 않는다. 설사 가능하다고 해도 그것은 협소한 의미에서일 뿐이다. 이것은 인류 전반에서나 문화에 대한 우리의 견해에서나 깊은 의미가 있다. 여기에서 하나의 기본적 논점을 도입하지 않으면 안 되는데 그것은 앞으로 다룰 대부분의 문제를 포괄하기 때문이다. 즉 문화에는 고도로 패턴화된 하층의 숨겨진 차원이 존재한다는 것이다. 그것은 우리가 행하는 모든 것을 통제하는 행동과 사상의 말로 표현되지 않으며 내재적인 일련의 규칙이다.

숨겨진 문화의 문법은 사람들의 세계관을 규정하고 가치를 결정하며 생활의 기본적 템포와 리듬을 설정한다. 대부분의 사람들은 이를 전혀 또는 지엽적으로밖에 의식하지 못한다. 나는 이 숨겨진 패러다임을 기층문화(PLC: primary level culture)라고 부른다. 기층문화, 핵심문화, 기초차원(basic level)의 문화(나는 이 용어들을 모두 사용했다)는 컴퓨터의 하드웨어와 다소 유사점이 있다. 의식적이고 외재적이며 현재(顯在)적인 문화, 즉 사람들이 말하고 기술할 수 있는 부분은 소프트웨어, 즉 컴퓨터 프로그램과 유사하다. 컴퓨터와의 유비는 지나치게 단순화된 감이 있지만 임시적인 설명에는 족할 것이다. 이 유비를 한 단계 진행시켜 보자.

대부분의 이문화 간 관계는 마치 소프트웨어에 경미한 차이만 있고 하드웨어에는 아무런 차이가 없는 것처럼 진행된다. 말하자면 차이는 외재적이고 현재적인 문화의 전형적인 것들에만 있고 하층을 이루는 모든 기층문화는 동일(즉 "기본적으로 인간은 모두 같다")한 듯이 진행된다. 다른 문화에 속하는 사람들을 자기들과 동일한 방식으로 프로그램화된 것처럼 대함으로써 나타나는 결과는 유머러스한 경우부터 고통스러운 경우, 비극적이며 파괴적인 경우마저 초래할 수 있다.

기층문화는 우리의 사고패턴을 결정하고 '진리'에 도달하기 위한 일련의 기초 전제를 부여하는 핵심 요소들이 있다. 최근에 나는 사람이 매우 좋고 머리도 좋은 한 친구와 일본인에 대해 논의하다가 그 점을 절실히 느꼈다. 그때 나는 그와 대화가 안 되고 있을 뿐만 아니라 내가 하는 말의 본질적인 의미가 그에게 전혀 이해되지 않고 있음을 깨달았다. 그는 하나의 일련의 전제——우리가 공유하는 전제이지만 그는 한 번도 거기에 의심을 가져본 적이 없는——하에서 이야기를 전개하고 있었고 나는 나대로 전혀 다른 일련의 전제에 기초하여 문화에 관해 말하고 있었다. 그에게 있어서 나를 이해하는 일은 그의 사고를 재편성함을 의미할 것이었다. 그것은 마치 내가 느닷없이 전혀 다른 문법의 새로운 언어를 구사하는 것이나 다름없는 일이었다. 그것은 적어도 그 당시에는 그의 지적인 균형감을 포기하도록 만드는 일이었을 텐데 그토록 극단적인 변동을 기꺼이 감수할 사람이 얼마나 되겠는가.

　기층문화의 주요한 특징 가운데 하나는 그것을 외부로부터 변화시키려는 조작적인 시도에 대해 완강히 저항한다는 점이다. 규칙이 위반되거나 완곡화되기라도 하면 사람들은 무언가 잘못이 발생했다는 것을 금방 눈치챈다. 그러는 동안 규칙은 원래대로 보전되어 규칙 자체의 내재적인 역동성에 따라 변화한다. 법률, 종교적·정치적 신조 따위와는 달리 규칙들은 명령에 의해 변화될 수 없으며 의지에 반해 다른 사람들에게 부과될 수도 없다. 규칙들은 이미 내재화되어 있기 때문이다.

　문화는 적어도 3가지 다른 차원에서 기능하고 있는 것으로 볼 수 있다. ①언어나 특별한 상징이 눈에 띄는 역할을 수행하는 의식적이고 전문적인 차원, ②선택된 소수에게만 드러나고 외부인을 거부하는 스크린에 가려진 사적인 차원, ③기층문화의 저변을 이루는 의식되지 않고 내재적인 차원. 언어는 처음 두 차원에서 현저한 역할을 하지만 세 번째 차원에서는 부차적인 역할밖에 하지 않는다. 그렇다고 기층문화가 철저히 비언어적이라는 뜻은 아니고 단지 규칙들이 아직 언어로 공식화되지 않았다는 말이다. 그 결과 표면적으로는 매우 흡사하게 보이는 많은 문화들이 자세히 검토해보면 크게 다른 것으로 입증되는 경우가 적지 않다.

내가 이러한 문화의 기층적인 차이를 조사하기 시작한 것은 20여 년간 프록세믹스(proxemics : 문화적 소산물과 조직화 체계, 그리고 커뮤니케이션 체계로서 사람들이 공간을 이용하는 방식에 관한 연구)를 연구한 다음 다시 시간의 연구로 돌아갔을 때였다.

내 인생에서 행운의 여신이 내 편에 서준 적이 여러 번 있었는데 프록세믹스 연구가 그 하나였다. 만약 내가 공간에 관한 기층문화라는, 틀에 박히지 않고 자유롭지만 견고한 토양에 다소 심지를 굳히고 보낸 세월들이 없었다면 시간에 관한 엄청난 양의 문헌을 해독하려고 애쓰다가 내 사고력이 온전히 남아 있었을지 의문이다.

영국의 조류학자 하워드(N.E. Howard)[3]가 새로운 전망과 접근방식의 길을 터놓은 영토성의 연구와는 달리 나는 시간의 세계에 갇혀 있음을 느꼈다. 물론 생물학적 시계에 관한 방대하고 중요한 자료더미가 있지만 그것은 밀집(crowding)에 관한 생물학적 자료와는 다소 구별된다. 그것은 영토성에 관한 동물행동학자들의 연구와 동일한 결과를 도출하지 않는다.

사람들이 시간에 압도되어 떼죽음을 당했던 적은 없다(그런 적도 있었

---

3) N.E. Howard, *Territory and Bird Life*, 1920.

던가?). 더구나 다른 생명체의 공간적·영토적 행동을 기록하는 그렇게 비범한 일을 해온 생물학자와 동물행동학자들은 시간에 관하여 그들의 일과 견줄 만한 재료를 제시한 적이 없다. 만약 언어에 의해 서양의 사고를 집약한 하나의 작업물이 있다면 그것은 시간이다. 사실 시간 자체의 성질을 탐구하는 것이 아니라 서양사상을 하나의 거대한 사례연구로 삼아서 시간을 재검토할 때 비로소 그 의미를 알게 될 것이다.

시간의 성질을 정의하려는 아주 분명한 시도의 배후에는 확고하지만 실제로 검토된 적이 없는 전제들의 기반이 존재한다. 그 전제들은 당연한 실재로 받아들여지기 때문에 의심된 적도 검증된 적도 없다. 전제들의 대부분은 우리 자신에 내재된 기층문화의 소산물에 다름 아니다.

인류는 자신이 살고 있는 다양한 문화적 세계의 실재를 무시하는 여유를 누릴 수 없는 지점까지 도달했다. 역설적이지만 서구인들에게 있어 그와 대조적인 문화의 연구는 의식을 높이는 훈련이 될 수 있다. 이 책을 쓴 목적의 하나도 그것이다. 인간과 그들이 만든 사회가 앞으로도 여전히 표면적인 문화만을 인식하고 저변을 이루는 기층문화를 회피한다면 그 결과는 예측할 수 없는 폭발과 폭력뿐이리라. 내가 다루는 주제는 계몽에 이르는 많은 길 가운데 하나가 자신의 발견이라는 것이며 그것은 자기와는 다른 남들을 진정으로 알게 될 때 비로소 얻어질 수 있다.

오늘날의 세계는 위대한 그러나 전혀 다른 두 전통에 의해 지배되고 있다. 그리고 오른스타인(Robert Ornstein)[4]과 타다노부 츠노다(角田忠信)[5]

---

4) Robert Ornstein, *The Psychology of Consciousness*, 1975.
5) Tadanobu Tsunoda, *Nihon-jin No No—The Japanese Brain*, 1978.

의 견해가 옳다면, 각각의 전통은 뇌의 다른 영역을 강조하고 있다. 나는 자본주의나 마르크스주의, 또는 전체주의나 민주주의 따위의 거창한 정치이론을 거론하는 것이 아니다. 내가 뜻하는 바는 기원전 5세기에 그리스 철학자들에서부터 시작되어 서양철학과 오늘날의 서양과학에서 정점에 이른 선형적(線形的)이고 외재적인 논리와 선(禪)이 현저한 역할을 수행하고 있는 내성적(內省的)이고 고도로 규율화된 불교철학의 논리를 비교하는 것이다. 두 전통 모두 인간과 자연(인간을 통한)을 틀에 맞게 만드는 강력한 작용에 개입해왔다. 그러나 각각의 작용방법은 근본적으로 다르다. 그럼에도 두 전통은 서로 상대로부터 얻고 배울 점이 많다.

카프라(Fritjof Capra)의 저서 『현대물리학과 동양사상』(*The Tao of Physics*)은 물리학·철학·수학의 차원에서 이 문제를 다루고자 한 용기 있는 시도이다. 그리고 자연과학에서 영감을 얻고자 하는 독자에게 도움이 될 수도 있다. 그러나 나의 접근방식은 그와는 다소 다르다. 나는 자연과학의 강력한 이론과 그것이 자연세계에 관해 인간에게 가르쳐준 것, 그리고 과학과 기술이 가져온 수많은 진보에 대해 크게 경의를 표하고 있지만, 생명 그 자체, 특히 인간에게 생명은 다른 모든 가치를 판단하는 척도가 되는 궁극적인 가치임을 상기하지 않을 수 없다.

사람이 없다면 기술도 아무 의미가 없다. 세계의 문제들이 해결되려면 그것은 인간에 의해서이지 기계에 의해서가 아니다. 기계는 단지 우리를 돕기 위해 있을 뿐이다. 기술은 인간이 신체 외부에서 진화시킨 것으로 인류의 그러한 특성에서 비롯된 필연적인 결과이다. 이에 관한 연구성과는 괄목할 만하다. 그러나 지금은 인류에 그러한 기술을 가능하게 한 인간과 사회제도를 다시 한 번 직시할 때이다. 우리는 외부세계에 관심을 집중한 나머지 생명 그 자체의 이해와 통어라고 하는 생명에 관한 진실된 업무를 도외시해왔다. 인류의 위대한, 그러나 크게 다른 두 철학적 전통이 갈수록 타당성을 얻게 되는 이유가 바로 이것이다.

인류가 과거에 지배되지 않고 아주 새롭고 보다 적절한 방법으로 미래에 대처할 수 있으려면 우리는 인간의 상호작용을 원활하게 만들고, 우리 자신을 방향전환시키며, 문화의 무의식적인 속박을 풀어주는 것을 목표로 삼지 않으면 안 된다. 이러한 목표를 세우는 데 우리가 해야 할 일이 용이할 것이라는 인상을 주고 싶지는 않다. 그와는 반대로 그 일은 인류가 지금까지 추구해온 어떤 일보다도 힘들 것이다. 역설적이지만, 문화나 인간을 이해하기 위한 개개인의 단계적 노력은 반드시 어렵지만은 않다. 가장 힘든 것은 행동을 변화시키고 새로운 패턴을 통괄하여 보다 큰 자기인식을 얻는 일이다. 그런 의미에서 선(禪)불교의 위대한 스승들이 옳다고 본다.

에드워드 홀

# 제1부
# 문화로서의 시간

"구미인의 시간은 채워지기를 기다리는 빈 상자이다. 그 상자는 마치 컨베이어 벨트 위에서처럼 이동한다. 시간이 낭비된다는 것은 벨트 위의 상자가 일부만 채워진 채 떨어지는 것으로 상자가 채워지지 않았다는 사실이 주목된다. 우리는 그 상자들이 어떻게 보이느냐에 의해 평가된다. 상자가 훌륭한 위업과 창조적인 산물로 채워져 있으면 우리는 '충실하고 생산적인 삶을 살았다!'고 느끼게 된다."

· 제5장 「문화의 시계: 누에르족 · 티브족 · 키체족의 시간」에서

# 1 시간의 종류

    단순히 직선적으로 기술하는 것이 용이하지 않은 대상이 있다. 시간이 그중 하나다. 시간에 관해 크게 잘못된 개념들이 있는데 그 첫째가는 것이 시간을 한 가지(singular)로 생각하는 것이다. 시간은 뉴턴이 가정했듯이 일정불변한 것이 아니라 지극히 광범위한 현상을 망라하는 개념·사건·리듬 등의 다발이다. 아프리카를 연구하는 영국의 인류학자 에번스−프리처드[1])가 시간의 분류를 '난관이 빼곡이 들어찬 일'이라고 말한 것은 바로 이 때문이다. 미시적 수준에서 분석한다면 지구상에 존재하는 인간의 수만큼 다른 종류의 시간이 존재한다고 말할 수 있는데도 서구 세계에 살고 있는 우리는 시간을 유일한 실체로 간주한다. 이것은 잘못이지만 우리가 시간을 생각하는 방법임에 틀림없다.

    시간의 '본질'을 끝없이 철학적으로 논하는 것도 가능한 일이다. 그러한 작업은 흥미로울 수도 있으며 때로는 계몽적이기까지 하다. 그러나 나는 그와는 다른 접근방식을 이용하는 것이 보다 생산적임을 알았

---

1) E. E. Evans-Pritchard, *The Nuer*, 1940.

다. 나의 접근방식은 행동이 우선이고 언어는 나중이다. 사람들이 실제로 행동하는 것(이론화할 때 쓰고 말하는 것과는 대조적으로)을 보면 실제 경험하는 시간과 생각하는 시간 사이의 커다란 불일치를 금방 발견할 수 있다.

사람들은 아주 다양한 일들(책을 쓰고, 놀고, 행동을 계획하고, 여행하고, 배고파하고, 자고, 꿈꾸고, 명상하고, 의식을 거행하고)을 하면서 무의식적으로 때로는 의식적으로 다양한 범주의 시간을 표현하고 또한 참여한다. 예컨대 물리적인 시간과 형이상학적인 시간이 존재할 뿐만 아니라 성스러운 시간과 속된 시간도 존재한다. 아인슈타인이 전문적인 의미에서 정의했듯이 물리학자의 시간은 공학자나 기술자의 시간과 동일한 것이 아니다. 공학자는 가능한 한 정확해야 하지만 그렇다고 일상적인 상황에서 아인슈타인이 말하는 시간, 즉 상대적이고 빛의 속도에 따라서 시계가 움직이는 속도에 의존하는 시간을 고려할 필요는 없는 것이다.

또한 흔히 듣게 되는 생물학적 시계도 있는데 그것은 다름 아니라 제트기로 여행할 때 사람들이 페이스를 잃는 경우이다. 제트기로 인한 시차를 경험해본 사람은 누구나 생물학적 시계의 시간과 도착한 나라의 시간대에 따른 벽시계의 시간이라는 두 가지 다른 시간체계 사이에서 긴장을 느낀 경험이 있다. 예컨대 미국의 마운틴 스테이트(로키 산맥 주변의 8주−옮긴이)나 서부해안에 사는 사람은 한낮에 유럽의 도시에 도착하자마자 중대한 만남이나 회의가 있는 경우 정신을 차려야 함에도 불구하고 피로가 엄습해오는 탓에 당혹스러워했던 경험이 있을 것이다. 신체에 내재된 리듬에 따라 몸은 밤을 꼬박 샌 채 아침 예닐곱 시를 맞은 것이다! 그러므로 몸은 새로운 시간대의 벽시계나 해야 할 일에 상관없이 "이제 잘 시간이다"라고 외치고 있는 것이다.

바꾸어 말하자면, 표면에 나타나는 문화와 마찬가지로 핵심문화의 수준에서도 산업화된 세계에 살고 있는 우리들은 대부분 확인될 수 있는 시간(아홉 종류) 가운데 여섯 내지 여덟 종류의 시간을 이용하고 구별한다는 사실을 입증할 수 있다. 여기에서 말하고 있는 것은 민간 분류법의 기초이다. 민간 분류법은 때때로 사람들이 생각하는 것보다 더욱 추천할 만하고 철학자나 사회과학자들이 유포시킨 분류체계보다도 사람들이 드러나지 않는 기층적 차원에서 생각하고 행동하는 데 더욱 적합한 것임에 틀림없다.

  성스러운 시간, 속된 시간, 형이상학적 시간, 물리학적 시간, 생물학적 시간이 존재하지만 우리는 그것들이 모두 어떻게 일치하는지 또는 각각의 시간이 우리의 생활에 어떻게 영향을 미치는지 거의 아는 바가 없다. 게다가 구미의 사람들이 가까스로 조금밖에 의식하지 못하고 있는 시간의 범주가 적어도 두 가지 있다. 예컨대 우리는 모두 무한한 리듬의 그물에 속박되어 있는데 그 리듬이란 직장과 가정에서의 사람들의 상호관계나 부모자식 간의 상호관계에 영향을 주는 것이다. 리듬 이외에 보다 큰 문화적 패턴들이 존재하는데 몇몇 패턴은 물과 기름처럼 서로 섞이지 않을 뿐만 아니라 상호대립적이기까지 하다.

  이렇게 다양한 종류의 시간을 분류하고 또 그 상호관계를 일관된 체계로서 파악할 수 있도록 합리적인 방법으로 분류하려면 어떻게 해야 할까? 나는 다양한 시간의 체계를 상징적으로 통합하는 작업을 수월하게 하기 위해서 만다라(曼陀羅)를 생각해냈다. 만다라는 인류의 가장 오랜 분류방법 가운데 하나인데 대개 원형이나 사각형으로, 수학의 행렬(matrix)과 비교할 수 있다. 만다라의 기본 목적은 다양한 관념의 상호관계를 선형적(linear)인 형태가 아닌 포괄적인 형태로 나다내는 것이다.

만다라는 특히 역설적인 관계, 즉 인간의 본능이 나타내는, 서로 연관되어 있지만 일찍이 일관된 체계로서 통합 또는 결합된 적이 없는 대조적인 짝패 또는 다발의 행동을 다루는 데 유용하다. 나는 다양한 조합을 시도해본 결과 만다라가 가장 기대에 부응하는 접근방법이라고 확신하게 되었다. 다만 올바른 조합에 도달하는 것이 중요한 일이다. 왜냐하면 만다라는 인생에서 만나게 되는 실제의 다양한 관계에 가능한 한 정확하게 일치시키지 않으면 안 되기 때문이다. 나는 만다라를 점차 발전시켜서 다음 그림과 같이 상호보완적인 네 짝의 관계로 결합시켰다.

　그러나 설명에 앞서 일반적인 상징적 그림에 관해, 그리고 특히 이 만다라에 관해 언급해두어야 할 몇 가지 점이 있다. 상징은 언제나 도구로서 보아야 하며 그것이 상징하는 일 자체와는 의식적으로 구별되지 않으면 안 된다. 언어와 수학적 상징은 어떻게 그러한 도구가 실제로 일어날 수 없는 방식으로 조작될 수 있는지를 보여주는 전형적인 예이다.

　아인슈타인의 용어로는 시간이란 단지 시계가 가리키는 것에 지나지 않으며 그 시계란 대륙의 이동, 정오에 느끼는 허기, 크로노미터, 종교의 제력(祭曆), 교육이나 생산의 일정표 따위의 어떤 것일 수도 있다. 인간이 사용하는 시계는 우리 개인생활의 다양한 관계에 초점을 맞추고 있다. 만다라의 각 부분은 근본적으로 다른 종류의 시계를 나타낸다. 이러한 관점에서 다양한 부류의 시간을 고찰할 때 주목해야 할 점은 하나의 범주(한 종류의 시계)를 이해하기 위한 규칙은 다른 범주에는 적용될 수 없다는 것이다. 물리학적(과학적) 시간을 그와 대립하는 형이상학적 시간에 입각하여(또는 그 역으로) 이해하고자 애쓴다거나, 성스러운 시간의 규칙을 속된 시간에 적용시키려는 것은 모두 부질없는 일이다. 이렇게 분류된 시간들은 각각 다른 법칙을 지닌 다른 우주들이나 마찬가지

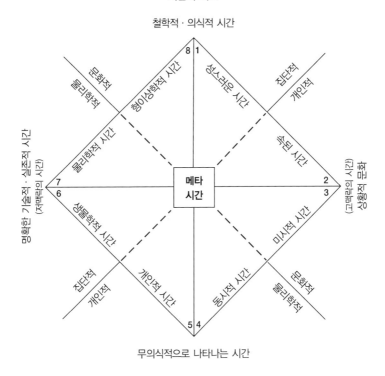

**시간의 지도**

철학적 · 의식적 시간

무의식적으로 나타나는 시간

8 1

7 6

2 3

5 4

메타 시간

문화적 물리학적

형이상학적 시간

상스러운 시간

집단적 개인적

물리학적 시간

수면 시간

명확한 기술적 · 실존적 시간
(저녁녘의 시간)

생물학적 시간

(고대식의 시간)
상층적 문화

집단적 개인적

개인적 시간

미시적 시간

동시적 시간

문화적 물리학적

※ 보완적인 체계를 논의하려면 통합적인 개념들이 들어설 수 있는
   메타 시간을 환기할 필요가 있다.

이다. 만다라는 그러한 우주의 다양한 성질과 그 성질의 상호관계를 나
타낸다.

　다양한 유형의 시간을 논함에 있어 나는 일반독자들이 각 시간에 담
긴 내용을 파악하고 우리가 고찰하고 있는 시계의 종류에 관한 전반적
인 개념을 이해할 수 있도록 충분히 설명하고자 애쓸 것이다. 이들 다양
한 시계 사이의 구조적 관계와 그 관계들이 어떻게 통합될 수 있는지는
부록 1(285쪽 참조)에서 논하였다.

## 생물학적 시간

생명이 지구상에 나타나기 전—대략 20~40억 년 전—우리의 작은 행성이 자전에 의해 반구(半球)를 번갈아 태양에 노출시킴으로써 빛과 어둠의 주기가 나타났다. 그러나 그 주기는 생명이 진화하는 환경의 중요한 부분을 이루는 일련의 주기 가운데 하나에 불과하였다. 생명이 시작되면서 지구가 태양의 궤도를 따라 움직임으로써 생기는 간조와 만조, 그리고 계절의 리듬은 그 밖에 일련의 시계를 위한 기초를 이루었다. 태양 흑점의 주기와 잠자고 있는 거대한 야수의 호흡 같은 지구의 원초적인 대기의 수축과 팽창에 모두 초기의 생명체가 적응하였을 뿐만 아니라 마침내 그 속에 내재화된 환경의 리드미컬한 변화를 이루었다.

그때 이후로 생명체는 시간과 리듬이 없는 세계에서는 진화하지 않았고 또 진화할 수도 없었다. 사실 초기의 생명체에 나중에 나타나는 생명체의 근원이 된 그 성질을 부여한 것은, 빛에서 어둠으로, 더위에서 추위로, 우기에서 건기로 바뀌는 바로 그러한 리드미컬한 변화였다. 환경의 변화가 없었다면 생명은 복잡한 형태로 진화할 수 없었다.

이 점에서 우리는 태초에 시간이 있었고 모든 시간은 주기적이고 리드미컬했다고 말해도 좋다. 생명이 진화함에 따라 외부세계의 주기가 생명에 내재화되어 그 자체의 생명을 갖기 시작했다. 꽃발게는 12시간을 주기로 하는 조수의 시계에 맞추어 간조 때 해변에 나타나 먹이를 찾아다니고 굴 역시 같은 시계에 맞추지만 만조 때 먹이를 찾는다. 정어리는 만조가 되면 30분 이내에 알을 낳는다. 변형균류와 같은 원초적 수준에서조차 각각의 발달단계를 지배하는 여섯 가지 다른 시간을 설명할

수 있다. 진화의 사다리를 더 높이 올라가 보면, 닭은 여름에 낮이 길어
지면 더 많은 알을 낳고, 사람은 혈액 중의 호르몬 농도가 시간에 따라
변한다.

　외부로부터의 간섭이 없는 한 이러한 생물학적 시계는 일반적으로 외
부환경의 통상적인 리듬이나 주기와 계속 동시성을 지닐 것이다. 내부
에서 일어난 일은 외부세계와 조화를 이루기 때문에 물리학적 시간과
생물학적 시간의 메커니즘은 다른 부류이지만 하나의 메커니즘으로서
작용한다.

　최근 들어 다양한 유기체가 어떻게 신체의 내부와 외부의 활동을 시
간적으로 통합하는가에 관해 다대한 연구가 이루어졌다. 수면·식사·
짝짓기·먹이찾기·수렵·놀이·학습·탄생, 그리고 죽음조차도 모든
일이 신체외적 조정(exosomatic timing: 활동이 신체 외부에서 일어나는 일들
과 시간적으로 보조를 맞추는 것)과 관계된다. 이러한 종류의 조정은, 모든
생명체가 상호간뿐만 아니라 세계와 보조를 맞추도록 만드는 놀라운 체
계인 내부의 타이밍 메커니즘(조정기제)에 의존하여 일어난다. 이것은 매
년 1,000편 이상의 과학논문이 쏟아질 정도로 중요한 주제이다.

　그러한 조정(외부세계와 페이스를 맞추는 일 - 옮긴이)은 당연시되는 경우
가 많은데 그 이유는 일상생활과 통합된 부분이고 그 대부분이 우리의
의식적인 통제에서 벗어나 있기 때문이다. 시간에 통제되고 일치되지
않는 한, 건강한 상태로 성장할 수 있는 것은 아무것도 없다. 예컨대 암
의 특징은 체내 세포의 불규칙한(페이스를 벗어난) 성장이다. 인간의 신체
리듬이 일출과 일몰에 결합되어 있는지 아니면 독자적인지를 알기 위해
서 몇 사람이 동굴에서 몇 주일을 지냈는데, 그것은 생물학적 타이밍에
관한 두 이론 가운데 어느 것이 실제로 '시계'의 작동방식을 결정하는지

를 조사하기 위해서였다. 내부의 타이밍 메커니즘은 아직 여자를 만나지 못한 젊은 남자에게 확실히 작용한다. 어느 날 아침 눈을 뜬 그는 피가 솟구치는 새로운 느낌에 옆집 여자가 갑자기 예뻐 보이는 데에 놀란다. 그는 몸속의 내선조직 깊숙이 작용하는 타이밍 메커니즘에 반응하고 있는 것이다. 그러한 메커니즘은 수백만 년 전 최초의 포유류가 파충류로부터 분화되기 시작했을 무렵부터 남겨진 것이다.

동쪽에서 서쪽으로 또는 서쪽에서 동쪽으로 제트기를 타고 서너 시간 넘게 여행하면서 시차로 고생해본 사람은 누구나 어떻게 우리의 신체리듬이 지구의 24시간 주기에 의해 조정되어 있는가를 직접 체험했을 것이다. 우주여행자는 무중력 상태 때문만이 아니라 수백 년간 신체기능을 규제한 바이오리듬의 혼란 때문에 극심한 고통을 당하는 것일지도 모른다는 견해들이 있다. 노스웨스턴 대학의 브라운 교수는 인간이 지구의 경계선을 너무 멀리 벗어나서 여행할 때 생리적인 혼란이 발생하게 될 것이라고 가정한다.[2]

생물학적 시계의 연구는 살아 있는 생명체뿐만 아니라 화석——1년이 365일보다 긴 400일이었던 데본기(3억 5,000만~4억 년 전)에 이르는 화석——도 대상으로 삼고 있다. 행동적인 측면에서는, 일본의 학자가 바이오리듬에 관한 실험을 통해 인간의 에너지, 지적 활동, 사회성에 있어서 고저의 주기성을 파악하였다. 그 보고서에 의하면, 버스 운전사가 '위기적인' 페이스에 있을 때 좀더 주의 깊게 운전하면 사고율이 감소한다. 사고의 감소가 단순히 어떤 시간에 운전자에게 주의하라고 말한 결과인지

---

2) Frank A. Brown, "Living Clocks," 1959; W.S. Condon, "Neonatal Entrainment and Enculturation," 1979; Albert Einstein, *Relativity : The Special and General Theory*, 1920.

아니면 바이오리듬을 정확하게 파악한 결과인지는 아직 검증되지 않았다. 그러나 바이오리듬은 '개인적 시간'과 밀접하게 연관되어 있다. 왜냐하면 바이오리듬은 개인마다 독특한 것으로 생각되기 때문이다.

## 개인적 시간

개인적 시간에 대한 일차적인 초점은 시간의 경험이다(제8장 참조). 사람들이 다양한 맥락이나 배경, 그리고 감정적·심리적 상태에서 시간의 흐름을 경험하는 방식을 연구해온 심리학자들은 개인적인 시간에 관심을 집중하고 있다. 시간이 '느릿느릿' 가거나 '쏜살같이' 가거나 하는 경험을 해보지 못한 사람은 없다. 생물학적 시간은 비교적 고정되고 규칙적이지만 개인적 시간은 보다 주관적이다. 시간의 경험이 이토록 크게 차이나는 이유를 설명하는 데 도움이 되는 환경적·생리적 요인이 존재하는 것 같다. 명상 중에 있는 사람의 경우 자신의 뇌파·맥박·호흡이 느려지게 되면 "시간이 정지했다"고 말하곤 한다.

## 물리학적 시간

인간의 모든 생리적 욕구를 다 해결해주는 '전천후의' 강철과 유리 고치에 들어박혀서 하루 종일 지내는 현대의 일반사람들에게는 남쪽에서 북쪽으로, 다시 남쪽으로 돌아오는 1년 주기의 태양운동을 자세히 관측할 이유가 없다. 전문가가 우리를 위해 그 일을 한다. 우리는 6월 21일이나 12월 22일이나 그저 무심히 흘려보내는 것이다.

산업화 이전에 중위도(中緯度)에 살고 있는 사람들은 세계 어느 곳에서나 태양이 지평선을 따라 이동하는 것을 관찰하고 최북단에 도달하는 지점(북반구에 사는 사람들에게는 낮이 가장 긴 날)과 최남단에 도달하는 지점(북반구에 사는 사람들에게는 낮이 가장 짧은 날)까지의 운행을 주의 깊게 기록하여 자세한 도표를 만들고 규칙적인 관측과 연관된 지표를 굳건히 세워놓았다. 그런 방법으로 다가올 6개월간의 파종과 추수 및 모든 중요한 의식의 날짜를 계산할 수 있었다. 그와 같은 관측지표는 미국 남서부에서만 말 그대로 수백 개이다.

태양의 움직임을 관측하여 모든 일이 그 움직임과 연관되어 있음을 알고 난 다음, 고대인들은 그러한 패턴을 명확히 하는 문제, 즉 날짜를 세기 시작하기 위해 그 패턴을 기록하고 확정하는 문제를 생각했다. 그러한 발견이 한곳에서 이루어져 널리 확산된 것인지 아니면 지구 전역에서 각각 독자적으로 이루어진 것인지는 알 길이 없다. 그러나 한 가지 분명한 점은 정확한 관측을 행하는 일이 동지와 하지를 확정하는 일과 불가분이라는 것이다. 베네딕트(Ruth Benedict)는 그녀의 저서 『주니족의 신화』(*Zuni Mythology*)에서 그 과정을 이렇게 서술하고 있다.

> 태양이 그에게 말했다······. 매일 아침 마을 외곽까지 와서 나에게 기도하라······. 연말에 내가 남쪽에 올 때 나를 자세히 보아라. 그리고 오른손 방향으로 가장 먼 지점에 내가 도달하는 1년의 중간에 있는 같은 달에 나를 자세히 보아라······. 첫해······ 그는 태양을 자세히 관찰하였지만 그의 계산은 13일이 빨랐다. 다음 해에는 20일이 빨랐다······. 그다음 해에는 이틀이 늦었다. 8년이 지나서야 그는 태양이 움직이는 시간을 정확히 계산할 수 있었다.[3]

지구상의 수천까지는 아니더라도 수백의 장소에서 행해진 이와 같은 관측은 근대과학의 기초를 마련하고 인류에게 우주에 질서가 존재한다는 최초의 명확한 단서를 제공했음에 틀림없다. 왜냐하면 이러한 관측은 수백 번을 행해도 동일한 결과를 얻을 수 있기 때문이다.

　지구상의 가장 위대한 정신의 소유자들 중에는 물리학적 시간에 그들의 관심을 집중한 사람들이 있다. 뉴턴은 시간을 하나의 절대적인 것, 즉 우주에서 기본적으로 절대적인 것들 가운데 하나로 보았다. 뉴턴과 그의 후계자들은 시간을 고정된 부동의 것으로 생각했는데 그것은 시간이 사건을 측정하는 기준으로 사용될 수 있다는 것을 의미하였다. 물론 아인슈타인이 입증한 바와 같이 뉴턴은 틀렸다. 스위스의 베른에 있는 특허국의 책상에서 아인슈타인 교수는 시간이 상대적이라는 설득력 있는 논문을 써서 발표하였다. 그는 시계가 빛의 속도에 근접해가면 늦어질 거라고 예측했다. 그리고 고속으로 지구를 떠난 우주비행사가 1세기 후에 돌아왔을 때 자기는 몇 살밖에 더 먹지 않았는데도 자기가 알고 있는 사람들은 모두 죽어버린 경우를 볼 수 있다고 주장했다. 이것은 단순한 이론이 아니라 인류에게 커다란 의미를 함축하는 물리적 사실이다.

　호일(Fred Hoyle)과 여러 천문학자들은 멀어지는 은하수의 스펙트럼에서 빨강 쏠림(적색 편이) 현상을 연구하여 우주의 나이를 약 150억 년으로 계산하고, 태양계로부터 가장 멀리 떨어진 별은 90억 광년의 거리에 있다고 계산하였다. 그러한 햇수의 의미를 이해하는 것이나 그것을 인간의 척도로 환원하는 것은 사실 불가능하다. 일반인의 인간적 경험에서 그러한 숫자들과 비교할 수 있는 것은 존재하지 않는다.

---

3) Ruth Benedict, *Zuni Mythology*, 1969.

한편, 뉴턴의 절대적 시간은 세속적인 틀에 간단히 적용되었다. 오늘날 뉴턴적 시간이 아니면 기술자는 아무 일도 할 수 없다. 이는 한 시간 체계의 규칙을 다른 시간체계에 적용하는 것이 불가한 하나의 예이다. 물리학적인 척도의 다른 극단에는 단기(短期)의 시간이 존재하는데 그것은 대륙의 이동이나 전파의 측정에는 중요하지만 보통사람들에게는 현실적인 의미가 거의 없다. 메릴랜드 주 로렐에 위치한 존스 홉킨스 대학의 응용물리학 연구소에 있는 그와 같은 시계는 1조분의 1초까지 측정한다. 그것은 초속 18만 6,000마일의 광속이 트럼프 카드 한 장의 두께를 통과하는 시간과 거의 같다.

전자기 스펙트럼의 경우와 마찬가지로 인간의 감각기관은 그 스펙트럼의 가시적 부분에서 극히 일부분밖에 지각할 수 없다. 시간에 대해서도 같은 말을 할 수 있다. 시간의 주파수를 경험하는 인간의 능력은 우리의 신체기관에 의해 관측될 수 있는 우주 전체의 극히 일부분에 지나지 않는다. 지구상의 인간이라는 종의 시간이 너무나 짧기 때문에 우주 전체와 비교해서 상상하는 게 힘든 것은 명백한 사실이다.

아마 150억 년이라는 시간이 인간의 의식에 미치는 영향보다도 더욱 괄목할 만한 사실은 오늘날의 물리학자들이 시간의 지향성에 대해 어떠한 신성한 것도 인정하지 않는다는 사실이다. 단정적으로 우리의 지적인 토대를 지배하는 물리학적 세계에서는 시간은 불가역적이며 웰스(H.G. Wells)의 타임머신은 공상의 즐거움을 주지만 상상 속에서만 존재하는 것이다. 그러나 원자보다 하위의 수준에서는 시간은 한 방향으로만 한정된 것이 아니라 전후 양 방향으로 흐를 수도 있다. 이것이 미래에 무엇을 의미하는가——예컨대 나이를 거꾸로 먹을지도 모른다——를 말해주는 단서는 없다.

## 형이상학적 시간

물리학적 시간에는 형이상학적 시간을 설명할 수 있는 일반적으로 인정된 이론이 없다. 형이상학적 시간과 물리학적 시간은 흥미로운 짝을 이룬다. 뉴턴은 일반 신봉자 이상가는 비교(秘敎 : 점성술이나 연금술 따위)의 신봉자였다고 전하는 반면, 20세기의 과학자들은 그러한 종류의 편향을 인정하는 자가 거의 없을 것이다.

물리학을 제외하고는 문화의 기원과 인간의 일상생활에서 사람들은 형이상학적인 것을 생생히 느낄 뿐만 아니라 번성하는 느낌마저 갖는다. 그것을 경험한 사람들에게는 형이상학적인 것이 늘 친밀하고 사적인 것이었다. 그리고 지금까지는 물리학적인 것과 형이상학적인 것을 등식화할 방법이 전혀 없었지만, 그렇다고 그 사실이 모든 문화에서 수많은 사람들이 겪는 그와 같은 특이한 차원의 체험을 삭제할 근거가 될수는 없다. 여기에서 한 종류의 시간체계를 조사하는 데 쓰이는 규칙 또는 방법을, 설사 밀접한 관계가 있다 하더라도 다른 종류의 시간체계에 적용하고자 해서는 안 된다는 사실을 상기할 필요가 있다. 우리는 말과 사물이 다르다는 사실과 같은 의미에서 두 시간체계가 다르다는 생각에 만족하지 않으면 안 된다.

형이상학적 시간에 관한 가장 중요한 연구자들 가운데 한 사람인 프리스틀리(J.B. Priestley)는 영국의 텔레비전 시청자들을 대상으로 시간과 공간을 초월한 적이 있는 사람들의 체험 사례를 수백 건 수집하였다.[4] 시간의 뒤틀림을 인지하기 위해서는 굳이 프리스틀리의 보고서를

---

4) J.B. Priestley, *Man and Time*, 1964; Leo W. Simmons, *Sun Chief*, 1942;

읽을 필요도 없다. 대부분의 사람들이 '기시감'(déjà vu)을 경험한 적이 있는데 나는 그것에 대해 설명할 길이 없다.

그런데 많은 사람들이 관찰했듯이, 프리스틀리의 사례들을 포함하여 이러한 종류의 경험 가운데 대부분은 본질적으로 하찮은 것들일 뿐만 아니라 거의가 주변 맥락이 결여된 것이 특징이다. 그러한 경험들은 시간적인 것이나 공간적인 것이나 명료하게 설명하기가 불가능하지는 않더라도 힘든 것이 사실이다. 그렇다고 프리스틀리의 모든 사례를 그저 무시할 수는 없다. 그가 제공하는 샘플은 그러한 종류의 일들로서는 좋은 표본, 말하자면 영국의 대표적인 샘플로 볼 수 있다.

그러나 시청자들이 그에게 보내온 사례 가운데 상당수는 하찮다거나 정신이상자의 소산으로 무시해도 좋을 것들이 전혀 아니다. 대부분은 발표되지 않았지만 발표된 사례들은 자료적 가치가 크다. 또한 이 사례들은 맥락이 충분히 밝혀져 있고 세부묘사가 생생하기 때문에 프리스틀리의 자료의 주인공들은 실제로 그들의 예지적 체험에 근거하여 파국을 피할 행동을 취할 수 있다. 우리는 이러한 일들을 설명할 수 없으며 나또한 당장 설명할 생각은 없다. 다만, 문화나 삶의 수준과는 무관하게 세계 어느 곳에서나 인간은 그와 같은 다소 특이한 현상들을 끊임없이 말하고 있는 것이 사실이다. 나로서는 그러한 현상들이 단지 우리가 생각하는 패러다임에 부합되지 않는다고 해서 무시하는 것은 반대하고 싶다. 형이상학적인 것은 많은 사람들의 생활에서 중요한 역할을 하고 있으며 그것이 존재한다는 사실을 아는 것만으로도 그들은 편안하다.

이 책에서 나는 형이상학적인 것에 관하여 좀더 이야기하겠지만, 인

---

D.R. Sol, "Timers in Developing Systems," 1979.

간행동의 연구자이자 관찰자로서 나는 다음과 같은 입장을 취하지 않을 수 없다. 즉 결정적인 사실로 반증되지 않는 한 형이상학적인 것은 인류가 겪어온 다양한 경험의 한 가지로 간주되어야 한다는 입장이다.

그러나 우리 인간이라는 종에게는 형이상학이라는 우산 아래 들어오지 않는, 괄목할 만하지만 별로 알려지지 않은 무수히 많은 일들이 일어난다. 그 일부는 이 책에서 논의될 것이다. 어떤 의미에서 형이상학적인 것을 '생활'과 동떨어진 것으로 취급하는 일은 아주 완고하고 자기 위주의 맹목적인 생각일지도 모른다.

## 미시적 시간

최근 들어서야 겨우 확인되었을 뿐 아직 널리 인식되지 않은 미시적 시간은 기층문화의 산물이며 그것과 조화를 이룬 시간체계이다. 미시적 시간의 규칙은 거의 모두가 의식적인 인식을 벗어나 있다. 그것은 문화에 따라 특이하며 독자적인 것이다. 모노크로닉한 시간과 폴리크로닉한 시간(제3장 참조)은 그러한 형태의 주요한 패턴이 되는 예이다. 모노크로닉한 시간은 북유럽 대부분의 나라와 문화가 공유하는 시간체계이지만 같은 시간체계에서조차 문화와 지역에 따라 차이가 있다. 미국인들이 업무상 기다리는 시간의 길이에 따라 다른 의미를 부여하는 것도 하나의 예이다. 미시적 시간은 문화의 기본적 구성요소의 하나이다. 이 책에서 다루는 많은 소재들이 미시적 시간에 관한 것들이다.

## 동시적 시간

동시적 시간은 그 짝이 되는 미시적 시간보다 훨씬 근래에 발견된 것이다. '동시에 있다'(to be in sync)는 말은 미디어에서 유래한 것으로, 영화에서 녹화 필름과 사운드 트랙을 동시에 작동시키는 것이 요구된 '유성영화'(talking pictures)의 개발과 함께 나온 용어이다. 그 후로 일상생활에서 일어나는 평범한 일들을 촬영한 영화의 프레임을 하나하나 분석하는 가운데, 사람들이 서로 행동을 주고받을 때 아주 정확하게 서로의 동작을 일치시킨다는 사실이 밝혀졌다. 인생에서 그러한 일이 처음 일어나는 경우는 신생아가 사람의 목소리에 자기 동작의 보조를 맞추는 것이다. 집단과 보조를 맞추지 않는 사람은 그 집단을 분열시키므로 거기에 끼일 수 없다. 각각의 민족은 저마다의 비트에 따라 움직인다. 미국 내에서도 각 도시와 마을은 저마다 고유한 비트를 지니고 있다. 각 문화는 저마다 고유한 비트가 있다. 백인이 '동시적 시간'을 발견하는 데에는 수천 년이 걸렸지만 메스칼레로 아파치족은 몇 세기 전부터 그 중요성을 알고 있었다. 동시적 시간에 관해서는 이 책의 제9장과 제10장에서 다룰 것이다.

## 성스러운 시간

현대의 구미인——미국과 유럽의 전통을 계승한 사람들——은 성스러운 시간 또는 신화적 시간을 이해하는 데 다소 어려움을 느낀다. 왜냐하면 그러한 유형의 시간——그러한 시간 속에 있다는 것——은 상상적이기 때문이다. 성스러운 시간은 반복가능하고 가역적이며 변화하지 않는다.

신화적 시간 속에서는 사람들이 마법에 걸려 있기 때문에 나이를 먹지 않는다. 그러한 종류의 시간은 동화 같다. 말하자면 그것은 보통의 시계가 표시하는 시간으로는 나타나지 않는데 누구나 그 점을 알고 있다. 오류는 신화적 시간을 시계가 표시하는 시간과 등치시키려고 하거나 성스러운 시간과 속된 시간 사이에 고정된 연관성을 만들 필요성이 있는 것처럼 행동하는 데에서 비롯된다. 아메리칸 인디언은 의례에 참가하는 동안 의례 속에서 존재하며 의례의 시간 속에 존재한다. 그들은 일상적인 시간 속에서 존재하기를 그만둔다. 어떤 사람들은 성스러운 시간이 있기 때문에 그렇지 않은 시간을 견뎌낼 수 있다.

성스러운 시간 속에 자신을 둠으로써 사람들은 의식의 심층에서 자신의 신성을 재확인하고 인식하지만 의식을 고양시킴으로써 일상생활에서도 신적인 것을 인식한다. 엘리아데(Mircea Eliade)는 그의 저서 『성과 속』(*The Sacred and the Profane*)에서 그것을 신의 모방(imitatio dei)으로 보았는데, 나는 그렇게 생각하지 않는다. 나는 그것을 의식을 규정하는 일로 본다.[5]

## 속된 시간

속된 시간은 물리학적 시간으로부터 발전한 중동의 성스러운 시간에 그 기원을 두고 있지만 오늘날은 일상생활을 지배하며 명료하고 말로 표현되며 규정화된 생활의 부분을 지배한다. 서구 세계에서 속된 시간

---

5) Mircea Eliade, *The Sacred and the Profane*, 1959; Julius T. Fraser, ed., *The Voices of Time*, 1965; Edward T. Hall, *Beyond Culture*, 1977; Paul T. Libassi, "Biorhythms: The Big Beat," 1974.

이란 분·시·주·월·년·10년·세기 등을 표시하는 것으로, 우리의 문명이 공들여 만들어놓은 아주 명료하고 당연시되는 체계를 말한다. 일반적으로 사람들이 속된 시간체계에서 변화를 꺼리는 이유는 아마도 이 체계가 성스러운 시간체계와 상보적으로 연결되어 있어서 어느 정도 성성(聖性)이 뒤섞여 남아 있기 때문일 것이다. 예를 들면, 그때까지의 율리우스력이 윤년의 계산 때문에 행렬이 잘 맞지 않아서 다시 측정할 필요를 느낀 교황 그레고리우스 13세는 열흘을 삭제하여 달력을 고치려 하였다. 그러자 사람들은 "우리의 열흘을 돌려달라"고 외치며 폭동으로 맞섰다. 보다 최근의 예로는, 프랭클린 루스벨트 대통령이 추수감사절을 크리스마스와 너무 가깝지 않게 조정하려고 했을 때의 일로서 당시 민중의 반대는 그레고리우스 시대 못지않게 강력하였다.

## 메타 시간

메타 시간은 철학자·인류학자·심리학자, 그 밖의 사람들이 시간에 관해 말하고 쓴 모든 것으로 이루어져 있다. 즉 시간의 본질에 관한 수많은 이론과 논의, 그리고 관심을 말한다. 그것은 진정한 의미에서의 시간이 아니라 여러 가지 시간적 사건들로부터 추상한 것이다. 시간에 관한 많은 이론들 사이에서 생기는 혼란과 일관성의 결여는 대개, 한 종류의 시간(예컨대 형이상학적 시간)을 다른 종류의 시간(예컨대 물리학적 시간)을 측정하는 방법으로 보거나 메타 시간을 실재와 혼동하거나 하는 사람들에 기인한다.

# 2 시간의 다른 흐름

진리는 모든 선입관을 버릴 때 비로소 모습을 드러낸다.
• 소세키(夢窓疎石)[1]

 

1931년에 처음 호피(Hopi)족 마을을 찾았을 때, 나는 다른 시대로 진입하기 위한 웰스의 타임머신이 따로 필요하지 않았다. 왜냐하면 그 시대는 메사(주로 미국 서남부의 건조지대에 있는 절벽 위의 탁상대지 – 옮긴이) 위에서 신기루처럼 부유하고 있었기 때문이다.

나는 곧 그 세계에 침잠하고자 했다. 그러나 메사에 다가가서도 무너질 듯 깎아지른 절벽의 풍화된 사암과 가옥들을 구별하기가 어려웠다. 저 메사와 아로요(미국 서남부의 협곡 – 옮긴이), 그리고 저 거리(距離)와 길이 그곳을 다른 세계로부터 분리시켜 과거의 생활양식과 문화를 보존하도록 한 것이다. 백인세계라는 섬들이 마치 북극해의 빙산처럼 여기저기 떠다녔지만 빙산과는 달리 그 섬들과 그들의 영향력은 갈수록 커져서 인디언의 세계에 침투하려고 했다.

당시 그곳을 찾은 관광객들이 봉착하는 문제들 가운데 자주 발생하는

---

1) 소세키는 선종(禪宗) 학자들에게 잘 알려진 선사(禪師)로서 Karlfried Graf von Dürckheim의 책 *Hara: The Vital Center of Man*, 1962에 언급되어 있다.

일은 시간이 멈추는 현상으로 그때마다 관광객들의 울화를 돋우었다. 예컨대 물이 넘쳐 흘러 건널 수 없는 협곡 저편에서 붉게 달아오른 얼굴을 하고 애를 태우며 서 있는데, 자동차를 움직일 수도 없고 물이 줄어들기(최저 5시간에서 35시간까지도 걸릴 수 있다)를 기다릴 수밖에 없는 상황이다. 나는 인디언 거류지에서 일하기 전까지는 다리가 시간의 동인(agent)이라는 사실을 전혀 깨닫지 못했다. 물론 메사지대에서는 모든 것이 시간의 동인이다. 백인세계가 침투함에 따라 인디언 거류지 전역에 도로와 다리가 개설되었다. 다른 시대로의 여행은 물론 근사한 경관이 있는 그 중심지대로의 여행도 일주일씩 걸리던 것이 이제는 몇 시간짜리 관광코스가 되었다.

1931년에 호피족과 나바호(Navajo)족 거류지를 방문했을 때, 나는 1년도 못 되어 그곳에 다시 돌아와 그 후 5년간이라는 의미 깊은 세월을 그 거류지에서 보내게 될 줄은 꿈에도 생각지 못했다. 나는 인디언 문제 위원회의 커미셔너인 존 콜리에로부터 새로운 계획안에 참가할 기회를 제의하는 전보를 받고 그 생활을 시작했다. 그 계획의 목적은 아메리칸 인디언과 함께 그들을 위해 무엇이든 적극적인 일을 하는 것이었다. 운좋게도 나는 나바호족, 호피족의 거류지로 파견되어 처음에는 그 두 부족의 캠프를 운영하는 관리자로 일하다가 나중에는 댐건설과 도로보수공사의 책임자로 일하게 되었다. 그러한 상황에서 나는, 실제로 문화가 어떻게 서로 충돌하는지 그리고 표면적인 것들의 배후에 들어가서 각 집단의 행동과 사고를 지배하는 기본적인 사실을 직시하는 일이 얼마나 어려운지를 처음으로 경험하였다. 그러한 점을 통찰한 후, 나는 나의 미국 원주민 친구들과 함께 일하는 것을 직업으로 하는 인디언 거류지의 보통 백인들에게는 그것이 거의 의미가 없다는 사실을 알았다.

이윽고 나는 적어도 네 가지 다른 시간체계를 다루고 있음을 깨달았다. 즉 호피족의 시간, 나바호족의 시간, 정부의 관료제적 시간, 그리고 인디언 거류지에서 생활하는 또 다른 백인들(대부분이 인디언과 거래하는 상인)이 사용하는 시간이다. 그 밖에도 동부 도시에서 온 관광객의 시간, 은행원의 시간(특히 수표의 기한에 대한), 그리고 백인 시간체계의 수많은 변종이 있었다. 그러한 시간체계들 사이에는 도대체 어떤 차이가 있는 것일까! 그 다양한 시간들을 일치시킬 수 있는 방법은 전혀 없는 것 같았다. 다소 단순한 청년이었던 나에게조차 그러한 차이가 거의 무시되고 있다는 사실이 놀랍고 당혹스럽게 여겨졌다. 모두가 그 차이를 무시함으로써 각자 자신의 시간체계를 고수할 수 있었던 것이다.

　나바호족에게 미래는 비현실적이고 불확실한 것이다. 그들은 '미래의' 보수에는 관심도 없을 뿐만 아니라 일의 동기를 부여하지도 않는다. 그런데 미국 정부의 대부분의 계획들은 미래의 보수를 기반으로 삼아 추진되었다. 예컨대 양과 가축의 삭감계획안이 세워져서, 20년 후에 "과도한 방목으로 인한 목초지의 훼손이 회복되었을 때" '미래의' 보수를 준다는 조건이 인디언에게 제시되었지만 나바호족은 그것을 바보 같은 농담으로 받아들였다. 말하자면, 백인이 늘 그렇듯이 또 믿을 수 없는 말을 하는구나 정도로 생각하는 것이었다.

　정부 관리들은 댐·도로·건물·경계선을 세우는 따위의 기술적인 문제들은 단지 기술적인 해결책만 제대로 찾으면 되는 것으로 잘못 생각하고 있었다. 우리는 그때나 지금이나 다른 문제들이 도사리고 있다는 데에는 쉽게 생각이 미치지 못하는 것이다.

　애당초 정부는 문제를 그러한 각도로 생각할 수도 없었고 생각하지도 않았으며 그 당연한 결과로 실패에 실패를 거듭하고 있다. 그렇다고 기술자들을 탓할 수도 없다. 그들은 오클라호마에서 교육을 받고, 최근에 워싱턴에 소집되어 긴급상황의 단기 직업으로 인디언 거류지에 파견된 사람들이다. 그 선의의 남자들은 호피족에 관해서도 그 지방에 관해서도 전혀 아는 바가 없다. 댐들은 호피족의 자문도 받지 않고 또 그 지방의 미세한 기후나 씨족(clan : 단일한 조상의 혈족공동체 — 옮긴이)의 소유권에 관한 정보도 없이 그저 유용하리라 기대되는 배수로에 건설될 예정이었다.

인디언들은 어떤 배수로는 빗물의 넘침을 잘 조절할 수 있다거나 또는 동쪽으로 3마일만 가면 늘 말라 있는 배수로가 있다거나 하는 말들을 했으며 어느 유역의 물이 흘러 넘칠 것인가 하는 것도 잘 알고 있었다. 게다가 그들은 거류지의 어느 장소에 댐이 건설되느냐에 따라 사회적·정치적 영향도 달라지리라는 것을 숙지하고 있었다.

또한 댐의 위치가 씨족 소유의 사당이나 성스러운 장소로 설정될 경우 야기될 수 있는 종교적인 충격도 무시되었다. 사실, 배의 선장과 마찬가지로 지휘권과 정책결정권을 가진 인디언 거류지의 감독관은 내가 호피족의 자문을 구하는 것이 옳지 않겠느냐고 제안한 것 때문에 나를 해고하고 "거류지에서 추방한다"고 위협한 적도 있었다. 그 결과, 각 씨족과 주민 사이에 벌어지고 있는 분쟁이 더욱 악화될 것이 뻔한 장소에 댐의 위치가 정해지는 일이 다반사였다. 호피족 모두가 이용하기 위해 정부가 건설한 댐도 씨족의 소유지에 위치한 것은 법률적으로 그 씨족만이 소유권을 주장할 수 있었다. 그 점이 선례가 되기 때문에 다른 씨족들이 자신의 가축에게 물을 주기 위해 댐을 이용하고자 할 경우, 앞으로 언젠가는 그 씨족이 토지의 소유권을 주장할 꼬투리를 제공할 수 있다. 이와 같이 불길한 징조들을 수반한 시작은 댐공사에 종사하는 호피족의 태도에 영향을 미치지 않을 수 없었다. 이 인디언 거류지에 근본적으로 상이한 두 부족——호피족과 나바호족——이 살고 있다는 사실도 사태를 복잡하게 만들어 장차 골치 아픈 문제를 내포하고 있었다.

댐공사에 직접적인 영향을 미치게 된 호피족과 나바호족의 두 가지 주된 차이점은 즉각 표면화되었다. 첫 번째 차이점은, 나바호족은 한 달 내내(주말에도 쉬지 않고 줄곧 20일간) 일하기를 원했는데 거기에는 나바호족의 남자들과 그들의 일 사이에 거의 유기적이라고 할 만한 관계가 존재했기 때문이다.[2] 그들은 일을 잘하는 것에 대해 큰 자부심을 가졌고 자신들이 건설한 댐과 깊은 일체감을 느꼈다. 무엇보다도 그들은 일이 제대로 수행되기를 원했다. 그러나 그 당시, 호피족은 그와 같은 일체감을 거의 느끼지 못했다. 일의 스케줄에 대해서도 나바호족과는 대조적으로 호피족의 남자들은 일을 끊어서 하기를 좋아하고 원했다. 아무리 단기간이라도 자기 마을 사람들이 더 많이 고용될 수 있다면 그것으로 족한 것이었다.

또한 호피족 남자들은 매일 일정 시간 자기 밭을 돌보는 버릇이 있었는데 댐 건설자들은 그 점을 도대체 이해할 수가 없었다. 그들은 그 관습을 실행할 수 없을 경우, 불평불만이 쌓였다. 정부의 일이 그들의 일상사를 방해했고 그들을 밭에 갈 수 없도록 만든 것이다. 사실 정부는 부기를 정확하게 정리할 수만 있었어도 매일 새로운 일꾼을 고용했을 것이다. 그러나 그 당시 컴퓨터는 노이만(John von Neuman)의 눈에도 들어오지 않는 물건이었다. 모든 일을 손으로 해야 했고 그 손마저도 그

---

2) 1930년대에는 전반적으로 미국에서나 나바호족에게도 여성의 권리라는 문제가 아직 제기되지 않았다. 그러므로 연방정부가 정한 '가장'만이 고용될 수 있었다.

리 신통한 것이 아니었다. 급료지급장부도 이상한 말로 되어 있어서 그들에게조차 낯선 인디언식 이름 때문에 골치가 아팠다. 인디언은 대부분 둘 또는 그 이상의 이름(백인식과 인디언식)을 가지고 있었는데, 그것은 그 실정을 잘 모르는 사무직원이 처리할 수 있는 한계를 넘어선 문제였다.

하나의 댐을 완성하는 데에는 1,000에서 3,000명의 노동일수가 필요한데 그것은 이론적으로 거류지에 사는 호피족 남자 전원이 각각 90여 일간 일해야 마칠 수 있는 일이었다. 그러나 호피족은 자기 일에 시간을 적절히 안배하는 방법에는 관심이 없었고 각각의 계획이 끝없이 지연되는 것에도 상관하지 않았다. 백인들은 이러한 밀고당기는 의론과 언쟁을 단순히 호피족의 성마름으로 간주하여 인디언에 대한 상투적인 선입관에 한 가지를 보태는 식이었다. 인디언 인사담당 직원의 대부분은 자신들이 다루고 있는 사람들이 미지의, 백인과는 전혀 이질적인 전제들에 입각한 멘탈리티를 지녔다는 사실에는 생각조차 미치지 못했다. 사실 그와 같은 문젯거리에는 나름대로의 논리를 지닌 다른 전제들이 있을 수 있다는 점을 그들은 전혀 납득할 수가 없었던 것이다.

호피족의 시간개념이 그 지역의 백인들에게 어떻게 느껴지는가는 가장 재미있는 공상과학소설보다도 더욱 극적인 내용을 지니고 있다. 우리의 문화체계를 구성하고 있는 초석의 대부분은 호피족의 문화에서 찾아볼 수조차 없다. 여기에서 호피족이 우리와는 전혀 다른 지평에서 행동하고 있다는 사실이 차츰 밝혀진다.

구미인들은 일단 한 계획에 착수하면 그 일을 완수할 때까지 중단이나 오래 방치하는 일 없이 어찌 되었든 계속해야 되는 것으로 알고 자랐다. 미국인들은 심리학자가 말하는 '종결'(closure)을 볼 때까지 그 일에 매달린다. 일을 미완성인 상태로 놔두게 되면 다소 비도덕적이고 낭비적이며 우리 사회조직의 통합성을 위협하는 것이 된다. 아무런 표지판도 없이 돌연 중단된 도로는 무언가 정말 잘못된 것, "누군가가 실수로 망쳐놓은 것"이다. 나는 호피족에게 그러한 종결에 대한 중대한 관심이 결여되어 있다는 사실과 그들이 의식을 거행할 때 '정확한' 스케줄에 따르는 것과는 대조적으로 일반 건축물을 지을 때에는 그들의 머릿속에 아무런 시간관념도 없다는 사실을 깨닫기 시작함에 따라 갈수록 이상스러웠다.

그즈음 호피족 마을에서 가장 눈에 띄게 들어오는 특징 가운데 하나가 미완성의 집들이 여기저기 산재해 있는 것이었다. 돌과 모르타르로 쌓던 벽들은 미완성인 상태로 있었다(강하고 견고하며 솜씨 좋게 만들어진 아름다운 석조벽은 그것을 만든 사람들이 들인 시간과 노력의 정도를 가늠케 했다). 창틀──유리가 끼워진 것도 있었고 아닌 것도 있었다──은 만들어놓았으나 지붕은 완성되지 않았다. 멀리 떨어진 숲으로부터 운반해 온 전나무와 소나무로 된 대들보 재목은 잘리고 동강난 채 지붕을 버티기 위한 곳에 놓일 요량으로 집 옆에 가지런히 쌓여 있었다.

그렇게 모든 준비를 갖추고 두세 명의 남자가 3주일 정도 일하면 완성될 것으로 보이는 집이 몇 년씩 방치되어 있었다. 저 집이 언제 완성되느냐고 물은 백인들의 질문은 뜻밖의 것으로 여겨졌다. 호피족에게는 정말 그랬다. 언제까지 집을 지어야겠다는 계획이 잡혀 있는 것 같지도 않았고 작업을 끝내지 않고 놓아둠으로써 생활이 느슨해지는 기분을 느끼는 것 같지도 않았다. 백인들은 당연하게 생각하는, 계획을 완수하는 것과 완수하기 위한 스케줄 사이의 분명한 관계가 존재하지 않았다. 그러나 미완성의 집을 설명하는 기층문화의 패턴은 인디언 보존작업에 예상 밖의 영향을 미치게 되었다. 이 점에 관해 잠시 설명하겠다.

작업조(組)를 더 자주 교체해달라는 호피족의 요구에 대해 정부는 2주일에 한 번씩 조를 바꿔주기로 타협했다. 그것은 사무상의 서류나 급료 지불 건수가 두 배로 늘어나는 일이었을 따름이지만 진짜 문젯거리가 발생한 것은 완성된 댐을 세제곱야드당 계산하여 작업에 소요된 노동일수(인건비)를 나누는 단계가 되었을 때였다. 당시 그와 같은 정도의 공사 계획에 드는 작업비용은 보통 1세제곱야드의 흙을 옮기는 데 60에서 75센트 정도였다. 우리 기술자의 계산에 의하면 우리의 호피족 일꾼들이 건설한 댐의 비용은 1야드당 4에서 5달러로 통상의 6에서 10배에 달했다.

호피족이 해야 마땅한 정도로 열심히 일하지 않았던 것은 분명했다. 적어도 그렇게 짐작할 수는 있는 것이다. 그러나 이 점을 지적받은 호피족 일꾼의 십장은 강력히 부인했다. 백인의 비판에 발끈한 그들은 자신들이 당한 고충과 불만을 하소연했다. 그 정부 프로그램이 무익한 입안이 돼버린 것은, 호피족이 일을 할 수 없었다거나 하지 않으려고 했기 때문이 아니라 그들이 납득할 수 있는 말로 모든 일을 설명하는 것이 중요하다는 점을 아무도 깨닫지 못했기 때문이다.

호피족의 행동을 설명하기 위해서는 그 복잡한 문제의 또 다른 측면을 살펴보지 않으면 안 된다. 기본적으로 세계의 문화들은 시간이 해결하는 문화와 그렇지 않은 문화로 나뉠 수 있다. 백인의 문화는 전자의 범주에, 호피족의 문화는 후자의 범주에 속한다. 호피족에게 백인—처음에는 에스파냐인, 그다음에는 19세기 말과 20세기 초 동부에서 온 미국인—과의 과거의 경험은 식민지주의의 고문서에서 찾아볼 수 있는 바와 같이 비극적인 이야기이다. 에스파냐 신부들은 호피족을 노예로 삼

앗다. 미국 정부가 한 짓도 그보다 나을 것이 없었다. 그들은 인디언을 가능한 한 빠른 시간 안에 백인으로 변화시켜야 하는 이교의 미개인으로 보았다. 인디언의 성스러운 의식은 방해받고 금지되기까지 하였다.

호피족의 생활기반을 파괴하기 위해 가능한 모든 일이 자행되었는데 그중에서도 가장 격렬한 분노를 야기시킨 것은 그들의 종교에 대한 공격이었다. 종교지도자들은 투옥되어 가족과 격리되었다. 가족들은 자신들의 아버지나 남편에게 무슨 일이 일어났는지도 몰랐고, 설사 알더라도 언제 집으로 돌아오게 되는지 몰랐기 때문에 그들의 아내는 남편이 언제 돌아올지도 모르는 채 재혼을 하였다. 또 다른 사례로는, 남녀노소를 불문하고 주민 전체가 문자 그대로 양처럼 취급되어 순 니코틴의 강력농축액인 '블랙 리프 40'을 가득 채운 시멘트 여물통에 처박힌 마을도 있었다. 그 이유인즉, 몸에 이가 버글댔기 때문이었다나!

이것은 누구도 자만할 수 있는 이야기가 아니다. 그러나 우리는 '시간이 해결하는' 문화에 살고 있기 때문에 킴스 캐니언의 인디언 에이전시에 근무하는 백인들은 지난 일에 대해 전혀 모르고 있거나 아니면 '과거지사'이므로 호피족은 자신들이 태어나기 이전의 일에 대해 그렇게 격렬한 감정을 가질 수는 없을 것이라고 간주했다. 그러나 웬걸, 호피족은 잊지 않았다. 그들에게 있어서 과거는 현재를 지배한다. 또한 미국 정부는 호피족 마을의 생활에 주의를 기울이지 않았다. 메사 꼭대기에서 일어난 일의 대부분은 백인의 머릿속에 존재하지도 않았다. 이것은 백인직원들이 마을에서 필요 이상의 시간을 보내지 않았기 때문이다. 사실, 인디언과 너무 깊이 관계해서는 안 된다는 불문율이 있었다(나중에 나는 제3세계 국가들에 대한 미국의 외교적·기술적 원조사절들에게서도 이러한 태도를 보았다).

이렇게 공간적으로, 시간적으로, 그리고 문화적으로 단절된 호피족은 분노했다. 백인이 저지른 과거의 부당한 행위가 그들을 괴롭혔고 그 고통은 누그러지지 않았다. 만행이 자행되었던 상황은 잊었다 해도 그 환영은 갈수록 커졌다. 그리고 미국 정부가 '긴급 보존책'을 들고 나섰지만 그 프로그램은 호피족에게는 웃기는 난센스로 보였다. 댐을 완성하는 데 며칠이 걸릴지 정하는 일을 마치 양이 자라고 옥수수가 익는 것처럼 정해진 시간이나 있다는 듯이 하는 것이 그랬다. 그것은 생활을 힘들게 만드는 백인들의 또 다른 짓거리에 불과했다. 호피족의 생각에는 그 댐과 자기들의 미완성된 집이 다를 바가 없었다.

비극은 정부가 최고의 선의를 가지고 진실로 호피족을 위하여 무언가 해주려는 데 있었다. 즉 불경기에 그 지역을 개선시키고자 그들에게 일거리를 마련해주려는 것이었다. 경제에 화폐가 도입되고, 댐과 도로가 건설되고, 우물이 개발되었으나 최종 결과는 과거 적대관계의 재발이었다. 그 이유는 공사 스케줄과 전통적인 경계선을 무시한 댐의 위치 때문이었는데 정부는 그러한 경계선이 있는지조차 모르고 있었다. 기층문화에 대한 지식은 우리의 관심사가 아니었다.

이 새로운 '부당행위'는 정부가 단순하게도, 호피족이 될 수 있는 대로 많은 보조금을 정부로부터 얻어내려는 것이 당연하다고 생각함으로써 저질러진 것이다. 호피족이 댐을 스무 개를 건설하건 두 개를 건설하건 그것은 그들에게 달린 문제였다. 할당된 예산은 아무래도 한가지였다. 머지않아 호피족과 정부의 적대관계가 드러났는데 그것은 양자의 논리체계가 정반대였기 때문이다. 게다가 양자를 접근시킬 만한 공통의 근거를 찾아내기도 쉽지 않았다.

우리가 직면하고 있는 문제들은 모두 강력한 공간적 요소나 시간적 요소, 또는 둘을 겸한 요소를 지니고 있었다. 이 점에 관하여 나는 이야기를 나눌 상대가 없었다. 당시 호피족과 나바호족에 관해 내가 알고 있는 대부분의 지식을 가르쳐준 한 인디언 상인(로렌조 후벨이라는 친구)을 제외하고는 아무도 힘든 상황을 야기시키는 원인, 또는 많은 경우 그러한 힘든 상황의 '존재'조차 모르는 것 같았다. 백인들은 자신들이 경험한 일은 아메리칸 인디언과 함께 일할 때면 보통 생기는 문제로 간주했다.

호피족이 그와 같이 반응하는 이유를 설명하고자 했을 때 나는 대부분의 백인이 거기에 관심조차 없을뿐더러 모든 것을 인디언의 성마름 탓으로 돌리며 "호피족은 늘 불평만 하지"라고 말한다는 사실을 알게 되었다. 비극은 오늘날에도 그와 똑같은 종류의 오해가 존재한다는 것이다. 사실 많은 측면에서 근대화되었음에도 불구하고 두 문화 간의 소원감은 줄어들기는커녕 갈수록 커지는 듯하다. 오늘날의 문화적 간극은 과거 어느 때보다도 넓고 깊다. 분명, 상호이해의 길에는 숱한 구조적 장애물이 존재하며 두 언어 구조의 차이 역시 그러한 장애물 가운데 하나이다.

호피족의 언어가 그들이 사고하는 방식에 어떻게 영향을 미치는지 살펴보자. 다음에 나오는 글들은 언어학 분야에서 위대한 선구적 사상가인 언어학자이자 화학기사, 워프(Benjamin Lee Whorf)의 연구결과에 직접 기초한 것이다. 워프의 이론은 기술적일 뿐만 아니라 상세하다.[3]

영어를 포함한 구미의 모든 언어는 시간을 과거 · 현재 · 미래로 구분되는 연속체로서 다룬다. 어쨌든 우리는 시간의 흐름에 대한 우리의 이미지를 객관화시키거나 외재화시킴으로써 우리가 시간을 지배하고, 관

---

3) Benjamin Lee Whorf, *Language, Thought, and Reality*, 1956.

리하고, 사용하고, 절약하고, 낭비할 수 있다는 느낌을 가질 수 있었다. 우리는 시간에 수치를 부여할 수 있기 때문에 '때가 되는' 흐름의 과정을 구체적으로 실감한다. 그러나 호피족의 언어는 그렇지 않다. 그들의 언어에는 동사의 시제로서 과거·현재·미래가 존재하지 않는다. 호피족의 동사에는 시제가 없지만 대신 명제의 타당성, 즉 말하는 사람과 그가 말하고 있는 것에 대한 그의 지식 또는 경험 사이의 관계의 성격을 지시하는 것이 있다.

한 호피족이 "어젯밤에 비가 왔다"고 말할 때, 그 말을 듣는 사람은 말하는 사람이 비가 온 것을 어떻게 알고 있는지를 안다. 즉 그가 비가 올 때 밖에 나갔다가 젖었는지, 집 안에서 창밖을 보고 비가 오는 것을 알았는지, 누군가 집 안에 들어오면서 밖에 비가 온다고 말했는지, 아침에 일어나 땅이 젖어 있는 것을 보고 비가 왔었다고 생각했는지 따위를 짐작할 수 있는 것이다.

구미의 언어에서 여름, 겨울과 같이 때를 표시하는 말은 명사로서 물질적인 성질이 부여된다. 왜냐하면 그 단어들은 다른 명사처럼 가산명사로 취급될 수 있고 복수형도 될 수 있기 때문이다. 바꿔 말하면 그 단어들은 대상물로 취급된다. 호피족의 언어에서 계절은 오히려 부사(구미의 언어에서 가장 유사한 것으로서)처럼 취급된다. 호피족은 여름이 덥다고 말할 수 없다. 왜냐하면 사과가 붉다는 성질을 지닌 것과 마찬가지로 여름의 성질은 더위이기 때문이다. 여름과 더위는 같은 것이다! 여름은 덥다는 하나의 **상황**이다. 호피족의 언어에서 말하는 여름에는 구미언어에 의해 전달되는 의미로 시간을 시사하는 것, 즉 '때가 된다'는 의미가 전혀 없다.

우리가 시간의 절약을 강조하는 것은 시간을 수량화하고 하나의 명사로 취급하는 것과 관련된 것으로 스피드를 높이 평가하게 만드는 요인임에 틀림없다. 우리의 행동을 보면 많은 점들이 그것을 입증한다.

호피족처럼 영원한 현재에 살며 의식의 준비에 '지금'을 소비하는 사람들은 시간을 엄격한 일의 지배자로서 느끼지 않을뿐더러 구미인들이 그렇듯이 시간을 돈이나 진보와 동일시하지도 않는다. 구미인들에게 시간은 가산될 수 있고 절대로 잊어서는 안 되는 특질을 지닌다. 이것은 매우 부담이 될 수 있다. 호피족에게 시간의 경험은 마치 호흡처럼 생활의 리드미컬한 일부로서 보다 자연스러운 것임에 틀림없다. 내가 아는 바로는 호피족은 시간의 '경험' 또는 시간의 본질에 관해 철학적으로 생각하는 일에 관심을 가져본 적이 없다.

철학은 미국의 지적인 구조물에 초석이 되는 것들 가운데 하나이다. 과학이 또 하나의 초석이고 기술은 세 번째 초석이다. 그러나 종교는 예전과는 달리 이제는 중심이 되지 못하며, 언제부터인가 그 자체의 틀 안에 갇혀 일상생활과는 분리되어버렸다.

그러나 호피족은 그렇지 않다. 종교는 호피족의 생활에서 중심적인 핵이다. 호피족의 종교의식은 구미의 문화에서는 성스러운 것과는 거리가 먼, 분리되고 명증한 실재로서 취급되는 여러 가지 기능을 수행한다. 예컨대 아이들을 가르치는 일, 미와 풍작의 기원, 자연과 보조를 맞추는 일, 자신들의 생명이 달린 농작물이 잘 자라도록 돕는 일, 서로의 인간관계, 청년을 성인사회에 들여보내는 일 등이다. 사실, 종교는 사회조직뿐만 아니라 정치의 중심에 있으며 정치는 호피족의 의식적 생활에서 본질적인 부분이다.

호피족의 1년은 하지와 동지에 의해 두 부분으로 나뉜다. 가면을 쓴 카치나(Kachina: 호피족이 믿는 초자연적 존재로, 제례에서 가면을 쓴 무용수에 의해 의인화된다-옮긴이)[4]는 신들이나 자연의 정령들과 다소 유사하고 호피족의 생활을 지배하는 테마들을 구체화한 것이기도 하다. 카치나는 1년의 절반을 호피족과 생활한 뒤, 나머지 6개월은 고향인 샌프란시스코 산지(애리조나 주 플래그스태프의 북쪽)로 돌아가서 산다. 호피족의 남자·여자·아이 들은 모두 카치나 숭배에 입문하여 카치나 의식에 참여한다. 1년은 동지의 의례로 시작되고 그 시점에서 신년을 위한 모든 일이 준비된다. 동지의 정확한 날짜를 맞추는 일은 지극히 중요하다. 태양이 남쪽으로의 여행을 멈추고 더 이상 움직이지 않다가 방향을 바꾸어 다시 북쪽으로 움직이기 시작하는 때를 정확하게 정하는 것이 태양사제의 임무이다.

호피족과 함께 살면서 그들과 춤에 관해 이야기하고 춤이 공연되는 것을 보면서 나는 춤이 성공적일 때에만 일어나는 현상으로, 일종의 시간적·공간적 포장에 나 자신이 휘감기는 것을 수차례 깨달았다. 그러한 현상이 일어나면 외부의 실재에 관한 모든 의식, 외재하는 세계에 관한 모든 지각이 소멸된다. 세계는 붕괴되어 춤이라는 하나의 일에 녹아든다. 즉 사람들과 사람들이 꽉 들어찬 키바(kiva : 인디언의 집회소-옮긴이)와 춤꾼들을 제외하고는 아무것도 존재하지 않는다.[5] 젊은 백인인 나에게도 그런 현상이 일어날 수 있는데 하물며 호피족에게는 어떻겠는가!

호피족이 시간에 관해 이야기하거나 또 오늘날에는 글로 쓰거나 할 때 가장 빈번히 나오는 말은 1년을 통하여 거행되는 춤의 의식에 관한

---

4) Harold S. Colton, *Hopi Kachina Dolls*, 1949 ; Edward H. Kennard, *Hopi Kachinas*, 1938. 호피족의 카치나 인형은 보통 백인들에게는 원래의 댄서보다 더 잘 알려져 있다. 그 인형들은 호피족의 댄서들을 모델로 한 작은 모사품이다.
5) Edward H. Kennard, 같은 책.

것이다.

"그 일은 워워침(Wowochim) 바로 전이었지."

"그 일은 소얄(Soyal) 기간에 일어났어."

워워침은 11월에 거행되는 부족의 입문(initiation) 의식이다. 소얄은 워워침에 이어 12월에 거행되는 동지와 관련된 의식으로 태양신(모든 생명을 지배하는 가장 강력하고 중요한 신)을 기리기 위해 태양의 씨족(Sun Clan)이 참가하는 가장 중요한 의식이다.[6] 그것은 태양이 남쪽 거처에서 출발하여 여름을 지내는 북쪽 거처로 여행을 시작하는 것을 축하하고 기념하는 의식이다.

행사를 성스러운 춤과 결부시킴으로써 조용히 그 일이 지니는 힘과 권력을 강화시킨다. 사실, 생활은 그러한 행사들을 중심으로 돌아간다. 그리고 춤의식을 거행하는 씨족과 비밀결사의 구성원들에게 그것은 노동, 가사, 섹스, 개인적 감정이나 의무 등, 어느 것보다도 우선한다. 그것보다 더 중요한 것은 없는 것으로 여기며 특히, 옛날에는 입문한 자들에게 그보다 더 중요한 행사는 없었다. 구미인의 시간과 호피족의 시간의 또다른 차이는, 구미의 패턴에서는 공적인 의식에 모든 일이 집중되는 데 반해 호피족의 전통에서는 공적인 의식 전에 키바에서 준비하는 날들이 있을 뿐만 아니라 그 뒤에도 키바의 의례가 며칠 더 계속된다는 점이다.

호피족의 결혼식은 그 문화패턴의 또 다른 차이를 설명해준다. 구미 문화에서 결혼은 한 상태에서 다른 상태로 되는 명확한 구분선이 된다. 누구나 방금 혼인서약을 주고받은 젊은 여성이 다음과 같이 말하는 것을 들을 수 있으리라.

---

6) Leo W. Simmons, ed., *Sun Chief*, 1942.

"정말 알 수가 없어, 지금 나는 월터 내쉬 부인이지만 몇 분 전까지만 해도 제인 무어였고 독신이었지. 그런데 지금 나는 유부녀잖아!"

이러한 언사가 아주 일반적이라는 사실은 구미문화에서조차 그토록 중요한 변화가 수분 안에 일어날 수 있다는 것을 사람들이 놀랍게 여긴 다는 점을 반영한다.

그 점에 입각해서 호피족이 결혼식을 올리는 데에는 다소 긴 시간이 걸릴 것이라는 추측이 가능하고 또한 사실이 그렇다. 제2 메사(Second Mesa)의 화가 프레드 카보티(Fred Kabotie)와 선 치프(Sun Chief)의 돈 탈 라예스바(Don Talayesva)가 묘사한 호피족의 결혼식[7]을 보면, 많아 봐 야 1년에 26건의 결혼식이 있다. 호피족은 무슨 일을 하룻밤에 해치우 는 법이 없다. 이러한 종류의 차이가 단순히 관습에 불과한 것이 아니라 두 문화 사이의 뿌리 깊은 구조적 차이를 반영하는 것이라는 점을 강조 해둘 필요가 있다. 구미문화에서는 우리가 일단 마음만 먹으면 모든 일 이 신속하게 전개되리라 기대한다. 그렇기 때문에 우리는 생활구조에서 우리가 엮어가는 패턴 또는 일상생활의 다양한 행동 가운데 서서히 누 적되는 카르마(業)에 관심을 두지 않는 경향이 있다.

1930년대 초반에 호피족과 나바호족의 거류지에서 생활하며 일한 것 은 특별한 경험이었다. 거기에는 거의 예전 그대로의 모습을 간직한 두 개의 이국적인 사회가 있었는데 그 둘은 서로 달랐고 우리와도 달랐다. 게다가 미국의 다른 지역보다 50년이 뒤진 환경과 자연, 그리고 생활양 식이 있었다. 여름의 비, 겨울의 눈, 포장도로가 없기 때문에 질척이는 땅 등의 환경으로 인해 그 지역 자체의 규칙이 만들어졌다. 규칙을 만드

---

7) Fred Kabotie, *Fred Kabotie, Hopi Indian Artist*, 1977.

는 것은 인간이 아니라 토지와 계절이었다. 눈이나 비가 올 때면 모든 일이 중단된다(물론 진흙에 적응하는 말과 마차는 예외이다).

협곡에 물이 흐르게 되면 아무리 소량이라도 제정신을 가진 자는 건널 엄두를 못 낸다. 자동차와 트럭의 녹슨 잔해가 디네비토·오라이비·폴라카·위포 습지의 모래 바닥에 수도 없이 묻혀 있다. 물이 넘쳐 흐르는 아로요(협곡)를 앞에 두고 할 수 있는 일이란 제아무리 백인이라 할지라도 물이 빠질 때까지 그냥 기다리는 것이다. 폭이 4분의 1마일, 깊이가 40피트에 달하는 아로요의 모래 바닥을 건널 수 있는 것은 물이 말라 있을 때뿐이다. 계곡의 바닥은 한번 물이 차면 수개월에 걸쳐 마르는데, 어느 날에는 북쪽에서부터 멀리 굉음이 들리곤 한다. 그 소리는 나무의 가지와 큰 줄기, 수목을 휩쓸며 흐르는 물기둥이 만곡부를 돌아들 때 시시각각으로 커지는 물소리이다.

아로요에서 50마일 떨어진 상류에 내린 호우는 몇 시간이고 며칠이고 계속 흘러가곤 한다. 그것은 다음과 같은 일들을 아는 데 도움이 된다. 즉 수십 마일 떨어진 곳에서 일어난 일이 불과 몇 분 전까지만 해도 말라 있던 모래 바닥에 훌륭한 자동차를 꼼짝달싹 못하게 만드는 결과를 초래할 수 있다는 사실이다. 사람들은 주변의 모든 지점, 특히 상류에서 일어나는 일에 주의를 기울이는 법을 배운다. 왜냐하면 협곡의 주류는 거의 모두 북동쪽에서 남서쪽으로 흐르기 때문이다. 블랙 메사의 상공에 떠 있는 천둥구름이 5시간 후에는 오라이비의 홍수를 뜻할 수도 있다. 그러한 일들은 다른 숱한 일들과 마찬가지로 중요하다. 왜냐하면 물이 닿지 않는 높고 험한 협곡 위에 남겨져서 길이 다시 개통될 때까지 마냥 기다려야 하는 일을 자주 당하기 때문이다. 나는 머지않아 이 토지에 저항할 생각을 하지 말고 그것과 하나가 되어 함께 움직이는 편이 낫다는 것을 깨달았다. 그런데 그것이야말로 백인에게는 어려운 일이다.

그 메시지는 예기치 않았던 것에서 또 다른 방법으로 불쑥 나에게 다가왔다. 그것은 바로 나의 말(馬)들 때문이다. 나는 언제나 몇 필의 말을 가지고 있었는데 내가 나가던 학교에도 함께 다니며 내 생활과 뗄 수 없는 하나가 되었다. 나의 말들은 뉴멕시코 주의 산타페에 있었는데 나는 그 말들을 인디언 거류지에 데리고 갈 생각이었다. 트럭으로 옮기는 것은 실질적이 아니며 비용도 너무 많이 들어서 나는 그 말들을 타고 가기로 작정했다. 확실히 그 경험은 마음에 지울 수 없는 인상을 남기게 되었다. 두 필의 말에는 안장을 얹고 세 번째 말에는 짐을 실은 다음 나와 친구 한 사람은 산타페를 떠났다.

제메스 산맥을 넘어 차코 캐니언과 교차되는 대륙분수계를 가로질러 크라운 포인트와 갤럽을 지나고, 윈도 록을 넘어 포트 디파이언스 플라토의 시원한 삼림을 통과하여 가나도로 내려가다가, 거기서부터 곧장 서쪽으로 향하여 드넓은 평지와 쑥덤불이 무성한 메사를 가로질러 제디토 · 킴스 캐니언 · 폴라카 · 토레바 · 침모포비를 거쳐 오라이비에 도착하여 로렌조 후벨을 만나기 위해 잠시 쉬었다가, 다시 북쪽으로 떠나 나바호족의 정신생활의 진원지라고 할 수 있는 피니언에 도착했다.

우리는 매일 평균 12에서 15마일을 갔는데, 그렇지 않으면 우리가 타고 가는 무스탕(북미산의 조랑말-옮긴이)이 지쳐서 결국 쓰러질지도 몰랐다. 제메스 산맥의 전나무숲 경사면을 내려가서 건조한 평원을 서쪽으로 가로질러 갈 때, 나는 3일간에 걸쳐 같은 산을 다른 각도에서 보면서 통과하였는데, 마치 산이 천천히 회전하는 듯이 느껴졌다. 이런 종류의 경험은 포장된 고속도로를 한두 시간에 달리는 것과는 전혀 다른 느낌

을 준다. 말과 토지와 기후가 어우러져 페이스를 정하고 우리는 행군속
도를 거의 조절하지 못한 채 자연의 수중에 들어 있었다.

나중에, 말을 타고 300에서 400마일의 여행길에 올랐을 때 나는 말이
걷는 템포와 다소 유유한 리듬에 맞추기 위해서는 최소한 3일이 걸리는
것을 알게 되었다. 그리고 나서야 나는 다시 토지의 일부가 되고 나의
온 정신이 바뀌었다. 나는 청소년 시절에 말 타는 것을 도와준 카우보이
들이 다른 백인들과는 다른 템포로 말한다는 사실을 알아챈 적이 있었
다. 그 템포의 빠름과 느림은 그들 주변의 사람들과 보조를 맞추기 위한
것이 아니었다. 하나의 집단으로서 카우보이들은 개성 · 기분 · 상황에
맞게 조정하는 독자적인 템포를 지녔다. 긴급상황——예컨대 내가 이끄
는 말과 짐을 진 말이 산길에서 절벽의 바위 위로 떨어지려는 상황——
에서는 전광석화처럼 빨리 말한다.

"제발, #*x#@! 말의 로프를 벗겨, 그러지 않으면 너는 말이 일어설
때 두 동강 난다구!"

그러나 대화를 나눌 때에는 급하게 말하지 않고자 자신의 페이스를
조절한다. 도시인이나 관광객은 자신의 질문에 즉시 응답해주기를 원하
여 이들 황야의 사나이들을 말로 재촉하며 "스피드를 내도록 해주세요"
라고 보챈다. 이 도시인들은 자신의 도시적 템포가 신체와의 보조를 벗
어나 있다는 사실 그리고 오랜 세월 동안 몸에 밴 급한 말투가, 마치 서
부의 아로요가 계곡 바닥의 부드러운 토양을 침식하는 것처럼 확실하게
그들의 기질을 침식시킬 수 있다는 사실을 결코 깨닫지 못한다.

문화에 따라 반응시간——협박 · 도전 · 멸시 · 부정의(不正義) 등에 반
응하는 시간——은 크게 다르다. 위장폭탄이나 지뢰를 장치해놓듯이 중
요한 일을 치르는 시간의 간격은 며칠에서 몇 년까지 될 수 있다. 미국

의 백인들은 일단 행동하도록 자극되면 다소 성급하게 반응하는 편이지만 미국 원주민들은 불을 붙이는 도화선이 꽤 길어서 행동에 착수하는데 시간이 걸린다. 예를 들면 1680년의 '푸에블로 반란' 당시, 인디언은 에스파냐인을 남서부에서 몰아냈다. 그러고 나서 1692년이 되어서야 다시 에스파냐인이 돌아왔다. 인디언 중에는 선교사가 다시 교회를 세우는 것을 허락하는 자도 있었고 그렇지 않은 자도 있었다. 호피족 마을 중에서 가장 동쪽에 있는 아와토비(Awatovi)는 에스파냐인의 선교사업이 번창했던 곳으로 선교사를 다시 받아들였다. 다른 호피족들이 이 마을에 복수를 한 것은 그로부터 6년 후였다. 그들은 아와토비를 파괴하고 주민을 살해했다.

백인들은 겉으로 보아서 아무 일이 없으면 아무 일도 벌어지지 않고 있는 것으로 생각하는 경향이 있다. 그러나 사람들이 결단을 하거나 합의를 이룰 때까지 오랜 시간이 걸리는 경우를 많은 문화에서 찾아볼 수 있다. 우리는 이러한 점들에 더욱 주의를 기울이는 것이 좋을 듯싶다.

# 3 모노크로닉한 시간과 폴리크로닉한 시간

나바호족과 호피족을 상대로 교역하는 상인, 로렌조 후벨은 4분의 3이 에스파냐 혈통이고 나머지는 뉴잉글랜드 혈통인데 문화적으로는 골수 에스파냐인이다. 1930년대에 내 일과 연관된 정부사업상의 거래로 그를 처음 만났을 때 나는 그가 사람들이 개인적으로 대화를 나눌 수 있는 일정한 사무실을 가지고 있지 않은 데 좀 놀라고 당혹스러웠다. 그 대신 교역소와 가까운 거리에 있는 그의 집 한편에 넓은 코너룸을 두고 거기서 업무를 처리했다.

그의 업무는 공무원이나 친구들의 방문, 그를 만나러 온 인디언과의 대담(그중에 가장 잦은 용무는 돈을 빌리거나 양을 거래하는 일), 특별히 로렌조를 만나기 위해서가 아니라 단지 교역을 위해 찾아오는 가게 점원이나 인디언과의 100건 이상의 일상적인 거래 등 모든 일을 망라한다. 거기에서 그는 애리조나 주 윈슬로에 있는 자신의 창고, 소(牛)상인, 애리조나 주 가나도에 있는 그의 아우 로먼에게 장거리 전화를 건다.

이러한 모든 일(그 밖에 아주 개인적인 일을 포함해서)이 누구나 볼 수 있고 들을 수 있는 우리의 작은 세계 앞에서 공공연하게 수행된다. 인디언

상인의 생활이나 작은 교역 왕국(로렌조는 북부 애리조나 일대에 12개의 교역소를 가지고 있다)의 경영실태를 알고자 하는 사람은 로렌조의 사무실에 한 달 정도 앉아 거기에서 일어나는 일을 메모하는 것으로 족하다. 그렇게 하면 결국, 내가 5년 이상 인디언 거류지에 살면서 일한 결과 내 눈앞에 펼쳐졌던 것들과 마찬가지로 그 패턴의 다양한 모든 부분이 눈앞에 펼쳐질 것이다.

나는 리오그란데 강 상류지역에서 푸에블로 인디언을 친구로 어린 시절을 보낸 적이 있었기 때문에 인디언이 구미문화에 속한 사람들과는 다르게 행동한다는 사실에 관한 예비지식이 있었다. 나는 그러한 차이를 당연하게 보았다. 그러나 일을 그렇게 공공연하게, 모든 일을 한꺼번에, 잡동사니로 처리하는 방식은 나에게 인상적이었다. 거기에서 눈을 뗄 수가 없었고, 또 다른 세계가 존재하는 것이었다. 그러나 그 점에서 에스파냐인과 앵글로인은 모두 유럽적인 토양에 그들의 뿌리를 굳건히 내리고 있었지만 시간을 다루는 방식은 근본적으로 달랐다.

내가 로렌조의 상점에 익숙해지는 데에는 그리 오랜 시간이 걸리지 않았다. 너무나 많은 일이 벌어지는 상점을 두고 자리를 뜰 수가 없었던 것이다. 나 자신의 스케줄은 물론 엉망이 되었지만 그의 상점에서 마치 강력한 자석처럼 잡아당기는 매력을 발견한 나는 로렌조를 방문하는 기회를 결코 놓치지 않았다. 오라이비를 둘러본 다음 나는 그의 상점 근처까지 가서 픽업트럭을 주차시키고 사무실 옆문을 밀고 들어갔다. 이러한 방문들은 필요불가결한 것이었다. 왜냐하면 무슨 일이 일어나고 있는지 뉴스를 모르면 생활이 불안해질 수 있기 때문이다. 로렌조의 사막 '살롱'은 신문보다 나았고, 마침 우리에게는 신문도 없었다.

로렌조가 일을 처리하는 방식에 눈이 뜨인 나는 나중에 뉴멕시코에

거주하는 에스파냐인들 사이에 벌어지는 일에서도 그와 유사한 상호연
관성을 찾아볼 수 있었다. 또한 아랍 세계나 라틴아메리카에서도 동일
한 패턴을 관찰하였다. 이 '한 번에 많은 일들을 처리'하는 체계에 대한
미국인들의 반응을 관찰한 결과 나는 그러한 체계가 정보의 교류통로와
사람들을 연결시키는 네트워크의 형태와 형식, 그 밖에 그 사회의 중요
한 사회적·문화적 특질에 얼마나 깊은 영향을 미치는지 알게 되었다.
나는 그러한 문화적 패턴에는 처음 생각할 수 있었던 것 이상의 무언가
가 있다는 것을 깨달았다.

　다른 문화에 대한 수년간의 경험은 복합적 사회가 시간을 구성하는 방
식에는 적어도 두 가지가 있다는 사실을 밝혀주었다. 북유럽에서처럼 일
을 각각 분리된 항목으로 나누어 '한 번에 한 가지씩' 하도록 스케줄을
짜는 방식과 몇 가지 일을 한꺼번에 하는 지중해식 모델에 따른 방식이
다. 이 두 체계는 논리적으로나 경험적으로나 완전히 구별되며 물과 기
름처럼 서로 섞이지 않는다. 또한 모두 약점과 강점을 각각 지니고 있다.
나는 한 번에 많은 일을 하는 것을 폴리크로닉한(polychronic : 다색의, 다
원적인) 시간(P-타임)으로, 한 번에 한 가지씩 하는 북유럽의 체계를 모노
크로닉한(monochronic : 단색의, 단일적인) 시간(M-타임)으로 명명했다.[1]

　P-타임은 미리 정해진 스케줄을 고수하는 것보다는 인간관계와 완성
된 업무처리를 중시한다. 약속을 그리 중요하게 여기지 않기 때문에 깨
지는 경우가 많다. P-타임은 M-타임에 비해 실체가 없는 것으로 여겨진
다. 폴리크로닉한 민족에게는 시간이 '소비되는' 것으로 느껴지는 경우

---

1) 이 두 가지 시간체계는 나의 저서 『문화를 넘어서』에서도 논의되고 있다.
　Edward T. Hall, *Beyond Culture*, Anchor Press/Doubleday, 1976, pp.
　17~20, 150~151.

가 거의 없으며 끈이나 길이라기보다는 점으로 간주되는 경향이 있다. 그러나 그 점은 흔히 신성한 점이 된다. 아랍인이 "한 시간 안에 만나자"라거나 "이틀 후에 만나자"고 할 때, 전자는 그가 당신을 만나는 것이 한 시간 이상 지체되지는 않을 것이라는 말이고, 후자는 적어도 이틀 이후에 만나자는 말이다. P-타임 패턴에 머무르는 한 이러한 언질들을 매우 신중히 생각해야 한다.

1960년대 초 P-타임 벨트의 한가운데인 그리스의 파트라스에 있을 때 나 자신의 시간체계는 다소 우스꽝스럽지만 그래도 재미있는 상황에 직면하여 여지없이 무너지고 말았다. 그리스의 한 호텔에서 성마른 프런트 직원이 시에스타(점심 후의 낮잠시간 - 옮긴이)를 계속 즐기기 위해 나와 내 가족을 도저히 일등 객실이라고는 할 수 없는 거처에 그냥 숙박하라고 나에게 결정을 재촉하는 것이었다. 나는 다소 누추한 이 '손아귀의 새'(확실한 것 - 옮긴이)를 받아들일지 아니면 찾기가 쉽지는 않겠지만 가능한 한 다른 호텔을 잡을 것인지 결정할 수 없어 망설였다. 그랬더니 그 직원은 성질을 내며 불쑥, "어서 결정해요, 시간은 돈이오!"라고 말했다. 말 그대로 아무 일도 일어나지 않는 이 낮 시간에 그 말에 무어라고 답한단 말인가? 나는 그 터무니없는 상황에 그저 웃을 수밖에 없었다. 그야말로 시간이 돈이 아닌 경우가 있다면 그것은 파트라스의 여름 낮잠시간일 것이다.

M-타임 문화는 시간의 관리를 맹목적으로 숭배하는 경향이 있지만 그런 만큼 M-타임이 중요한 의미를 지니지 못하는 경우도 있다. 일반적으로 인생사에는 예측할 수 없는 일이 종종 있다. 어떤 숙박객이나 환자, 또는 일련의 거래가 얼마나 오래갈지는 아무도 정확히 예측할 수 없는 일이다. 인간의 일이라는 화학은 계산할 수 없는 것들이다. 어느 날

에는 10분 안에 끝마칠 수 있는 일이 다른 날에는 20분이 걸릴 수도 있다. 서둘러도 끝내지 못하는 경우가 있는가 하면 시간이 남아서 나머지 시간을 '허비하는' 경우도 있는 것이다.

북미인들이 라틴아메리카나 중동에 가면 종종 심리적으로 스트레스를 받을 수 있다. 지중해나 아랍 국가들의 시장·상점·수크(아랍의 시장)에서 폴리크로닉한 환경에 들어가게 되면 한꺼번에 모든 손님을 상대하고자 하는 단 한 명의 점원의 주의를 끌고자 앞다투는 사람들로 둘러싸이게 된다. 거기에서는 다음 차례가 누군지 하는 질서도, 마지막 차례는 누가 될지 하는 줄이나 순번도 찾아볼 수 없다. 북유럽인이나 미국인에게 그 장면은 혼란과 소동으로 비친다.

다른 맥락에서 지중해 국가들의 정부관료체제에서도 동일한 패턴이 작용하고 있음을 볼 수 있다. 정부고관 집무실의 전형적인 배치는 사적인 방의 바깥쪽에 넓은 리셉션 공간(로렌조 후벨 사무실의 호화판으로 볼 수 있는)이 있는 경우가 많은데 거기에서는 몇 그룹의 사람들이 기다리면서 장관이나 그 보좌관들을 만날 수 있다. 관리들은 이 반(半)공공의 장소에서 이 그룹에서 저 그룹으로 옮겨다니며 차례로 상담하면서 대부분의 업무를 처리한다. 반은 사적인 이 거래는 시간은 얼마 걸리지 않지만 사람들은 상담을 원하는 장관이나 그 밖의 중요한 인물들을 직접 만난다는 느낌을 갖게 된다. 일단 이러한 패턴에 익숙해진 사람은 내실에서 이루어지는 일련의 사적인 회담이 갖는 결점을 보완하는 이점이 많음을 분명히 알 수 있다.

미국인들에게 특히 곤혹스러운 점은 폴리크로닉한 사람들의 약속에 대한 태도이다. 시간을 지킨다는 것 자체가 미국에서와는 다른 의미를 지니고 있다. 폴리크로닉한 문화에서는 모든 일이 늘 유동적인 상태에 있는 것처럼 보인다. 확실하거나 고정된 일은 하나도 없고, 특히 미래의 계획은 말할 나위도 없다. 중요한 계획조차도 실행에 옮기는 순간 뒤바뀔 수 있다.

그와는 대조적으로 서구세계에 사는 사람들은 모노크로닉한 시간의 철통 같은 수중에서 거의 빠져나오지 못한 채 생활한다.[2] 시간은 실존 그 자체와 함께 너무나 철저하게 짜여 있어서 우리는 시간이 숱한 미묘한 방식으로 타인과의 관계를 틀짓는 것을 포함하여 우리가 행동하는 모든 일을 어느 정도로 결정하고 조정하는지 거의 의식조차도 못한다. 사실 사회생활과 직장생활, 그리고 성생활조차 대개 스케줄에 지배된다. 스케줄을 짜는 것에 의해 우리는 단편화(斷片化)된다. 이는 한 번에 한 가지 일에 집중하는 것을 가능하게 해주지만 또한 맥락의 파악능력을 감소시키기도 한다.[3] 스케줄을 짠다는 성질 그 자체가 지각될 수 있는 것과 없는 것, 계획에 집어넣을 것과 빼버릴 것을 선택하는 일이고 일정 기간 내에 한정된 수의 일만을 허용하는 것이다. 스케줄에 넣는 것 자체가 사람과 일의 기능 모두에 대한 우선순위를 정하는 체계를 구성한다. 중요한 일은 우선적으로 취해져서 가장 많은 시간이 할당되고 중

---

2) 서구세계에서도 수적으로 많고 중요한 에스파냐 계통의 소수민족들(에스파냐계 미국인, 쿠바인, 푸에르토리코인, 멕시코나 그 밖의 라틴아메리카 지역에서 온 에스파냐계 사람들)은 예외이다. 폴리크로닉한 패턴은 주로 가족간의 결속이나 대규모 친족집단을 연상시킨다. 100명에 가까운 친척들이 예고도 없이 혹은 직전에 간단히 알리고 방문하여 자기 집처럼 행동하는 상황을 비공식적인 문화의 산물로 볼지도 모르겠다. 유대인 · 아랍인 · 에스파냐인에게 공통적인 문화적 특징은 가족간의 친밀한 유대와 광범위한 친구관계이다. 거기에도 예외는 있지만 어느 민족이나 폴리크로닉한 경향이 강하다.
3) 맥락(context)에 관해서는 제4장에서 논의하였다.

요하지 않은 일은 끝까지 남겨지거나 시간이 모자라면 생략된다.

모노크로닉한 시간은 또한 실질적인 것이다. 우리는 시간에 대하여 절약한다, 쓴다, 허비한다, 잃다, 만든다, 기어간다, 죽인다, 떨어진다 등으로 말한다. 이러한 비유적 표현들은 신중하게 고려되어야 한다. M-타임에 의한 스케줄은 생활에 질서를 부여하는 분류체계로서 이용된다. 그 규칙들은 탄생과 죽음을 제외한 모든 일에 적용된다. 스케줄 또는 M-타임 체계 같은 것이 아니었다면 우리의 산업문명이 오늘날처럼 발달될 수 있었을지 의심스럽다는 점도 말해두지 않을 수 없다.

또 다른 결과들도 있다. 모노크로닉한 시간은 한두 사람을 집단으로부터 분리시키고 다른 한 사람, 많아 봐야 두세 사람과의 관계를 강화시킨다. 이런 의미에서 M-타임은 프라이버시를 보장하는 문 있는 방과 같다. 유일한 문제는 스케줄에 따라서 할당된 15분, 1시간, 하루, 일주일 등이 지나면 그 '방'을 비우고 다음 사람에게 자리를 내줘야 한다는 점이다. 다음 사람의 시간을 침범하여 비켜주지 않는 것은 극도의 자기중심주의나 나르시시즘의 표시일 뿐만 아니라 전적으로 나쁜 매너이다.

모노크로닉한 시간은 독단적이고 강제적이며, 말하자면 습득된 것이다. 그것은 아주 철저하게 습득되어 우리 문화 속에 완전히 통합되어 있기 때문에 생활을 구성하는 유일한 자연스럽고 논리적인 방식인 것처럼 다루어진다. 그러나 그것은 인간의 생물학적 리듬이나 창조적인 욕구에 내재하는 것이 아닐 뿐만 아니라 자연 속에 존재하는 것도 아니다.

스케줄은 종종 일이 순조롭게 진행되기 시작할 때 일의 흐름을 단절시킬 수 있다. 예컨대 연구결과가 막 나타날 즈음 연구비가 떨어지는 경우이다. 또한 독자 여러분도 무언가 창조적인 활동에 즐겁게 몰두하여 전혀 시간 가는 줄 모르고 하고 있는 일에만 정신을 빼앗기고 있는데, 흔히 중요하지도 않은 다른 선약이 자신을 내리누르고 있다는 사실을 돌연 깨닫고 '현실'로 되돌아온 경험을 해본 적이 자주 있을 것이다.

미국인 가운데는 스케줄을 현실과 혼동하는 사람들이 있다. 그러나 M-타임은 맥락을 감소시킴으로써 우리를 우리 자신과 타인으로부터 소외시킬 수 있다. M-타임은 우리가 세계를 생각하고 지각하는 방식에 미묘하게 영향을 미쳐서 구획된 부분들로 단편화시킨다. 이것은 선형적(線形的)으로 작용하는 일에서는 편리하지만 비선형적인 창조적 일에 대해서는 그 결과가 참담하다. 라틴계 민족들은 그와 정반대의 예이다. 라틴아메리카에서는 지식인이나 학자가 동시에 몇 가지 분야——그것도 보통북미의 학자·경영자·전문가 입장에서는 상반된다고 생각하는 분야——에 참여하는 경우가 흔하다. 예컨대 경영·철학·의학·시(詩)의 조합은 일반적이고 매우 이상적이다.

아랍인이나 터키인 같은 폴리크로닉한 민족은 집에서도 혼자인 때가 거의 없는 사람들로서 유럽인과는 아주 다른 '스크린'을 사용한다. 그들은 한꺼번에 여러 사람들을 상대하고 끊임없이 서로 개입한다. 그러므로 스케줄을 팽팽하게 짜는 일은 전혀 불가능하지는 않더라도 힘들다.

사회조직을 생각할 때 이론적으로 폴리크로닉한 시간체계는 훨씬 강한 통제의 집중화가 요구되지만 구조적으로는 오히려 얇고 단순한 것이 특징이다. 그 이유는 지도자가 무슨 일이 일어나고 있는지 항상 파악하고 있는 많은 사람들을 끊임없이 대하고 있기 때문이다. 아랍의 농부는 자기 수장(首長)을 언제나 만날 수 있다. 사람과 수장, 사람과 신 사이에 어떠한 매개자도 없다. 정보의 흐름과 끊임없이 정보를 얻는다는 사람들의 요구는 상호보완적이다. 폴리크로닉한 민족은 서로의 일에 깊이 개입하고 있기 때문에 접촉을 유지하는 데 강박관념이 있다. 따라서 맥락 없는 단편적인 이야기라도 모아서 기억한다. 상대방에 관한 지식은 정말 놀라울 정도이다. 사람들 간의 개입이야말로 그들 존재의 핵심이 된다.

이 점은 관료기구에서도 마찬가지이다. 예컨대 관료기구의 대표 임명이나 여러 관료적 수준의 교섭에는 많은 양의 서류가 필요 없다. 폴리크로닉한 유형의 관료체제가 지닌 주요한 결점은 기능이 증가함에 따라 소규모의 관료기구가 늘어난다는 점이다. 그것들은 실제적으로 외부인의 문제를 다루기 위해서 설치된 것이 아니다. 사실 라틴아메리카나 지중해 국가들을 여행하거나 거기에 상주하는 외부인들은 관료체제가 일반적으로 번거롭고 마이동풍(馬耳東風)임을 알 것이다. 폴리크로닉한 국가에서 일을 진행시키려면 내부인이든지 아니면 '아는 사람'이 있어야 한다. 모든 관료체제가 그렇지만 특히 P-타입의 관료체제는 내향적, 다시 말해서 배타적이다.

또한 행정의 실시에 관해서도 이 두 시간체계에서는 흥미로운 차이점을 볼 수 있다. 중동이나 라틴아메리카의 폴리크로닉한 민족들의 행정과 관리는 일종의 업무분석이다. 행정은 각 부하의 업무를 파악하고 그것을 실행시키는 작업활동을 확인하는 것으로 이루어진다. 그리고 나서 그 업무에 명칭을 부여하고 행정책임자가 각 기능의 시행 여부를 확인할 수 있도록 자세히 만든 차트를 수시로 점검한다. 그런 방식으로 각 개인에 대한 완전한 관리가 이루어질 수 있다고 생각한다. 그러나 각 활동이 실제로 어떻게 그리고 언제 시행되는지에 관한 스케줄은 담당자에게 맡겨진다. 상관이 부하의 일에 관한 스케줄에 간여하는 것은 부하의 개성에 대한 전제적(專制的)인 침해, 즉 자아의 침해로 간주될 수 있다.

그와는 대조적으로 M-타임 사람들은 작업활동을 스케줄로 정하고 업무의 각 부분에 대한 분석은 개인에게 맡겨진다. 폴리크로닉한 유형의 분석은, 설사 기술적인 성격의 일이더라도 부하에게 자신이 맡은 업무가 하나의 시스템일 뿐만 아니라 보다 큰 시스템의 부분임을 끊임없이 상기시킨다. 그에 대해 모노크로닉한 유형의 사람들은 단편화된 사고 때문에 자신의 작업활동을 보다 큰 전체의 부분이라는 맥락으로 생각하지 않는 경향이 있다. 그렇다고 그들이 '조직'을 의식하지 않는다는 의미는 절대 아니다. 다만 업무 그 자체나 조직의 목표를 하나의 전체로서 파악하는 일이 드물다는 뜻이다.

조직에 실제 그것이 수행하는 기능보다 더 높은 우선권을 부여하는 것은 우리 문화에서는 일반적인 일이다. 그 점은 텔레비전에서 집약적으로 나타나는데, 다름 아닌 TV 커머셜(선전), 즉 '특별한 메시지'가 가장 중요한 커뮤니케이션마저도 중단시킬 수 있다는 것이다. 물론 메시지가 있기는 하다. 그 메시지란 예술이 상업에 굴복한다는 것이다. 말하자면 폴리크로닉한 광고업계가 자기들의 가치를 모노크로닉한 대중에게 강요하는 것이다. 모노크로닉한 북유럽 국가들은 그 패턴에서는 우리와 보다 동질적이지만 커머셜에 의한 그와 같은 중단은 용인되지 않는다. 커머셜이 방영될 때에는 그 수와 시간에 엄격한 제한이 있다. 미국의 텔레비전 프로그램은 보통 한 시간이나 두 시간으로 편성되는데, 사람들이 열일 제쳐놓고 보는 하나의 프로는 하나의 통일체로서 고안되어 각본이 씌어지고, 연출되고, 연기되어 방영되는 것이다. 그렇게 만들어진 한 프로의 도중에 커머셜을 집어넣는 것은 그 일관성을 단절시키는 것이고 문화의 핵심적인 체계의 하나에 공공연히 맞서는 것이다. 폴리크로닉한 에스파냐인은 텔레비전 드라마의 주인공을 결코 방해받아서는 안 되는 친한 친구나 친척으로 여기며 커머셜은 다음 칸으로 돌려버린다.

내가 말하고자 하는 점은, 한 체계가 다른 체계보다 우월하다는 것이 아니라 단지 두 체계가 혼합되지 않는다는 것이다. 두 체계가 섞임으로써 나타나는 결과는 파괴적인 것으로 오늘날 영국에서 일어나는 일을 보면 알 수 있다. 영국은 식민지로부터 폴리크로닉한 사람들이 많이 건너온 결과 예전의 모노크로닉한 줄서기 패턴이 붕괴되고 있다.

M-타임 체계나 P-타임 체계 모두 약점과 강점이 있다. P-타임의 관리자는, 업무를 분석할 수 있는 속도에는 한계가 있지만 일단 분석한 다음에는 적확한 정보에 의해 놀라울 정도로 많은 부하직원을 다룰 수 있다. 그렇지만 폴리크로닉한 모델로 운영되는 조직은 규모에서 제한적이며 상위의 유능한 인물에 대한 의존도가 크다. 그리고 새롭거나 다른 일을 처리하는 경우 더디고 번거롭다. 유능한 인물이 없다면 폴리크로닉한 유형의 관료체제는 참담할 것이다. 모노크로닉한 유형의 조직은 그와는 반대방향으로 나아간다. M-타입의 조직은 P-타입의 조직에 비해 훨씬 크게 성장할 수 있고 실제로도 그렇다. 그러나 M-타입의 조직은 관료기구를 증식시키는 것이 아니라 오히려 합병한다. 예컨대 통합학교나 복합기업, 그리고 우리 정부가 발전시키고 있는 새로운 슈퍼디파트먼트(초대형 성국省局)가 그것이다.

모노크로닉한 조직은 그 구성원의 인간성에 대해 무지하다. 한편 폴리크로닉한 유형의 약점은 우발적인 사건이 발생할 경우 지도자에게 전적으로 의존하여 모든 해결책을 일임한다는 데 있다. M-타입의 관료체제는 그 규모가 커짐에 따라 내향적이 되어 그 자신의 구조를 망각하게 되므로 갈수록 경직화되고 그 본래의 목적이 간과되는 경향이 있다. 그 전형적인 예는 미국의 육군공병대와 개간국이 댐의 건설이나 바다로 흐르는 강물의 흐름을 원활하게 만드는 공사에 너무나 열중한 결과 우리의 환경을 파손시킨 경우이다.

이 장의 초두에서 나는 "미국인의 시간은 모노크로닉하다"라고 말해두었다. 그 말은 표면적으로는 옳지만 한층 깊은 의미에서 말하자면 미국(구미)인의 시간은 폴리크로닉하기도 하고 모노크로닉하기도 하다. M-타임은 기업 · 정부 · 전문직업 · 스포츠 · 연예 등의 공적인 세계를 지배한다. 그러나 가정, 특히 여성을 중심으로 모든 일이 돌아가는 보다 전통적인 가정에서는 P-타임이 우세한 것을 알 수 있다. 그렇지 않다면 한꺼번에 여러 아이들을 기르고, 가사를 꾸리고, 직업을 갖고, 아내 · 어머니 · 간호사 · 가정교사 · 운전기사, 그리고 전반적인 수리공의 역할을 어떻게 한 사람이 동시에 해낼 수 있겠는가? 그런데도 대부분의 사람들은 무의식중에 당연히 P-타임을 비공식적인 활동이나 여성의 다중적인 일과 책임, 그리고 주변 사람들과의 유대방식과 일치시킨다. 전(前)의식적 차원에서는 M-타임은 남성의 시간이고 P-타임은 여성의 시간으로 그 차이가 가져오는 결과는 상당히 다르다.

스카프(Maggie Scarf)의 중요한 저서인 『끝나지 않은 일』(*Unfinished Business*)의 결론 부분에는 그 점이 생생하게 설명되어 있다. 스카프는 우울증(우리 세대의 숨겨진 병)이 남성에 비해 여성에게 3배에서 6배까지 많은 이유를 자문하고 있다. 시간은 여성의 우울증과 어떤 관계가 있을까? 지배적인 문화의 시간체계는 이미 심리적으로 지나친 부담을 느끼고 있는 수많은 미국여성에게 또 다른 정신적 증세와 소외감의 원인이 되고 있다. 스카프에 의하면 우울증은 부분적으로 대부분 여성들의 세계를 구성하는 중요한 유대가 끊어진 결과 발생하는 것이다. 우리 문화에서는 집단으로서의 남성은 보다 일지향적인 경향이 있는 반면 여성의 생활은 사람들 간의 유대와 인간관계를 중심으로 한다.

전통적으로 여성의 세계는 사랑 · 집착 · 질투 · 불안 · 증오라는 인간 감정의 세계이다. 그것은 오늘날의 세태에는 맞지 않는 남녀간의 기본적인 차별을 함축하기 때문에 20세기 후반에 사는 사람들에게는 받아들이기가 좀 힘들다. 그러나 세계 대부분의 문화에서 여성의 신비성은 기술적인 측면, 즉 대뇌피질의 좌측과 연관된 직업적 측면의 발달보다는 인격의 인간관계적 측면의 발달과 밀접한 관련이 있다는 사실이 확인되고 있다. 미국에 사는 구미여성은 다양한 사람들의 세계 또는 인간관계의 세계에서 생활하며 그녀들의 자아(ego)는 우리가 동일시라고 일컫는 과정에 의해 자기와 가장 가까운 사람들 사이로 확산되어간다.[4] 그 관계가 위협받고 파괴되거나 가까운 사람들에게 무슨 일이 일어나면 걱정과 근심이 생기고 그 당연한 결과로서 우울증이 나타난다.

폴리크로닉한 문화는 그 성질 자체가 사람지향적이다. 다른 인간에게 자연스럽게 이끌리는 인간이나 인간관계에 의해 지배되는 세계에 살고 있는 인간은 누구나 시간의 스펙트럼에서 가장 폴리크로닉한 방향으로 밀리고 끌릴 것이다. 사람을 중요시 여긴다면 상대의 말에 귀를 기울여야 하며, 단지 스케줄을 핑계로 사람들을 끊어버릴 수는 없는 일이다.

한편 모노크로닉한 시간은 일 · 스케줄 · 절차를 중요시한다. 미국의 관료체제를 겪어본 사람이라면 누구나 알고 있듯이 스케줄과 절차는 논리나 인간적 요구와는 전혀 상관없이 그 자체로 고유한 생명을 지니고 있다. 그리고 미국의 기업은 인간을 도외시하고 종업원의 사기의 중요

---

4) 필자는 『문화를 넘어서』 제15장에서 '동일시'에 관한 중요한 문제를 다룬 바 있다.

성을 인정하지 않으려 한다는 평가에 대한 책임은 적어도 부분적으로는 그러한 일련의 규칙(문서화되었건 되지 않았건 간에)과 그 규칙에서 비롯된 결과에 있다. 사기는 어떤 기업이 이익을 내느냐 마느냐를 좌우하는 결정적인 요인으로 볼 수 있다. 미국의 기업경영진은 그 점에 대한 인식이 더디기 이를 데 없다. 문제는 현대의 경영진이 관리와 예측이 힘든 폴리크로닉한 측면을 경시하는 대신 모노크로닉한 측면을 강조해온 데 있다. 실제로 우리 문화에서 행하는 모든 일이 모노크로닉한 세계관에 입각해 있고 거기에 보수를 준다.

그러나 모노크로닉한 시간의 비인간적인 측면은 특히 여성을 소외시키고 있다. 불행히도 상당수의 여성은 무의식적인 성차별이 M-타임 세계의 일부라는 사실을 깨닫지도 못한 채 M-타임 세계를 '받아들여'왔다. 시간이라는 전 체계의 패턴은 너무나 광범위하고 산만하며 편재적이어서 사람들은 대부분 그 패턴을 인식하지 못한다. 여성은 노동일·주·년이 설정되는 방식을 비롯하여 현대의 조직이 시간을 다루는 방식에 무언가 자신들을 따돌리는 바가 있음을 감지한다. 자유근무시간제같이 변화를 준 방식조차도 사무실 문을 열고 들어가는 바로 그 순간에 실질적으로는 변경불가능한, 모노크로닉하고 모놀리스(큰 돌덩이 하나로 된)하게 통제된 구조 속에 갇히고 만다는 사실을 바꾸지는 못한다.

이들 두 시간체계가 내재화된 사람들간의 긴장에는 다른 원인도 있다. 폴리크로닉한 사람들은 사람, 인간관계, 그리고 그들 존재의 핵심이 되는 가족지향적이라는 점에 유의해야 한다. 가족은 다른 무엇보다도 우선하며 친한 친구가 그다음이다. 스케줄이 없는 상황에서 위기가 발생하면 가족이 항상 최우선이다. 모노크로닉한 여성이 폴리크로닉한 미용사를 만나면 설사 그녀가 규칙적으로 선약을 하고 매주 같은 시간을 정해놓는다고 해도 문제가 생기는 것을 피할 길이 없다. 그와 같은 상황에서 미용사는 자신의 패턴에 따라서 불가피하게 '다른 손님들을 끼워넣을' 수밖에 없다고 생각할 것이다. 그 결과 자신의 시간을 너무나 신중하게 계획하여 예약(그렇기 때문에 예약에 따라 우선되어야 하는 것이다)을 하고 미용실에 온 일반 손님은 계속 기다리면서 화를 억누르다가 분노하고 마침내 좌절하고 만다. 미용사 역시 어쩔 수 없다. 왜냐하면 예약을 무시하고 자신의 친척이나 친구를 먼저 봐주지 않으면 나중에 친지들로부터 두고두고 비난을 받게 되기 때문이다. 미용사가 친지들을 특별대우해야 하는 일말고도 누구보다 또 무엇보다 그들을 우선하느냐 하는 그 자체가 일종의 커뮤니케이션이 되는 것이다!

미용사가 기다리게 한 손님이나 일이 중요하면 할수록 미용사의 폴리크로닉한 '아무개 고모'가 느끼는 만족감은 더욱 확실해진다. 자신이 중요하게 대접받고 또 사랑받는다는 메시지를 확인하는 방법으로 빠듯한 시간에 전화를 걸어서 자기를 위해 모든 사람의 순서를 미루어주기를 기대하는 경우도 있다. 만약 그렇게 해주지 않으면 자신이 충분히 대접받지 못한다는 명백한 증거로 간주할 수도 있다. M-타임 사람들이 이러한 P-타임 패턴에 걸려들면 압박감을 받거나 무시당했다고 느낀다. 문화의 다른 패턴들이 충돌하는 사례는 많지만 분쟁의 요인이 확인되지 않는 한 해결은 불가능하다. 문자 그대로 어느 한쪽이 단념하는 것이다. 앞에 인용한 사례에서는 보통 미용사 쪽이 좋은 고객을 잃는 것이 된다. 이러한 다양성을 지닌 패턴이 민족성을 보전하는 것이다. 어떤 패턴이 옳다는 말이 아니라 다만 다르다는 말이다. 그리고 다른 패턴끼리는 결코 혼합되지 않는다는 점을 기억해둘 필요가 있다.

모든 M-타임이 한가지이고, 모든 P-타임이 한가지인 것은 아니다. 거기에도 제각기 엄격한 적용과 느슨한 적용이 있다. 예컨대 일본인들은 그들의 생활 가운데 아주 개인적인 입장에서 사람들을 만나는 것이 아닌 공적인 일의 측면에서는 엄격하게 M-타임을 적용하는 좋은 사례를 제공한다. 미국의 교수·기업가·기술자·컨설턴트가 일본을 방문하면 자신의 시간이 치밀하게 꾸려진 트렁크처럼 느껴질 수 있다. 실제로 너무나 타이트하게 꾸려져서 단 한 가지도 더 우겨넣을 수 없을 정도이다. 나는 최근 일본여행에서 나의 초기 저서 한 권을 번역한 바 있는 저명한 동료와 접촉했다. 그는 나를 만나고자 함께 점심을 들 수 있게 12시 15분에 내가 묵은 호텔로 데리러 가도 좋겠느냐고 물었다. 일본인은 거의 항상 서두르기 때문에 나는 몇 분 일찍 로비에 나가 있었다.

12시 17분, 나는 방금 도착하여 호텔 현관에 모여 있는 사업가와 정치가의 무리를 뚫고 돌진하는 긴장된 모습의 그를 발견할 수 있었다. 인사를 주고받은 후, 그는 나를 밖에 세워둔 광채나는 검은색 리무진으로 안내하였다. 승용차에는 운전기사가 있었고 팔과 머리를 기대는 부분에는 레이스 장식의 덮개가 있었다. 차문이 닫히자마자 그는 점심 스케줄의 개요를 설명하기 시작했고 3시에는 텔레비전 출연 약속이 있다고 말했다. 그렇게 제한시간이 설정되었고 그의 스케줄이 어디쯤 진행되고 있는지 누구나 알 수 있는 기본적 파라미터가 제시되었다. 그는 이동시간을 고려하여 두 시간 남짓한 시간(제한시간)이 있다고 말했다.

그다음 내 동료는 우리가 점심을 함께하는 것뿐만 아니라 한 잡지에 실릴 인터뷰를 녹음하고 싶다고 했다. 다시 말해서 점심과 더불어 인터뷰가 30분에서 40분 정도 걸릴 것이라고 했다. 그 밖에는? 아! 또 있습니다. 그는 나에게 X씨와 함께 시간을 보내도 괜찮겠느냐고 말했다. X씨는 나의 초기 저서 가운데 한 권을 일본어로 번역출판한 사람으로 다음에 나올 책의 출판도 허락해줄 것을 내 쪽에 간곡히 부탁하고 싶어한다고 했다. X씨가 특별히 나를 만나고 싶어하는 이유는 미국으로 나에게 편지를 보냈음에도 불구하고 최근에 나온 내 두 책의 출판권을 놓치고 말았다는 것이다. 맞다, 나는 그의 편지를 받은 기억이 있다. 그러나 그 편지는 나의 저작권 대행인이 일본 출판인과 이미 계약을 맺은 후에 도착했다. 그런데 X씨가 나를 개인적으로 만나고자 한 이유는 바로 그 때문이었다.

자, 이 세 사람말고 만날 사람이 더 있나? 물론 있었다. 거기에는 몇 명의 사진사들이 있었고 내 동료는 사진을 찍어도 실례가 안 됐으면 좋겠다고 부탁했다. 그 사진들은 포즈를 취한 공식적인 단체사진과 인터뷰하는 동안의 자연스러운 비공식적 스냅사진, 거기에다가 X씨와 함께 찍은 것들이었다. 일이 진행됨에 따라 다소 혼란이 빚어졌다. 적어도 두 그룹의 사진사들과 녹음기사가 「60 Minutes」(미국의 인기 보도프로─옮긴이)까지는 아니더라도 사진촬영 중에 제각기 꼼짝말고 포즈를 취하라고 요구하면서 부산을 떨었다. 나는 모두에게 경의를 표할 수밖에 없었다. 그들은 기술이 뛰어나고 매우 조직적일 뿐만 아니라 정중하고 세심했기 때문이다.

그리고 나서 내 동료는 또다시 커뮤니케이션을 공부하는 한 젊은이와 동석하기를 원했다. 그는 한 시험에서 600점 이상을 받았는데 그것은 평균보다 200점이 높은 점수라고 했다. 이 젊은이와 함께 식사를 하게 되면서 나는 어떻게 무엇을 먹었는지 모르겠고 어떻게 상호관심사를 이야기했는지는 더더욱 모르겠다. 그와 같은 상황에서는 상대가 이끌어가는 대로 모든 것을 맡기고 그저 편안하게 기대 앉아 있으면 된다는 것을 곧 알게 된다. 점심은 기대한 대로 훌륭했다. 여유 있게 즐기지는 못했지만 그래도 '베리 굿'이었다.

인터뷰와 학생과의 대화는 모두 스케줄대로 끝났다. 곤란을 느낀 일은 그 일본 출판인에게 내 사정을 설명하지 않으면 안 되는 점이었다. 즉 일단 책을 끝내고 그 원고를 나의 출판인에게 넘기면 그 책은 출판인이나 저작권 대행인에 의해 시장화된다. 책이 발행되는 과정에서 단지 첫 번째 역할을 맡았다고 해서 모든 것이 보장되지는 않는다. 나는 이미 의무를 수반한 일련의 관계에 묶여 있고 그러한 결정은 다른 사람들에게 달려 있다는 것을 명확히 이야기해주어야만 했다.[5] 여기에 약간의 설명이 필요했고 그리고 나서 그 출판인이 내 에이전트의 말을 들을 수 있는 방법을 설명하는 데 상당한 시간이 걸렸다. 그러나 그 일은 실질적으로 불가능한 경우가 있다. 왜냐하면 미국에 있는 각각의 출판사나 에이전트는 저마다 일본에 이미 정해진 에이전트가 있기 때문이다. 그러므로 저자 또한 그들의 수중에 있는 것이다.

우리는 정해진 시간에 파했다. 나는 모두가 매우 만족했다고 믿는다. 카메라맨들이 장비를 챙기고 녹음기사가 전선을 감고 마이크를 거두는 사이에 내 친구는 스케줄대로 출발했다. 그 학생은 호텔로 나를 태워다 주었다. 스케줄대로 오후 3시가 조금 지나 있었다.

이 패턴은 미국에서 저자들을 대하는 스케줄과 그다지 크게 다르지는 않다. 차이가 있다면 일본에서는 팽팽하게 짜인 모노크로닉한 패턴이

---

5) 이 특정한 대화를 복잡하게 설명하자면 일본인은 '노'(no)라고 말하는 것을 좋아하지 않기 때문에 같은 효과를 가진 변명을 믿을 수 없을 만큼 다양하게 발달시켰다. 나는 상대의 체면을 생각해서 완곡하게 '노'라는 의사표현을 해야 한다는 점을 알고 있었지만 그 경우에는 그러지 못했다. 사실 나는 내 책의 외국 출판권에 대해 아무런 권리도 없다.

아직 일본의 체계에 충분히 익숙지 않아 보다 여유 있는 태도로 대처하지 못하는 외국인들에게 적용된다는 점이다. 그 이유 역시 좋은 사업관계를 위해서이다.

고도의 테크놀로지를 지닌 모든 문화는 모노크로닉한 기능과 폴리크로닉한 기능이 혼합되어 작용하는 것 같다. 문제는 각 문화가 그 고유한 방식으로 기능하고 있다는 점이다. 일본인은 안으로 자기들끼리 대하고 일할 때에는 폴리크로닉하다. 그러나 외부세계를 대할 때에는 그 세계 특유의 지배적인 시간체계를 채용해왔다. 말하자면 모노크로닉한 태도로 바꾸는 것인데 일본인 특유의 기술적인 문제로써 우리 미국인을 능가한다. 나중에 나오겠지만 프랑스인은 지적 분야에서는 모노크로닉하지만 행동에서는 폴리크로닉하다.

# 4 고맥락 메시지와 저맥락 메시지

　컴퓨터는 서구세계의 공상력을 사로잡았다. 그것은 정신의 훌륭한 종복(從僕)이며 수학자들을 그들의 재주와 연관된 대부분의 지루한 잡일에서 해방시켰다. 또한 모든 종류의 복잡한 과정과 절차를 시뮬레이트하였다. 그리고 컴퓨터는 정보망과 기억장치를 연결시키고 모든 나라를 하나로 통일시킨다. 이를테면 컴퓨터는 지하철과 기차를 가동시키고, 우주선을 쏘아올리고, 러시아워에 교통의 흐름을 원활하게 하고, 편지를 쓰고, 청구서를 정리하는 등, 사실 전에는 중하급 관리자가 맡았던 많은 업무를 처리한다.

　그러나 컴퓨터가 그렇게 잘하지 못하는 것이 하나 있다. 번역이다! 그 결함은 돈·수요·관심·재능·두뇌가 모자라서가 아니다. 수년에 걸쳐서 수백만 달러를 컴퓨터의 러시아어 번역에 쏟아부었지만 결과는 가장 유능하고 효율적인 번역기계는 인간, 즉 번역학자로 입증되었다. 언어학자가 발견한 사실은 번역학자가 번역하는 분야에 정통해 있는 것이 무엇보다도 중요하다는 점이다. 컴퓨터의 실패 원인은 신택스(문법)나 어휘의 적절한 분석——그 기능 자체로도 당당한 업적이다——이 불가능해서가 아니라 언어 코드를 그 과학적 분야의 전체적 배경, 즉 각각의 단어 · 문장 · 문단이 쓰이는 맥락(context)과 연관짓는 일 때문이다.

단어나 문장은 그것이 쓰인 맥락에 따라 의미가 달라진다. 예컨대 'man'이라는 단어는 성인 남자라는 맥락에서 쓰이는 경우, 노동과 관련하여 'man hours', 'man day' 식으로 노동의 단위로 쓰이는 경우, '100,000-man army'(10만 대군)——요즘에는 여성도 군대에 가지만—— 를 지칭할 때 쓰이는 경우 등이 모두 다른 의미를 지닌다.

인간이 궁극적으로 컴퓨터에 의한 번역을 실용 단계까지 개발할 수 있는지 없는지는 차치하고라도 맥락의 문제는 인간의 모든 커뮤니케이션에서 하나의 이슈가 될 것이다. '맥락화'(contexting)는 뇌의 좌반구와 우반구의 기능[1]으로 각각 매우 상이한 방식으로 작용하지만 서로 협력하여 기능하는 것으로 보인다. 즉 각각의 기능이 실질적으로 모든 커뮤니케이션의 기본적 요소를 제공하고 있다. 맥락을 떠나서는 커뮤니케이션이 의미를 지닐 수 없으며 모든 의미는 중요한 맥락적 요소를 지닌다.[2] 이 말이 당연하게 여겨질지도 모르지만 맥락을 정의하는 것은 언제나 중요한 일이고 때로는 힘든 일이다. 예컨대 언어는 그 본질상 고도로 맥락화된 체계이다.

앞서 언급했듯이 언어는 현실이 아니지만 현실로부터의 추상에 근거한 것이다. 그러나 가장 단순한 발언조차도 그 의미는 그 말이 쓰인 맥락에 의거한다는 사실을 깨닫고 있는 사람은 드물다. 예컨대 15년 이상 함께 살아온 의좋은 남자와 여자는 모든 일을 일일이 다 설명할 필요가

---

1) Edward T. Hall, *Beyond Culture*, 1976.
2) 이 말의 일부는 1980년 봄 본에서 열린 'BDW 독일 커뮤니케이션연합회의'에 서 필자가 발표한 내용이다.

없다. 퇴근하여 집에 들어서는 남편에게 아내는 한마디도 할 필요가 없다. 그는 그녀의 행동으로 집에서 어떤 하루를 보냈는지 알고, 그녀의 어조로 그날 밤 친구들과 즐겁게 지냈는지 아닌지 안다.

그러한 개인적인 관계와는 대조적으로 법정이나 컴퓨터, 또는 수학과 같은 맥락이 낮은 활동의 경우에는 당연하게 받아들여질 수 있는 것은 하나도 없으며 모든 것이 명확하게 설명되지 않으면 안 된다. 컴퓨터에서는 문자나 단어 사이에 원래 들어가서는 안 될 스페이스가 삽입되면 그 트랙의 모든 것이 정지될 수 있다. 정보·맥락·의미는 균형을 이루는 기능적인 관계로 결합되어 있다. 앞서 말한 부부의 경우처럼 공유하는 정보가 많으면 많을수록 맥락의 정도는 높아진다. 맥락은 높은 것에서부터 낮은 것에 이르기까지 망라된 연속체로서 생각할 수 있다.

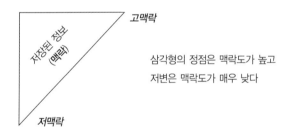

삼각형의 정점은 맥락도가 높고
저변은 맥락도가 매우 낮다

이 한 쌍의 삼각형은 균형을 이루는 관계에 있다. 다음의 두 번째 삼각형에서는 정점에는 정보가 아주 적고 저변으로 갈수록 많아진다.

두 삼각형의 결합에서 볼 수 있듯이, 맥락을 잃어감에 따라서 본래의 의미가 일정하게 유지되려면 정보가 증가되지 않으면 안 된다. 하나의 그림으로 완전한 관계가 표현되는데, 이 그림으로 알 수 있듯이 정보와 맥락, 그 어느 쪽이라도 없으면 의미가 형성될 수 없다.

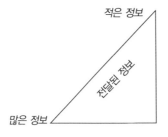

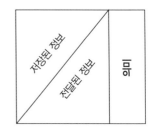

　맥락화의 문제에서는 주어진 과제에 관해 상대가 어느 정도의 정보를 가지고 있다고 기대되는가를 판단할 필요가 있다. 어떤 문화든지 그 구성원이나 다양한 관계를 맥락도(the context scale)에 따라 배치하고 있는 것으로 보인다. 그리고 가장 뛰어난 커뮤니케이션 전략 가운데 하나는 상대가 개인이건 전체 집단이건, 자신의 커뮤니케이션이 어느 정도 수준으로 맥락화되어 있는가를 정확히 파악하는 것이다. 불필요한 정보를 주는 것은 상대를 '얕잡아 말하는' 일이 되고, 충분한 정보를 주지 않는 것은 상대를 당혹스럽게 만드는 일이다.

　인간의 두드러진 특징은 그러한 조정을 자동적으로 행하고, 대다수의 경우 고도로 균형잡힌 적절한 메시지를 어떻게든 만들어낸다는 점이다. 이 점에서도 규칙은 문화에 따라 다르기 때문에 맥락화의 수준에 의거해서 '상대'가 이해하지 못한다고 추정하는 것은 설사 그 가정이 옳다 하더라도 상대에 대한 모욕이 될 수 있다. 예컨대 북부 독일인들은 일을 정확히 하는 것에 높은 가치를 둔다. 그들의 접근방식은 상세하고 꼼꼼한, 저맥락의 일종이다. 외국어를 배울 때에도 독일인들은 정확하게 발음하고 문법의 규칙을 충실히 따르는 것에 자부심을 갖는다. 따라서 독일인이 프랑스어를 배울 때 고맥락적인 파리 사람이 그것을 바로잡아주면 타격을 받게 된다.

다양한 맥락의 규칙이 제각기 어떻게 기능하는가는 광고, 특히 미국의 자동차 광고에서 그 좋은 사례를 볼 수 있다. 독일제인 메르세데스 벤츠의 광고와 영국제인 롤스로이스의 광고에 대한 정보를 비교해보자. 롤스로이스 광고는 『로드 앤 트랙』(*Road & Track*)이나 『카 앤 드라이버』(*Car and Driver*)와 같은 자동차 잡지에서 정보를 얻는 독자에게 그 차의 정격 마력에 관해 언급조차 하지 않는다. 롤스로이스의 대표들은 단지 '(마력에서) 충분하다'고만 대답한다고 하는데, 그럼에도 불구하고 그 차를 사는 사람들도 있겠지만 정보를 필요로 하는 독자에게 만족스러운 답변은 아니다. 한편 메르세데스 벤츠의 광고는 잠재적인 구매자들이 탐독할 만한 풍부한 자료를 제공한다. 앞서 말한 잡지의 독자들은 측정 가능한 수치를 기대하는 것이며 마력은 그들이 가장 중요시하는 수치의 하나이다. 왜 그런지는 나도 모르겠지만 대다수의 미국인들은 무엇이든지 거기에 수치를 부여할 수 없으면 그 성능을 평가할 수 없는 것 같다.

말할 나위도 없이 독자층이 다르면 맥락화의 정도도 달라질 필요가 있다. 미국의 잡지 『사이언스』(미국과학진흥협회의 기관지)에는 두 종류의 기사가 있다. 일반독자를 위한 적당한 수준의 맥락도를 지닌 기사와 전문가를 위한 짧고 맥락도가 높은 전문적 기사이다. 후자의 경우, 독자는 당연히 그 분야에 충분한 지식을 가지고 있는 것으로 간주되므로 실험에 대한 설명을 덧붙일 필요가 거의 또는 전혀 없다.

미국과 일본의 커뮤니케이션 전략을 비교해보면 맥락화의 문제에 상이한 전망을 제공한다. 일본인(특히 유럽의 커뮤니케이션 패턴에 익숙지 않은 구세대의 일본인)과 깊은 유대를 가져본 적이 없는 미국인들은 종종 일본인의 빙 둘러서 말하는 태도를 불평한다. 즉 일본인들이 말하고자 하는 '요점'을 파악하는 데 곤란을 느낀다. 그 이유는 고맥락의 전통에 속하는 일본인들은 대개 단도직입적으로 말하지 않기 때문이다. 그들은 요점을 돌려서 말한다. 일본인은 지성인이라면 그들이 세심하게 암시하는 바, 대화의 맥락으로부터 요점을 파악할 수 있어야 한다고 생각한다.

그러한 커뮤니케이션 전략상의 기본적 차이로부터 얻은 흥미롭고도 중요한 몇 가지 부산물이 있다. 아리스토텔레스 · 플라톤 · 소크라테스까지 거슬러 올라가는 유럽문화에 뿌리를 둔 미국이 기초로 삼아온 문화적 전제에 따르면, 생각을 표현하는 자연스럽고 효과적인 유일한 방법은 그리스인이 발명한 이른바 '논리'에 의한 것이다. 일본인은 우리의 삼단논법과 그 연역적 추론을 자신들의 머릿속에 파고들어 앉아 자신들의 의중을 꿰뚫어보려는 노력으로 간주한다. 대다수의 유럽 선교사들이 다른 문화권에 비해 유독 일본에서는 변변한 성과를 거두지 못했던 것은 다른 이유도 있었겠지만 바로 그 때문이다.

수년 전 내가 일본을 방문했을 때 인터뷰했던 예수회 선교사들 가운데 어느 정도 성공을 거둔 단 한 사람이 말하길 자신이 성공한 이유는 맥락화의 패턴에서 차이점을 알게 되었기 때문이라고 했다. 그는 일본인에게 접근하는 방식은 토마스 아퀴나스식의 저맥락의 논리적 추론에 의한 것이 아니라 다른 어떤 것, 즉 가톨릭 신자가 되면 느낄 수 있는 경이로운 감정 따위를 강조하는 것이라고 매우 정확한 결론을 내렸다. 감정은 중추신경계의 일부에 근거하는 것인 반면, 언어와 논리는 뇌의 전혀 다른 영역의 기능이다. 사람들에게 다가서기 위해서는 뇌의 어느 부분을 개입시켜야 하는지 알아야 한다![3]

---

3) 인간행동의 대부분을 설명할 수 있는 흥미롭고 시사적인 뇌에 관한 새로운 접근 방법에 관해서는 Paul D. MacLean, "Man and His Animal Brains," *Modern Medicine*, Vol.95, 1965 참조.

맥락과 커뮤니케이션 모두에 밀접하게 관련된 또 하나의 중요한 특징은 빠른 메시지와 느린 메시지의 연속체이다. [4] 모든 문화는 '메시지 속도의 스펙트럼'상에 그 문화의 구성원들이 가장 편안하게 느끼는 특정한 지점이 제각기 정해져 있는 듯하다. 느린 포맷으로 움직이는 사람들에게 빠른 카테고리로 메시지를 보내도 거의 소용이 없다. 두 메시지의 내용은 동일할지도 모르지만 일단 일정한 주파수에 '맞춰진' 사람에게 다른 주파수의 메시지는 존재하지 않는 것이나 다름없다. 그것은 마치 텔레비전 채널을 돌리는 것과 같은데, 다만 이 경우에는 자신이 평생 사용해온 채널 이외에 다른 채널도 있다는 사실을 아는 사람이 거의 없다는 점이 다를 뿐이다.

빠른 메시지와 느린 메시지의 예로는 어떤 것들이 있으며 그 각각의 특징은 무엇인가? 다음과 같은 예들을 살펴보자.

| 빠른 메시지 | 느린 메시지 |
|---|---|
| 산문 | 시 |
| 머리기사 | 책 |
| 코뮈니케(公報) | 대사(大使) |
| 선전 메시지 | 잘 조사된 정책방침서 |
| 카툰(만화) | 에칭(부식동판화) |
| TV 커머셜 | 깊이 있는 TV 시리즈 |
| 스포츠 경기 | 스포츠의 역사와 의미 |
| 색욕 | 사랑 |

---

4) 여기에 설명된 빠른 메시지와 느린 메시지의 연속체는 『침묵의 언어』에 나오는 용어를 다소 수정한 것이다.

| 할리우드 배우의 단기간의 결혼 | 모든 성공적인 결혼 |
| 미국에서의 이름부르기(First-naming) | 독일에서의 이름부르기 |
| 미술작품의 복제 | 미술작품 그 자체 |
| '마이클 코다'의 처세술[5] | 참된 우정 |

다소 피상적인 이 리스트는 구미의 제 문화에서 패턴이 작용하는 방식에 대한 하나의 사고를 제공하고 있다. 실제로 인간이 중요시하거나 관심을 갖는 모든 것과 그렇지 않은 대부분의 것들은 이 빠른/느린 메시지 스펙트럼의 어딘가에 자리매김될 수 있다. 인생의 의미는 수년에 걸쳐 아주 느리게 전달되는 하나의 메시지다. 때로는 그 의미를 파악하는 데 충분한 시간이 주어지지 않는 메시지도 있다. 토인비(Arnold Toynbee)는 수백 년, 수천 년에 걸쳐 전달되는 메시지와 관련된 문명의 흥망성쇠를 연구해왔다. 역사는 매우 길고 느린 메시지 범주에 속한다. 미국에서 개인적 관계나 우정은 다소 일시적인 경향이 있다. 그러나 다른 문화에서는 많은 경우, 우정이 맺어지기까지 오랜 시간이 걸리지만 일단 맺어지면 오래 지속되고 가볍게 여기지 않는다. 미국에서 성(sex)은 빠른 메시지로 취급되지만, 사실 성이 종종 중요한 역할을 하는 친밀하고 깊은 관계를 발전시키는 데에는 오랜 세월이 걸린다.

속도 스펙트럼은 커뮤니케이션, 특히 문화의 경계를 넘어서는 커뮤니케이션이라는 우리의 과제와 직접적인 관련이 있다. 미국의 텔레비전이 갖는 문제는 커머셜 메시지가 10초에서 15초, 또는 길어야 60초 안에 방영되어야 한다는 데 있다. 2분 동안 6개의 커머셜은 보통이다. 빠른

---

5) Michael Korda, *Power*, 1975; *Success*, 1977.

메시지의 사용은 제품 그 자체가 그리 오래가는 것이 아니라는 점을 함축적으로 시사한다. 그렇다면 60초짜리 커머셜은 비누, 담배, 클리넥스 화장지, 일회용 기저귀, 쉬이 상하는 야채, 집안세정제와 같은 품목에만 적합할 것이고 은행, 보험회사, 메르세데스 벤츠나 롤스로이스, 일본의 다양한 소형차처럼 영구성의 아우라가 부여되기를 기대하는 품목에는 적합하지 않을 것이다. TV 커머셜은 빠르고 맥락이 낮은 메시지에 가장 잘 부합된다.

외교, 정치적 수완, 인생의 시련, 연애, 행복의 추구는 책이나 BBC 텔레비전의 시리즈물과 같이 고맥락의 느린 양식에서 가장 잘 표현된다. 붓다·공자·무하마드·예수·셰익스피어·괴테·렘브란트는 모두 수백 년이 지난 지금도 전 세계에서 해독하려고 하는 메시지를 만들어냈다. 말하는 언어(구어)와 씌어진 언어(문어)가 우리에게 전달하는 메시지 또한 모두 매우 느리다. 문화에 대해서도 같은 말을 할 수 있다. 인간은 4,000년 이상 언어를 연구해왔지만 언어가 대체 무엇인지 알기 시작한 것은 불과 최근의 일이다. 문화, 특히 기층문화의 이해에는 그보다 긴 시간이 걸릴 것이다.

시장에서의 세일즈는 빠르고 느린 방법들의 흥미로운 사례뿐만 아니라 높고 낮은 맥락의 사례를 제공해준다. 타인과의 관계를 다소 속성으로 맺는 미국인의 관행과 일관되게 미국의 기업인들은 단시간의 간격으로 생각하는 경향이 있다. 미국의 기업에서는 4분기에서 1년 간격으로 계획을 세운다. 설사 전반적인 전략상 필요한 경우라도 5년에 걸친 계획을 세웠다는 기업은 사실 거의 들어본 적이 없다. 세일즈맨에게는 단기간의 성과가 기대된다.

프랑스의 경우와 비교해보자. 나의 대학원 강의 학생이었던 한 프랑스 친구는 다음과 같은 사실을 지적해냈다. 즉 고맥락의 폴리크로닉한 행동의 전형적인 예로서, 그가 제품을 팔기 위해서는 그의 고객과 장기간의 개인적 관계를 맺지 않으면 안 된다는 것이다. 가족 소유의 기업에서는 때때로 3세대에 걸친 세일즈 관계가 이루어지는 경우도 있다고 한다. 그러한 과정은 2년이 걸릴 수도 있는 고도로 맥락화된 일상사이다.

미국 회사가 그의 프랑스 회사를 인수하여 미국인 경영진이 부임하자 그의 새로운 미국인 상사는 내 친구가 왜 한두 번 방문으로 고객의 집 안에 들어가 상품을 팔지 못하는지 이해하지 못했다고 한다. 그 미국인 상사는 상품을 팔기 위해서는 세일즈맨에게 적절한 인간관계를 발전시킬 시간을 주어야 한다는 점을 인정하려 들지 않았던 것이다. 이것은 왜 프랑스에서는 고객들이 회사가 아닌 세일즈맨에게 속해 있는지, 왜 세일즈맨이 회사를 바꿀 때마다 고객들도 그를 따라가는지를 잘 설명해주고 있다. 이와 유사한 장기간의 패턴은 라틴아메리카에서도 볼 수 있다. 그곳 사람들은 인간관계를 영속적인 것으로 생각하기 때문에 그렇지 못한 계약상의 조건보다 인간관계에 더욱 의존한다. 북아메리카의 체계가 해외의 미국 기업을 불리하게 만드는 것은 말할 나위도 없지만 그 이유를 아는 경영자는 극소수에 불과하다.

서점 주인이 책뿐만 아니라 고객까지 잘 알고 있는 인간적인 서점처럼 개인적인 관계를 중시해온 기업이 미국에도 있기는 하다. 워싱턴의 조지타운에 위치한 '프랜시스 스코트 키' 서점이 그 한 예이다. 한번은 내 아내가 아파서 그녀를 위한 책을 몇 권 골라달라고 주인에게 부탁한 적이 있다. 그랬더니 주인은 아내가 이미 읽은 책뿐만 아니라 읽지 않은 책과 앞으로 읽으려고 한 책까지 알고 있는 것이 아닌가! 말할 것도 없이 예전에는 일반적이었던 서점에서의 그러한 서비스는 점차 찾아보기 힘들게 되었다. 오늘날 책의 대량판매는 미국의 수많은 소규모 서점들의 생계를 위협하고 있으며 서점의 책임자가 컴퓨터로 대체되는 경우도 있다. 이러한 종류의 변화가 궁극적으로 어떠한 결과를 초래할지는 아직 모른다. 인간적인 요소, 개인적인 접촉, 책을 파는 사람들로부터의 피드백, 서점 주인의 축적된 전문적 정보가 사라짐에 따라 모든 결정은 컴퓨터의 프린트아웃이나 회계직원의 샤프 펜슬에 근거하여 이루어진다.

　이러한 '실리 위주'의 접근방식은 어떤 사고가 확산되고 어떤 사고가 그렇지 못한지를 결정하는 데 영향을 미친다. 이것이야말로 비인간화의 내리막길로 우리를 더욱 몰아세우는 결정에 대한 또 하나의 예이다. 모든 사회는 민중의 피드백에 의존하여 그 안정을 추구한다. 비인간화는 피드백을 최소화시킴으로써 사회를 불안하게 하고 사회 전반에 걸친 조화의 수준을 저하시킨다.

　커뮤니케이션이 형태·기능·메시지에서 조화를 이루는 것은 어느 일에서나 중요하고 필요한 요소이다. 그 점은 특히 예술에서 쉽게 관찰된다. 사실 그러한 조화는 모든 위대한 예술의 기반이지만 거의 숙지되지 않고 있다. 조화가 결여되면 사람들은 불안하고 초조해진다. 이 원리는 거의 모든 활동에서 살펴볼 수 있다. 예컨대 자신이 아닌 어떤 이의 행세를 하는 인간이 그렇다. 세부사항에 이르기까지 철저하게 연구해서 행세하더라도 그 하나하나가 제대로 결합되지 못하거나 부정확하게 사용되는 경우에는 조화가 깨진다.

　조화에 특히 민감한 것은 음악이다. 번스타인(Leonard Bernstein)에 의하면, 베토벤의 작품은 어느 작곡가의 작품보다도 조화를 이루고 있다.[6] 베토벤은 단 한 음이라도 자신이 맞다고 생각되는 음을 찾을 때까지 매달렸다고 한다. 그리고 일단 한 음이 선택되면 다른 음은 결코 그것을 대신할 수 없는 조화를 이루게 된다. 번스타인은 그것을 이렇게 표현하였다.

"마치 신으로부터 전화가 걸려온 듯하다! 하나하나의 음이 모두 완벽하다."

이것이야말로 조화이며 우리의 경외심을 불러일으키는 것이다.

'법률'이 하나의 영원한 것이고 우리의 가장 중요한 제도 가운데 하나라는 사실은 구미문화에서 자명한 것이다. 계약이 신성시되고 절대시되는 이유는 그것이 법률에 의해 지탱되고 있기 때문이다. 그렇지만 계약은 하룻밤에 작성될 수 있는 것이다. 라틴아메리카에서는 앞서 말한 바와 같이 인간관계만이 '영원한 것'으로 간주되고 그러한 것들이 느린 메시지로서 취급된다. 그러므로 계약을 아주 자연스럽게 자신의 신념으로 받아들이고 오히려 인간관계를 빠르고 일시적인 것으로 취급하여 그것을 믿지 않는 북아메리카인은 라틴아메리카와 같은 상황에 취약할 뿐만 아니라 불협화와 부조화를 이루게 된다.

부조화의 산물인 불안은 그 원인을 찾아내기가 쉽지 않지만 찾아낸다 해도 명확하게 설명하기가 어려울 수 있다. 그러므로 자신이 믿는 신들에게 적절한 제물을 바쳤다(계약을 맺었다)고 안심하는 북미 기업인은 너무나 당연하게, 자신이 라틴아메리카 경제에서 살아남기 위해 확보해야 할 모든 일을 다 했다고 생각해버릴 것이다. 그러나 그러기는커녕 그와 그의 회사는 여기저기서 취약점을 드러낼 것이다. 그 실패의 직접적인 원인은 적절한 장소에 적절한 인맥을 뚫어놓음으로써 미래를 대비하지

---

6) 1982년 2월 28일, 오스트리아 빈의 PBS 텔레비전에서 번스타인이 베토벤의 「제6번 전원교향곡」을 소개하면서 한 말이다.

못한 데 있다.

　내가 말하고자 하는 그러한 유형의 취약성은 규모 · 부 · 지리 · 정치 · 군사력 따위와는 아무런 관계가 없는 것이지만 거래의 결과에는 결정적인 영향을 미칠 수 있는 것들이다. 방금 언급한 이유로 미국인은 그 취약성을 본질적으로 조명하기가 힘들다. 나는 제7장에서 그러한 취약성의 일례를 간단히 설명하였다. 그것은 그 일이 행해진 당시에는 완전히 합법적이었지만 소급적 효력을 가진 프랑스의 금융규제로 인해 결과적으로는 법을 어긴 행위가 돼버려서 난처한 지경에 직면하게 된 한 미국 기업인의 예이다.

　또 다른 종류의 취약성은 시간체계의 차이에 직접 기인하는 것으로 일본인과 경쟁하는 미국 기업인이 당하는 일이다. 불행하게도 미국의 기업이 자기 방식을 바꿀 가능성은 거의 없다. 그것은 그들이 잘하고 싶지 않아서가 아니라 대부분의 기업인들이 협소하고 세련되지 못한 소견을 갖고 있기 때문이다. 협소하고 '경직된' 견지에서 보자면, 기층문화는 거의 대부분 사소한 것들로 보인다. 해외의 미국인에게 자신이 결정한 일들의 결과를 보여주기 위해 충분한 맥락을 제공할 길은 없다. 내가 25년간 기업과 일해본 경험으로는 기업이 전문가의 자문을 구할 때에는 이미 때가 늦어 실수를 만회할 기회를 놓친 경우가 대부분이었다.

　하찮게 생각하는 사람도 있겠지만, 주택의 형태에서 문화적 차이가 가족에 미치는 영향도 하나의 예가 된다. 오늘날 일본에서는 아메리칸 스타일의 주택이 상당히 밀착된 일본의 가족구조를 약화시킴으로써 젊은이들의 폭력성을 조장한다고 비난받고 있다.[7] 독자는 왜 내가 시간에

---

7) 『워싱턴 포스트』지 1981년 6월 10일자에 실린 만(Judy Mann)의 칼럼.

관해 이야기하는 도중에 느닷없이 집 이야기를 꺼내는지 의아해할지도 모르겠지만, 그에 대한 대답으로 시간과 공간은 기능적으로 불가피하게 상호연관되어 있다는 점을 들겠다. 이전에 『숨겨진 차원』을 저술할 당시 나의 동료와 나는 다음과 같은 사실을 발견하였다. 도시의 빈곤계층(주로 흑인)이 거주하는 주택을 개조하여 학교에 다니는 아이들에게 문을 닫고 공부할 수 있는 독립된 방을 만들어주었더니 성적이 눈에 띄게 올랐다. 공간이 제공해준 것은 방해받지 않고 혼자 책을 읽을 수 있는 시간이었다. 말하자면 공간의 조정이 그 목적을 달성시킨 것이었다.

일본의 경우, 전통적인 일본식 가정에서 미국식의 대량생산된 방갈로식 주택으로 변화하면서 잃게 된 것은 어른과 성장기 자녀들이 함께 보내는 시간이었다. 미국식 주택을 일본에 도입하는 데 조력한 성공적인 주택사업의 '거부' 마츠다 다케오(松田妙子)는 이제 그 주택들이 일본의 가정폭력이나 학교폭력을 더욱 조장하지나 않았을까 우려하고 있다. 그녀는 이렇게 말한다.

"일본의 가족관계는 상당히 긴밀하다. 우리는 모두 함께 공부하고 함께 잤다."

미국의 가정은 가족을 구획화시키기 때문에 아이들은 '분리된 생활'을 하며 성장하고 그 결과 다른 사람을 배려하는 훈련을 받지 못하게 된다. 마츠다는 이제 "우리는 모든 것을 가졌지만 서로를 돕지 않는다"고 말한다.

미국식의 시간과 공간의 구획화가 세계 다른 지역에서 일어난 나르시시즘의 경향을 강화시켰으며 적어도 부분적으로는 미국문화의 '내가 먼저'라는 패턴에 책임이 있다는 것은 의심할 수 없는 사실이다. 그렇다고 누구나 당장 모든 종류의 구획선을 없애야 한다는 뜻은 아니다. 다만 미국인들은 그들의 문화를 받아들이는 사람들에게 시간적·공간적 (proxemic : 문화의 한 기능으로서 공간을 사용하는-옮긴이) 패턴이 자신의 생활에 미치는 영향을 경시하지 않도록 조언을 아끼지 말아야 할 것이라는 뜻이다.[8]

여기에 인용된 사례는 뉴멕시코의 것으로 다음과 같은 점들을 설명하고 있다. ① 어느 곳에서고 가난한 사람들이 복합사회에 적응하는 데 직면하는 어려움, ② 그러한 주변가족(marginal families)에 의해 사용되는 시간의 역할을 이해하는 것의 중요성, ③ 자기가 속한 집단 내부의 헌신적이고 여유 있는 사람들에 의해서만 제공될 수 있는 수많은 가난한 사람들에 대한 일종의 관심과 인도, ④ 미국문화처럼 복합문화에서 볼 수 있는 거의 놀라울 정도의 광범위한 차이점들, ⑤ 설사 최선의 호의에 의한 것일지라도 사람들을 돕기 위한 정부의 기획이 때때로 역효과를 가져온다는 점.[9]

---

8) 공간이 인간의 행동에 미치는 미묘한 영향에 관한 자세한 설명은 Edward T. Hall, *The Hidden Dimension*, 1966 참조.
9) 미국의 저소득층을 위한 고층의 공공주택은 참담한 결과로 나타났다. 두 가지만 예를 들자면, 시카고의 '카브리니 그린'(the Cabrini-Green) 주택계획과 미저리 주 세인트루이스의 '올리버 웬델 프루트 이고'(the Oliver Wendell Pruitt Igoe) 공공주택계획의 결과가 너무나 형편없었기 때문에 미국에서는 그 후 20여 년간 단가가 낮은 고층의 대규모 공공주택 건설이 이루어지지 않았다. 그러나 홍콩에서는 동질 집단의 예의바른 중국인이 거주하는 고층 공공주택이 대성공을 거두었다. 런던 고층주택의 역사는 성공과 실패가 교차한다. 나의 친구이자 동료로서 건축가이며 디자이너인 골드핑거(Ern Goldfinger)는 런던의 이스트 엔드 지구에 사는 안정되고 동질적인 주민들은 한지붕의 고층아파트에 살아도 아주 잘 지낸다고 말한다. 최근 영국의 다른 지역에서 런던으로 이주해온 이질적인 주민들이 같은 지붕 아래 기주하면서 비로소 실질적인 문제가 발생하기 시작했다. 학교에서도 새로 들어온 학생의 비율이 어느 정도 이상——교육자들에 따르

미국에서 인종의 다양성은 처음부터 존재하고 있었다. 최근 그 절대수에서뿐만 아니라 많은 점에서 중요성이 예상되는 집단 가운데 하나는 에스파냐계 민족이다. 뉴멕시코에서 에스파냐계 민족과 앵글로계 민족의 접촉은 150여 년에 이른다. 두 집단은 같이 생활하며, 함께 일하고, 서로 결혼하고, 서로 협력하여 주를 다스려왔지만 그러한 섞임에도 불구하고 별개의 아이덴티티를 보전해왔다.

지배적인 앵글로 문화에 적응하고자 애쓰는 노동자 계층의 에스파냐인이 직면하는 모든 문제 가운데 가장 힘들고 근본적인 점은 폴리크로닉한 사람들이 모노크로닉한 문화에 적응해야만 한다는 것이다.[10] 그러한 점들은 '학대받는' 아이들이 있는 가족을 돕기 위해서 사립학교를 설립한 치카나(Chicana : 멕시코계 미국여성 — 옮긴이) 친구의 이야기에 잘 나타난다. 그녀는 아이를 맡기는 가족의 상황이 학교의 스케줄에 어떻게 영향을 미치는지 다음과 같이 말한다.

"우리는 가서 아이들을 데려와야 합니다. 왜냐하면 그들은 제시간에

---

면 1대 3—이 되면 교실 분위기가 완전히 달라진다고 한다. 어느 집단이나 3분의 1 또는 그 이상의 구성원이 교체되면 동질적인 분위기가 불안하게 흔들리기 쉽다. 동질성과 이질성의 문제는 변덕스럽고 복잡한 주제로 나중에 더 자세히 탐구하기로 한다. 그러나 서로를 충분히 알아서 긍정적인 측면을 잘 이용하고 부정적인 측면을 피한다면 어느 쪽이나 나쁠 것도 없다.

10) 구미사회의 맥락에서 '주변가족'은 민족의 차이를 막론하고 거의 전반적인 '계획성'의 결여를 공통의 특징으로 지니고 있는 것 같다. 그들에게는 모노크로닉한 계획이 대체로 존재하지도 않거나 아주 단기간의 계획만이 있을 뿐이다. 그들 대부분은 위태롭다고밖에 말할 수 없는 상황에서 생존을 위협받는 생활을 하고 있다. 그것은 소비적인 일이라는 점뿐만 아니라 시간패턴이나 보다 넓은 사회와의 통합방식이 원활하지 않다는 점을 의미한다. 사회복지계획에서 이러한 시간패턴을 고려하지 않는 것은 비인간적이고 소비적인 일이다. 그리고 그것은 사회복지의 수혜자들을 영원히 빈곤과 주변성에 머물도록 하는 일이다.

버스를 탈 수 있을 정도로 미리 준비하지 못하기 때문이죠."

그녀는 한숨을 내쉬면서 말을 이었다.

"그들이 준비하는 동안 너무 오래 기다리지 않으려면 버스가 도착하기 한 시간 전에 몇몇 엄마들에게 전화를 걸어야 합니다. 그것도 일주일 내내. 그리고 이렇게 묻죠. '아이들은 깨웠나요? 아침은 드셨나요? 어머니는 준비되셨어요? 왜냐하면 오늘은 어머니도 오셔야 하거든요. 기억하시죠?'"[11)]

같은 나라에 사는 각각의 가족이 어떻게 다른지 잠시 살펴보자. 어떤 가족은 하루의 식사계획조차 세울 수 없어서 식구들이 배가 고프다고 하면 그때마다 가게로 달려가 먹을 것을 사와야 하는 반면, 어떤 가족은 가족의 한 사람, 대개 어머니가 일주일이나 한 달치 시장을 미리 볼 뿐만 아니라 수개월에 걸쳐 얽히고설킨 복잡한 행사 스케줄을 짜놓는다.

유감스럽게도 대부분의 정부보조 프로그램은 은연중에 백인 중산계층의 시간모델을 중심으로 세워진 것들이다. 각 가정의 실태를 살펴서 증가하는 복잡성을 고려하고 각 가정의 형편이 나아지는 것을 측정할 수 있는 다양한 등급의 모델을 만드는 일이 그렇게 어려운 것만은 아니다. 한 끼의 식사계획에서 하루의 식사계획으로 발전시킬 수 있도록 그에 대한 상을 주는 방법도 있을 것이다!

문화 내부의 차이점에서 이문화 간의 차이점으로 눈을 돌려보면 어느 쪽이나 만만치 않겠지만 그래도 후자가 훨씬 복잡할 것이다. 폴리크로닉한 패턴을 가진 에콰도르에서 일하는 미국인의 경우를 생각해보자.

---

11) 이 학교는 가족 전체를 대상으로 하지 않으면 아이를 다루는 데에도 효과가 거의 없다는 원칙에 입각하여 운영되고 있다. 이러한 규칙은 실질적으로 모든 폴리크로닉한 가족에 적용된다.

에콰도르인들은 우리와는 다르게 시간을 측정한다.[12] 우리의 시간 배분은 종이에 문장을 쓰는 경우 하나하나의 단어를 공평하게 배치하여 한쪽으로 치우치지 않도록 하는 것과 다소 유사하다. 북아메리카인은 시간을 공평하게 배분하고자 애쓴다. 그리고 어떤 이유로든 마지막까지 시간에 맞추지 못할 것 같으면 속도를 내서 데드라인을 지키려고 노력한다. 그래야만 모든 일이 공평해지는 것이다.

에콰도르인은 그날 안에 마쳐야만 하는 일임을 알고 있을지라도 그 때문에 속도를 내야 한다거나 좀더 애써야 한다는 시늉조차 하지 않는다. 그날 안에 현상되지 않으면 안 되는 필름도 그대로 방치된다. 만약 길모퉁이에서 우연히 누군가를 만나 이야기하다가 그들의 친구가 병원에 있다는 소식이라도 듣게 되면 만사 제쳐놓고 새로운 방향으로 돌아선다. 왜냐하면, "우리는 병원에 가서 그를 봐야 하니까!" 다른 사람들에게 스트레스를 주지 않기 위해서는 시간에 대한 책임이 존중되어야 한다는 북아메리카인의 사고를 그들은 전혀 이해할 수 없는 것이다. 북아메리카인은 스케줄을 내재화시킨다.[13] 그에 반해 에콰도르인의 스케줄은 외재화되어 있고 따라서 그리 무게를 지니지 못한다. 친구와 친척이라는 내재화된 네트워크와 그들의 요구에 응하는 것이 무엇보다도 우선한다. 내적인 통제가 외적인 통제보다 훨씬 구속력을 가진다. 왜냐하면 당신은 당신 자신의 군주이니까!

---

12) 여기에 요약된 에콰도르인의 시간은 팔머(Gabrielle Palmer) 박사의 설명에 의거한 것이다.

13) 만약 당신이 그가 도둑질하지 않으리라 믿고 자물쇠를 채우지 않는다면 사회적인 통제가 그에게 내재화된 것이다. 그러나 그가 '죄짓지 않도록' 자물쇠에 의존할 수밖에 없다면 그 통제는 외재적인 것이다.

나는 25년 이상 중남미의 이베리아 식민지 인디언(Colonial Iberian-Indian)[14]의 시간과 구미인의 시간의 차이를 잘 알고 있었다. 전자는 폴리크로닉하고 인간지향적이고 후자는 모노크로닉하고 절차를 중시(절차는 빠른 반면 인간은 느리다)한다는 점뿐만 아니라 남미와 뉴멕시코 북부라는 지역상의 차이점도 존재한다.

시간을 다루는 방식에 차이가 있다는 점은 두 집단 모두 알고 있지만 어느 쪽도 상대의 방식을 진지하게 받아들이지 않는다. 아직도 눈에 선한 기억은 지위가 높고 속도가 빠른 북미인들이 느리고 사람중심적인 환경에 처하여, 그곳 지방관료가 마중나오기로 한 시간이 지나도 나타나지 않자 갈수록 화를 참지 못하던 모습이다. 고혈압·환멸·위궤양 등은 이베리아 식민지 인디언 지역에서 일하는 북미인들에게 가장 일반적인 부산물이다. 왜 그럴까? 즉각 나올 수 있는 대답은 아니었지만 원인을 캐보자면, 오랜 세월 고향인 미국에서 몸에 밴 행동의 원형 탓으로 돌릴 수밖에 없다. 일단 원인이 밝혀지자 이유는 명백해졌다.

해외의 미국인들을 그토록 불행하게 만드는 패턴을 이해하기 위해서는 먼저 외재적인 통제(controls)와 내재화된 통제의 차이에 관해 몇 마디 해둘 필요가 있다. 서구인에게 양심이란 내재적인 통제기제로서 가장 친숙하고 보편적인 예이다. 나는 그것이 유일한 기제라고 믿지는 않지만 가장 중요한 것 가운데 하나일지도 모른다. 양심의 명령을 따르지

---

14) 중남미는 에스파냐와 포르투갈에 의해 식민지화되었다. 16세기에 이베리아 반도에서 건너온 민족과 토착 인디언의 결합에 의해 일군의 국민문화가 생겨났다. 그들 문화는 제각기 매우 다르지만 기본적인 의사소통체계를 공유하고 있다. 즉 에스파냐어와 포르투갈어를 공용하고 시간·공간체계 및 그 밖의 기층체계들을 공유하고 있다. 편의상 이베리아 식민지 인디언을 예로 들었다.

못하게 되면 죄의식 그리고/또는 불안을 느끼게 된다. 약속시간에 늦어질 것 같으면 불안을 느끼고 늦지 않으려고 할 수 있는 모든 일을 다하는데 그것은 비단 시간을 지키려는 의무감 때문만은 아니고 불안을 피하고 싶기 때문이다. 자신의 시간을 통제하는 기제들은 내재화되어 있기 때문에 누구로부터 시간을 지켜야 한다는 말을 듣고 상기시킬 필요가 없다.

이베리아 식민지 인디언의 패턴은 이와는 다른 일련의 충성심과 통제 기제를 지니고 있다. 우선 앞서 제시한 바와 같이 그들의 의무감은 스케줄에 대한 것이 아니라 함께하는 사람들, 특히 친척이나 가까운 사람들에 대한 것이다. 사람들이 어쩔 수 없이 늦거나 나타나지 못하는 경우에는 어떤 일이 벌어지는가? 기다리는 사람은 화를 내지 않는다. 왜냐하면 수많은 일들이 벌어지는 마당에 보통 지각 따위는 그리 대수로운 일이 아니기 때문이다. 게다가 기다리는 일을 모욕이라고 생각하지도 않는다. 스케줄은 외부적인 일로서 북유럽 문화권에서 성장한 사람들이 생각하듯이 자아(ego)나 초자아에 연결된 무언가가 아니다. 늦는다는 것을 하나의 메시지로 여기지도 않을뿐더러 개인적인 것으로 받아들이지도 않는다. 그러나 북미인에게는 시간을 할당한 활동이 행해지지 않은 것은 시간을 낭비한 것이고 그 시간은 결코 회수할 수 없는 것이 된다. 그러나 차이는 그뿐만이 아니다.

구미인의 시간은 기능적으로 구조화되어 있고 일, 활동, 타인과의 관계의 흐름을 통제하는 데 사용되는 것만이 아니라 시간을 다루는 방법 또한 매우 **상징적**이다. 시간은 돈일 뿐만 아니라 지위와 책임의 상징이기도 하다. 주어진 시간체계에서 개인이 얼마만큼 시간적 여유를 갖는가 하는 것은 조직 내에서 그 사람의 지위를 말해주는 표지가 된다. 중요한 것은 '문에 붙여진 직명과 바닥에 깔린 고급카펫'이 아니라 얼마나 자기 재량껏 시간을 이용할 수 있느냐이다.

단일한 문화 내에서조차 여러 문제점이 존재하는 것은 패턴이 명확하게 설명되는 일이 거의 없기 때문이다. 그러나 그 문제점들은 기층문화의 패턴이 얼마나 미묘하고 구속적일 수 있는가를 보여주고 있다. 예컨대 기층의 체계를 이용하여 자기 노력으로 얻은 것도 아닌 지위를 마치 자기 것인 양 남용함으로써 무의식중에 그러한 불문율을 어기는 사람들이 있는데 그것은 자신과 다른 사람 모두에게 곤란을 야기시키는 일이다. 상사가 하는 식대로 시간을 취급(제멋대로 결근하고, 지각하고, 조퇴하는 등 대체적으로 체계를 극한까지 이용하는)하여 시스템을 자유재량하는 부하는 동료직원들 사이에 불안과 엄청난 원망을 불러일으킬 수 있다. 시간을 자유롭게 다루는 특권과 재량권을 얻기 위해서는 오랜 세월 근무해야 한다. 아랫사람으로서 그렇게 체계를 제멋대로 생각하는 태도는 주변의 눈살을 찌푸리게 만든다.

그것은 줄서 있는 사람들 앞에 끼여드는 행위와 비교할 만하다. 차례를 기다린다는 것은 구미문화의 기본적 구조 가운데 하나이다. 가장 오래 기다린 사람이 가장 대우받는 것으로 보인다. 시간체계 그 자체와 사람들이 그것을 다루는 방식은 지위에 따라 사무실에서 기다리는 시간이 달라지는 함축적 관계와 더욱 깊은 연관성을 지닌다. 지역과 민족에 따라 차이가 있지만 대다수—특히 미국 동부해안지역—의 패턴은 사무실에서 기다리는 시간의 길이는 기다리는 사람과 상호관계가 있는 세 종류의 빠른 메시지를 전달한다. 첫째는 비즈니스 그 자체의 중요성이고, 둘째는 사회적 지위이며, 셋째는 예의이다.

예를 들어보자. 사무실 안에 앉아 있는 '블레빈스'는 그를 방문한 '우드'의 용건이 중요하다고 생각하면 약속된 시간에 즉시 그를 만나고자 할 것이다. 또한 우드가 30분이나 일찍 와서 즉시 블레빈스를 만나고자 하는 경우는 자신의 용건을 실제보다 더 중요하게 보이도록 블레빈스를 재촉하는 것일지도 모른다. 한편, 그들의 비즈니스가 정말로 중요하다면 블레빈스는 비서가 와서 "블레빈스 씨, 네브래스카 상호금융의 우드 씨가 오셨습니다"(우드는 블레빈스가 수개월에 걸쳐 얻으려고 애써온 장기융자건을 의논하기 위해 온 것이다)라고 알리기 전에 미리 자기 책상을 정리해놓을 것이다. 이러한 상황이라면 블레빈스는 우드가 언제 오든지 즉시 맞이할 준비가 되어 있을 것이다. 그렇게 하지 않는다면 다른 곳에서 알아볼 수도 있다는 무관심 또는 무심한 뜻으로 전달될 것이다.

그러나 일상적으로 25분에서 30분 정도씩이나 오래 기다리게 하는 것은 우드의 용건이 문자 그대로 전혀 중요하지 않다는 표시이며 신분과 지위의 영역까지 확대되는 문제이다. 그의 용건이 무시되었다는 것은 그 자체로 충분히 불쾌한 일이지만 단지 상황이 그렇게 되었을 수도 있다. 블레빈스는 자신이 컨트롤할 수 없는 일 때문에 단지 관심을 갖지 못했거나 즉각 대처하지 못했을 수도 있다. 그렇다고 해도 상대를 모욕하려는 의도가 없는 한, 블레빈스는 우드의 사회적 지위를 심각하게 해치는 결정적인 순간까지 그를 기다리게 해서는 안 될 것이다. 그 순간을 넘어서면 우드는 당연히 화가 치밀기 시작하여 혈압이 오르게 될 것이다.

만약 독자 가운데 구미문화의 구성원으로서 의식적으로나 무의식적으로 그 체계에 반항할 의도를 갖고 있지 않은 사람이라면 누구나 자신의 사회적 지위를 돌아보게 될 정도로 오래 기다려본 경험을 쉽게 떠올릴 수 있을 것이다. 그러한 상황을 다루는 방식은 완전히 개인적인 것이다. 미국의 의사나 대부분의 병원은 말할 나위도 없이 기다리는 시간에 대한 미국의 일반적인 규준을 어기는 것으로 악명 높다. 그것이 환자에게 심한 스트레스를 주지 않는다면 그리 나쁠 것도 없을 것이다. 그러나 그들로부터 전달되는 메시지는 병원의 스태프가 책임질 문제라는 것이다. 즉 의사는 중요하지만 환자는 그렇지 않다(병원에 있는 것만으로도 다행이다).

환자의 지위는 대개의 경우, 비언어적(암시적)인 모든 기준과 척도를 적용해보면 인간이 아닌(nonperson) 수준까지 격하되어왔다. 처음부터 그렇게 되어 있지는 않았을 테고 어쨌든 하다보니 그렇게 되었다. 그렇다고 그대로 둘 수는 없는 일이다. 미국의 병원은 모노크로닉한 사람들에게보다도 폴리크로닉한 사람들에게 한층 엄격하다. 적어도 구미인들에게는 그러한 스케줄과 그것을 세운 사람들에 의해 전달되는 의미는 납득하기 어렵다 해도 스케줄 자체는 이해할 만한 것이다. 미국의 병원에서 충족시킬 수 없는 폴리크로닉한 사람들의 요구로는 환자 주위에 친구와 친척들이 늘상 들끓는 것인데 규칙과 정해진 문병시간은 그것을 허용하지 않는다.

산업현장의 시계나 군대·학교·기업체·병원의 스케줄과 같이 외재적인 통제(관리)들은 대개 엄격한 경우가 많다. 그러나 그러한 통제는 모두 관리자에게 의존하는 것인데 문제는 불공평과 예외에 있다. 왜냐하면 모두가 항상 같은 시간에 출근할 수는 없는 일이기 때문이다. 그렇다고 우발적인 사태에 완전하게 대처할 수 있는 규칙을 문서화하는 것은 실질적으로 불가능하며 번거로워질 수 있다. 그렇게 복잡한 일을 했다 하더라도 정부의 규모와 짐을 더할 뿐이다. 외재적인 통제는 어쩔 수 없이 복잡해지고 마는 것이 일반원칙이다. 대개 어떤 일이든 거기에 직접적으로 관계된 사람만이 그 일을 단순화시킬 수 있기 때문에 외부로부터 단순화시키는 것은 거의 불가능하다.

모노크로닉한 구미인과 폴리크로닉한 이베리아 식민지 인디언이 함께 일하는 거의 모든 직장에서 시간과 밀접하게 관련된 문제로 혼란이 생기는 것은, 이 두 집단이 각각 사람과 절차에 편중되는 방식을 취하기 때문이다. 이것은 단순한 문제가 아니며 상상을 초월하는 결과를 초래한다. 행동을 취하고, 무언가를 변화시키고, 과거의 실수를 반복하지 않기 위해 시스템을 조정할 필요가 생기게 되면 구미인 집단의 자동적인 반응은 언제나 절차를 먼저 살펴본 다음에 문제를 시정하는 데 적절한 대안을 개발하려는 것이다. 그러나 구미의 관료체제가 부정에 빠지기 쉬운 이유가 바로 이 절차 위주의 사고방식 때문이다. 오로지 제대로된 '절차'만 밟으면 관료체제의 바퀴는 삐걱대며 돌아가기 시작하는 것이다.

이베리아 식민지 인디언 집단의 반응은 그와는 전혀 다르다. 우선, 무슨 문제가 발생하면 곧장 누가 관련된 것인지 알아보고 구제책을 취하는 데 중요한 인간관계를 알아본다. 개인적인 문제일 경우에는 거기에 보다 잘 대응할 수 있는 시스템이 요구되고 "나를 도울 수 있는 사람을 알고 있는가?"가 문제가 된다. 조직의 문제일 경우에는 책임자를 찾아서 그를 도울 수 있는 사람을 알아본다. 그 시점에서 아는 사람이 없을 경우에는 인맥을 더듬어 연줄이 닿는 사람을 찾을 때까지 알아본다. 어느 시스템이나 사람과 절차를 모두 이용하는 것이 당연하지만 문화적 집단에 따라 강조하는 바가 다른 것이다.

빠른 메시지의 절차지향적인 사람들은 긴급사태에서조차 절차를 생략하는 것이 거의 불가능하다. 그들은 절차를 생략하는 것이 옳지 않을 뿐만 아니라 적절한 절차를 밟지 않으면 아무 일도 안 된다고 느낀다.

외재적인 통제는 복잡해지기 십상이라는 점을 상기해보자. 그 말은 이베리아 식민지 인디언의 사람지향적인 문화에서 절차는 번거로운 것일 수 있다는 뜻이기도 하다. 이 점은, 다음 비행기로 워싱턴으로 오라는 뉴욕에서 온 전보를 받아들고 어쩔 줄 몰라하는 리우(Rio)의 구미인 관료에게 이중의 벌칙을 부과하는 요인이다. 그는 3시간 이내에 그 나라를 떠나야 하는 긴급한 상황인데 브라질의 '절차'(통관수속)는 3일 이상이 걸리는 것이다. 물론 브라질 사람은 친구를 통해 간단히 그 절차를 생략한다.

브라질에서 일하는 북미인은 업무를 수행하기 위한 대가로 기업과 정부에서 전략적으로 중요한 위치에 있는 인물들과 작업상 우호적인 관계를 수립하는 데 시간을 들이지 않으면 안 된다는 점을 여간해서 깨닫기 힘들다. 그러나 그러한 우호관계가 이루어지지 않으면 아무 일도 할 수가 없다. 긴급한 상황에서는 누구를 알고 누구를 친구로 두었는가가 생명을 좌우하는 차이를 낳을 수 있다. 라틴아메리카인은 단순히 가장 오래 기다린 사람이 그의 친구보다 중요하다는 추상적인 전제를 근거로 행동하지 않으며 행동할 수도 없다. 기다릴 수밖에 없다면 그것은 단지 그가 연줄이 없다거나(따라서 괘념할 가치도 없다), 타인과 잘 지내는 방법을 모르기 때문에 친구가 없다는 것을 시사할 뿐이다. 어떤 이유라도 비난받아 마땅한 일이다.

절차와 스케줄 지향적이고 선형적이며 모노크로닉하게 시간을 다루는 집단이 있는 반면, 관료체제에서 사람지향적이고 다소 느슨한 스케줄로 폴리크로닉하게 시간을 다루는 집단이 있다. 일생의 태반을 구미문화와 이베리아 식민지 인디언 문화의 접점에서 일해온 나는 기층문화가 '현실적'이라는 점을 누차 발견해왔다. 문제는 이베리아 식민지 인디언 가운데 약속된 시간을 지킬 수 없다거나 구미인의 스케줄에 따라 계획을 완수할 수 없는 사람들이 있다는 점이 전부가 아니라 그러한 사람들과 내가 각각 전혀 다른 패턴에 구속되어 있다는 점이다.

# 5 문화의 시계: 누에르족·티브족·키체족의 시간

윈스턴 처칠은 일찍이 이렇게 말했다.

"우리가 건물을 만든 다음에는 건물이 우리를 만든다(shape)."

이 말은 제2차 세계대전 중 런던폭격 후 의사당 재건을 두고 어떤 형태로 지어야 할 것인가를 논의하는 가운데 나온 발언이다. 물론 처칠이 옳다. 그러나 우리를 만드는 것은 공간만이 아니다. 시간도 마찬가지이지만 단지 우리가 시간체계를 세울 때 우리의 생활을 만들고 있다는 점을 깨닫기가 쉽지 않을 뿐이다. 그런데 시간과 공간이 행동의 결과에 미치는 영향뿐만 아니라 행동의 방향에 미치는 영향을 인식하기 시작한 것은 아주 최근의 일이다.

아프리카 민족연구에 관한 권위자이자 인류학의 장로 격인 에번스-프리처드(E.E. Evans-Pritchard)는 내가 알고 있는 한, '시간과 공간'을 다루는 민족학을 하나의 전문분야로 도입한 최초의 인물이다.[1] 그는 또한 아프리카 사람들이 시간을 실제로 경험하고 구조화하는 방식에는 선천적으

---

1) E.E. Evans-Pritchard, *The Nuer*, 1940.

로 무언가 다른 점이 있다는 사실을 인식했다. 시간이 문화에 따라 다를 수 있다는 점을 깨달은 그는 시간을 문화를 초월하는 불변의 것으로 보지 않고 인간정신의 산물로서 받아들이는 충분한 통찰력을 지니고 있었다.

에번스-프리처드는 누에르족(the Nuer : 사하라 사막 이남의 아프리카 부족)의 시간체계를 두 가지 방식, 즉 에오콜로지컬(eocological : 에번스-프리처드의 표기를 그대로 인용)한 방식과 구조적인 방식으로 범주화하기도 했다. 에오콜로지컬한 시간이란 요컨대 계절, 1년의 주기, 동물의 이동 등, 사실 누에르족의 우주론에서 시간과 관련된 자연의 모든 측면을 다루고 있는 시간이다. 나아가 누에르족은 시간을 문화생활과 사회생활의 한 구성요소로서 구조화시키고 있다. 이에 관해 논의하면서 에번스-프리처드는 "이 주제는 난관이 빼곡이 들어차 있다"는 점을 관찰했다. 그가 제대로 본 것은 물론이다. 이 주제는 '난관이 빼곡이 들어찬 일'이며 그 대부분이 아직 해결되지 않고 있다.

에번스-프리처드가 이 점을 인식한 것은 그의 감수성과 예민한 지각력 덕분이다. 그는 자신의 경험을 이야기하면서 이렇게 말한다.

"누에르족에게서…… 시간이란, 혈통의 계보(世代)에서 최초의 사람과 최후의 사람…… 그 두 점 사이의 연속체가 아니라 일정불변한 것이다."

누에르족의 시간은 친족과 집단이 그것을 통해 움직이는 채널로서 고정되어 있다. 그의 분석에 의해 연상되는 시각적 은유는 회전하는 바퀴살이 싱크로나이즈된 플래시를 받아서 일시적으로 정지된 것처럼 보이는 일종의 스트로보스코프 사진(stroboscopic picture : 조금씩 변화하는 사진을 원통 안에 붙여 그것을 회전시켜서 보는 장치─옮긴이)처럼 느껴진다. 누에르족의 시간에서는, 사람들이 바퀴가 움직이는 것을 알고는 있지만 정지하고 있는 것처럼 보이듯이, 마치 세대의 흐름이 바퀴살의 중심에서부터 가장자리를 향하여 천천히 움직이고 있는 것처럼 느껴진다. 어떤 의미에서, 누에르족은 시간이 흐른다(move)는 것을 인식하고 있었지만 그들의 목적에 의해 마치 흐르지 않는 것처럼 취급할 필요가 있었던 것이다. 그들에게는 오직 세대만이 흐른다.

나의 동료인 보해넌(Paul Bohannan)[2]은 에번스-프리처드의 발자취를 계승하여 나이지리아의 티브(Tiv)족과 더불어 연구하는 동안 아프리카의 시간에 관한 통찰력 있는 기록을 남겼다. 그는 티브족의 시간이 어떻게 기능하는지를 묘사하는 데 에번스-프리처드보다 한층 진전된 연구를 보이고 있는데, 그 점에 관해 우리는 보해넌의 덕을 톡톡히 보고 있다.

티브족에게 시간이란 제각기 다른 활동을 수용하는 일련의 폐쇄된 방과 같다고 볼 수 있다. 시간의 벽은 누에르족의 속이 빈 수도관처럼 비교적 고정되어 있는 것으로 보인다. '시간의 방들'은 옮길 수도 섞일 수도 없을 뿐만 아니라 각각의 방에서 일어나는 활동은 구미문화에서와는 달리 변화되거나 방해될 수 없다.[3] 일단 어떤 시간-활동의 방 안으로 들어가게 되면 티브족 사람과 그들의 활동이 모두 신성불가침이 된다. 지하 납골실에 밀폐된 시계처럼 티브족과 그들의 활동은 봉인되어 외부의 방해로부터 보호된다. 그러한 상태는 서구인들의 부러움을 살 만하다. 구

---

2) Paul Bohannan, "Concepts of Time Among the Tiv of Nigeria," 1953.

3) 물론, 구미문화에서도 일의 종류에 따라 아주 쉽게 방해받거나 여간해서 방해받지 않는 활동이 있을 수 있다. 그러한 종류를 분류하는 데 명확한 논리가 있는 것은 아니다. 예컨대 그냥 앉아서 생각에 잠겨 있으면 사람들은 거리낌없이 그를 방해할 것이다(아무것도 하고 있지 않으므로!). 또한 가게에서 기다리면서, 더욱이 누군가와 이야기를 주고받으면서 책을 읽고 있거나 편지를 쓰고 있으면 그는 방해받기 십상이다. 미리 방해를 막으려면 사회적 지위나 활동상으로 그 일이 매우 중요하다는 점을 입증하지 않으면 안 된다.

미에서는 대통령조차도 방해를 피할 도리가 없기 때문이다.

활동에 의해 지배되고 있는 티브족의 시간은 유명한 아프리카 시장과 밀접하게 연관된다. 인간이 생산한 다른 모든 것과 마찬가지로 시장은 지역적 특성을 띤다. 티브족의 시장에 진열된 상품은 단일 품목으로 제한되어 있다. 말하자면 티브족은 피혁·놋쇠·가축·야채 등 시장에 나와 있는 품목에 의해 그날이 며칠인지 안다. 상상해볼 수 있듯이 시장에 나오는 산물과 상품의 순서가 지역마다 차이가 있으므로 주일도 그에 따라 달라진다. 티브족에게서는 그러한 차이를 통합하려는 노력을 찾아볼 수 없다. 왜냐하면 티브족은 시간이 마치 조각그림맞추기의 조각들처럼 각각의 활동이 끼워맞춰지는 영구한 틀을 제공하고 있다는 사실에 전혀 의심을 갖지 않기 때문이다. 서구인의 관점에서 보자면 **시간·공간·활동**을 부합시키고 조화시키기 위해서는 누차의 확인이 필요하다.

이와 같은 시간패턴 및 영구한 틀(누에르족 시간에서의 바퀴처럼)을 형성하는 시장과 상품에 어우러져 상인과 소비자 사이에는 세계 전역에서 볼 수 있는 다양한 인간관계가 발전하고 형성된다. 티브족은 그날그날 열리는 장터의 템포와 그 사람들의 개성이 발하는 특징을 전부 기억하고 있다. 새로운 주는 지난주의 재현을 더욱 풍성하게 마련하는 것일 뿐이다. 여기에서 미국의 여성들이 예컨대 매주 목요일에 다운타운에 가거나, 세일즈맨이 주단위 또는 월단위로 집에 들르는 패턴과 다소의 유사성을 발견하는 것이 그리 어렵지는 않다. 그렇지만 미국의 경우는 어느 것이든 모두가 참여하는 시장과 같이 시간적으로 집중적인 제도와는 관계가 없을뿐더러 주기적으로 만나는 인간들의 개성이 티브족의 경우처럼 반드시 고정된 것도 아니다.

서구인들 중에는 티브족이 매주 일어날 일을 미리 알고 있다고 해서

판에 박힌 생활을 한다고 생각하는 사람도 틀림없이 있을 것이다. 우리 문화에서도 그러한 일이 있지만 거기에는 차이가 있다. 구미인들도 판에 박힌 일들을 만들지만 그 방식이 상당히 흥미롭다. 우리는 그것을 일상사(routines)라고 부른다. 일상사는 타인으로부터 또는 자기 자신으로부터 일어나는 반응, 즉 상호교류의 레퍼토리 가운데 나타난다. 우리는 어떤 사람이 다음에 어떻게 말할지 또는 그에 대해 자신이 어떻게 응답할지를 예견하는 경우 우리가 상투적이라고 생각한다. 놀랄 것도 없고 새로울 것도 없으며 특별히 새로운 아이디어도 아닐 때, 그리고 문학·예술·음악·무용에서 독창적인 발전이 없을 때나 사물을 바라보는 참신한 시각이 결여되었을 때, 우리는 판에 박힌 상투적인 일을 하는 것이다.

먼로(H.H. Munro)는 이 점을 유쾌하게 풍자한 글을 쓴 적이 있다. 그의 소설 주인공 클로비스는 말 그대로 '판에 박힌' 사람들인 한 영국인 목사와 가사를 돌보는 그의 누이를 방문한다. 그들의 권태에 찬 불평을 듣고 난 다음 클로비스는 정확한 진단을 내리고 모든 일상사를 철저히 방해함으로써 목사의 생활과 가정을 혼란에 빠뜨린다. 먼로가 그 단편에 붙인 제목은 '불안한 치료'이다.

테드록(Babara Tedlock)의 『시간과 고원 마야족』(*Time and the Highland Maya*)[4]은 키체(Quiché) 인디언의 시간이 어떻게 조직되어 있고 또 어떻

---

4) 이 장에서 키체족에 관한 자료는 거의 모두 테드록 박사의 연구에 근거한 것이다. 테드록 박사는 1975년에서 1979년까지 과테말라 고원지대의 모모스테나고(Momostenago) 마을에서 세 차례의 현지연구작업을 행했다. 키체족의 문화를 미국문화와 비교하여 해석한 부분은 테드록 박사와 논의하기는 했지만 나 자신의 것이다. 키체족의 문화에 관해 더 알고 싶은 독자는 그녀의 저서(*Time and the Highland Maya*, University of New Mexico Press, Albuguerque, N.M., 1981)를 직접 읽어보기를 권한다. 내가 아는 한 그녀의 저서는, 단순히 앉아 있

게 구미문화와는 전혀 다른 생활체험으로 도입되는지에 관한 탁월하고 풍부한 연구이다. 키체족의 시간을 구미인의 시간으로 번역하는 일은 극히 제한된 의미에서만 가능하다.

마야족의 후손이고 과테말라의 고원지대 부락에 거주하는 키체족은 에스파냐인이 멕시코와 라틴아메리카를 정복할 당시 세계에서 가장 앞선 역법의 하나인 마야족의 역법을 이어받고 있었다. 마야족은 달과 태양의 주기를 기록하고, 일·월식뿐만 아니라 금성·화성·목성의 궤도도 계산했는데 그 정확함은 그들의 정복자와 맞먹거나 때로는 윗길이었다.

종교적인 축제 일시를 정확하게 정할 뿐만 아니라 사람들의 일상생활도 시간체계와 한데 얽혀 있기 때문에 두 가지를 분리해서 이해하는 것은 불가능하다. 또한 키체족의 시간을 해석하는 전문가—점술사—도 있다. 점술사를 가리키는 단어는 아즈키즈(Ajk'ij)로서 '날을 지키는 사람'이라는 뜻이다. 키체족 문화의 핵심을 파악하기 위해 인류학자인 테드록과 그녀의 남편은 한 점술사의 제자가 되었는데 요즘에는 키체족의 점술사 역할을 하고 있다. 왜냐하면 날(日時)을 관리하는 기능은 성스러운 일이고 점술사는 실제로는 샤먼의 사제이기 때문이다. 사실, 키체족의 모든 치료-종교체계는 점(예언)과 '날을 지키는 자'——이들은 또한 인간과 신을 이어주기도 한다——를 중심으로 형성되어 있다.

키체족은 조상의 전통에 따라 두 가지 역법, 즉 민간력과 종교력(성스

---

거나 무언가를 바라보거나 그 밖에 다른 일을 하는 사람들을 주목하여 사람들이 다른 사람들에게 이야기하는 것과 비교하여 실제로 행하는 것을 그대로 기술한 나무랄 데 없는 연구로서 유일한 자료이다. 키체족이 날을 관리하는 일(占)을 배우고 실습한 후 그녀는 외부인으로서 내부를 들여다보는 보다 관례적인 입장보다는 내부인으로서 외부세계를 바라보는 입장을 취했다.

러운 예언을 위한)을 사용한다. 20일을 한 달 단위로 하여 18개월로 구성된 민간력은 1년이 360일로서 5일이 남는다. 종교력은 260일로서 월이 없는 대신 20개의 조합으로 이루어진다. 이 두 역(曆)은 회전하는 두 개의 톱니바퀴처럼 맞물려 52년을 주기로 하는 대력(大曆, the Calendar Round)을 이루게 된다.

맞물려 있는 두 가지 역법 외에도 주목할 만한 질적 차이를 지닌 또 다른 패턴이 있다. 미국과 유럽에서는 일반적으로 모든 일에 시작과 끝이 있다는 사실을 당연하게 여긴다. 묵은 해에 작별을 고하고 새로운 해를 맞는 일, 문장의 시작에는 대문자를 쓰고 마칠 때에는 마침표를 찍는 것, 일주일의 첫날과 마지막 날 등이 그렇다. 인간관계, 직업과 경력, 식사, 승진을 위한 일 등, 무엇을 예로 들어보아도 매사에는 시종(始終)이 있다. 그러나 테드록은 과테말라 고원에서 사용하는 키체족의 260일력은 마치 바퀴처럼 시작도 끝도 없다는 사실을 설득력 있게 입증하였다.

차이는 또 있다. 마야족에게 이 신성한 260일력은 점술의 정교한 체계에 기반을 마련해준다. 날에 따라 각각 특별한 성질을 지니고 있으며 샤먼-점술사는 그날에 적합한 해석을 부여한다. 그 해석은 위급한 결정을 보아야 할 경우 특히 중요하다. 스무 날 하나하나가 고유한 명칭과 종교적 특성을 가질 뿐만 아니라 번호도 있다. 그날그날의 '성질'은 그 특정한 날에 예정된 활동이나 거동과 더불어 그날에 붙여진 번호에 따라서도 변한다. 즉 어떤 맥락에서는 '좋은' 날이 다른 맥락에서는 나쁠 수도 있다. 바람직한 조합과 그렇지 못한 조합이 있는데 그날이 어떻게 해석되어야 하는가를 결정하는 것은 바로 그 조합이다.

역법의 성질 자체와 그에 대한 사람들의 관계에 의해 마야족은 매일 성스러운 메시지를 해독하고자 숙고해야 한다. 그 메시지는 각기 다른 방식으로 각자의 생활과 관련되어 있다. 마야력은 다양하게 조합을 이루는 명칭과 번호의 의미를 해석하는 것뿐만 아니라 그 조합들의 의미가 맥락의 차이에 따라 어떻게 달라지는가에 사람들의 직접적인 관심이 모이도록 구성되어 있다. 그런 식으로 메시지가 이루어진 맥락이 의미의 일부가 된다. 키체족이 고도로 맥락화된 사람들이라는 점은 말할 필요도 없다.

키체족의 역법과 구미인의 역법을 비교해보자. 우리의 매일은 일요일 · 안식일 · 추수감사절 · 부활절 · 크리스마스 · 새해와 같은 공휴일을 제외하고는 형식적으로 차이가 없다. 우리의 날들은 공휴일조차도 모두 실질적으로 구별불가능하다. 주일은 월 · 계절 · 해와 관계없이 항상 같다. 물론 요일을 가리키는 명칭이 있는데 그중 네 개의 어원은 스칸디나비아 신화에 나오는 신들의 이름이다. 튜즈(Tiw's)데이, 웬즈(Woden's)데이, 서즈(Thor's)데이, 프라이(Fria's)데이, 이 명칭들은 과거에는 전혀 다른 의미로 부여된 것일지도 모른다.

그렇지만 유럽의 보통사람들에게는 키체족의 역법이 점성술처럼 들린다. 그러나 그것은 결코 아니고, 여기에서도 우리는 맥락을 고려하지 않으면 안 된다. 구미인들은 점성술을 과학과 대립하는 것으로 생각한다. 따라서 대부분의 유럽인들은 점성술을 과학적이 아니라는 이유로 진지하게 받아들이지 않는다. 키체족의 역법에 관한 나의 논점은 점성술적인 체계가 타당한지 아닌지 또는 서구적 정의에 따라 논리적인지 아닌지를 따져보자는 것이 아니다. 오히려 나의 관심은 그러한 체계가 사람들에게 미치는 영향, 말하자면 그들이 어떻게 사고하고 생활하느냐 하는 점이다. 키체력과 그것에 수반된 일들은 그들이 모든 생활을 꾸려가는 정신적 환경을 표상하고 있다.

또한 키체족의 시간은 치료·종교·경제·행복·결혼·가족·마을의 복지와 관련된 특별한 기능을 수행한다. 조상, 신화적 존재, 요술, 마술 등이 모두 시간체계와 연관되어 있고 그것에 의해 강화된다.

키체 마야족과 같은 시간체계를 언어로 설명하는 작업에는 여러 가지 문제가 따른다. 언어라는 것은 실제 그대로를 전달하기보다는 과장되게 마련이다. 어쨌든 언어란 상징이며 그리고 사람들이 행하는 것을 묘사하기 위한 상징이지만 그 묘사의 과정에서 언어라는 상징과 언어가 말하는 이야기 자체는 별개의 생명을 지니고 만다. 그러한 언어의 성질에 의해 과테말라 인디언이 표현하는 현실과는 전혀 다른 현실이 창출되는 것이다. 독자로서, 그리고 저자로서 우리는 인디언의 현실을 이해하는 데 적절한 맥락을 지니고 있지 못하다.

내가 독자에게 상기시키고 싶은 점은 내가 이야기하고 있는 그들의 현실이 나 또는 다른 어느 누가 말하거나 생각하는 것과는 별개의 것으로서 존재한다는 사실이다. 키체족에게 그들 자신의 성격·욕망·과거, 그리고 그들 앞에 놓인 일 등과 연관되어 있는 각각의 날과 그 특성을 꼼꼼히 살피도록 하는 것은 바로 그들의 현실이다. 사실 키체족은 어떻게 매일을 살아야 되는가 하는 과정에 대해 깊고 진지하게 생각하지 않으면 안 된다. 우리의 시간체계는 그와는 정반대로 작용한다.

구미인의 시간은 채워지기를 기다리는 빈 상자이다. 더욱이 그 상자는 마치 컨베이어 벨트(운송장치) 위에서처럼 이동한다. 시간이 낭비된다는 것은 벨트 위의 상자가 일부만 채워진 채 떨어지는 것으로 상자가 채워지지 않았다는 사실이 주목된다. 우리는 그 상자들이 어떻게 보이느냐에 의해 평가된다. 즉 상자가 꽉 채워지면 그것은 스트롱 플러스이다. 또한 상자가 훌륭한 위업과 창조적인 산물로 채워져 있으면 우리는 "충실하고 생산적인 삶을 살았다!"고 느끼게 된다.

이러한 기준에 의해 판단하자면, 어떤 사람들은 다른 사람들에 비해 보다 생산적이고 더욱 커다란 상자를 필요로 하는 것으로 보이는 한편, 나머지 우리들은 그들이 일생 동안 이루는 위업에 대해 경외심을 가진 채 바라만 본다. 거의 아무 일도 이루지 못했다거나 아무것도 못했다는 것은 한 상자도 채우지 못했다는 것을 의미한다. 다른 사람들과 어울려 지내면서 그날의 시간을 흘려보낸 것은 '아무것도 못한'(nothing) 범주에 속한다. 그렇지만 다른 판단기준을 가지고 다른 사람들을 격려하고, 돕고, 지지하는 것만으로도 매우 생산적인 삶을 이끌어가는 사람들이 있다. 이들 선량한 영혼의 소유자들—사실 그들은 선량하다—에게 이따금 "대단치 않은 삶을 살았다"는 느낌이 들도록 만드는 것은 다름 아니라, 다른 사람들의 채워진 상자를 보면서 정작 자신들의 상자는 찾을 길이 없다는 점이다.

키체족과 같은 문화에 비교하면 우리의 문화는 상당히 자기중심적으로 보인다. 그것은 우리의 시간체계가 그러한 상자를 채울 수 있는 사람들은 우리밖에 없다는 것을 늘 상기시키고 있기 때문이다. 우리 자신의 불문율은, 다른 사람들은 도울 수 없다고 말한다. 시간 그 자체는 중성적으로 비치고 시간의 유일한 가치는 가차없고 무정하다는 데 있다. 즉 시간은 아무도 기다려주지 않는다.

우리에게 생산성의 법칙은 여전히 적용된다. 미국인은 매순간을 따지면서 지내야만(매순간이 의미가 있어야만) 하는데 그 이유는 각각의 상자가 시, 분, 그리고 초까지도 나뉘어 있기 때문이다. 우리는 지나간 날을 돌이키면서 이렇게 말한다.

"일주일이 어떻게 흘렀는지 도무지 모르겠네."

또는 "월요일이네, 정신없이 지내다 보면 금요일이고 그러면 일주일이 지나가는 거야."

이 말은 "내가 해야 된다고 생각했던 일들을 다하지 못했다"는 뜻의 우회적 표현이다. 키체족은 매순간을 따져보아야 한다고 생각하지 않는다. 그들은 우리와는 달리 어떻게 매일을 적절히 사용하는가 하는 보다 미묘한 과제를 생각한다.

키체족에게 삶을 살아간다는 것은 작곡을 하고, 그림을 그리고, 시를 쓰는 일과 다소 유사하다. 적절하게 보낸 하루는 하나의 예술작품일 수 있고 적절한 조합이 이루어지지 않은 하루는 재앙일 수 있다. 구미의 전통에서 자란 사람들에게는 이러한 차이를 정확하게 분간하거나 이해하는 것이 쉽지 않다. 왜 그럴까? 우리는 제대로 산다는 것이 어떤 의미를 갖는지 별로 관심을 두지 않기 때문이다. 우리 쪽 세계에서는 살아간다는 것이 당연한 것으로 여겨지고 생은 자동적으로 흘러가기 때문이다. 살아간다는 것은 단지 상자를 채우는 일, 즉 목적을 달성하는 일과 연관된 것이다.

집단 차원에서 보면 키체족의 시간은 그들이 낯선 유럽의 제도·물질 문화·관습을 자신들이 이해할 수 있는 방식으로 통합시키는, 어렵고 때로는 거의 불가능한 작업을 할 때 도움을 준 강력한 힘의 원천이 되었다. 외부세계로부터 들어온 모든 것을 **의식적으로** 평가하는 것이 키체족의 방식이다. 어떤 것이 유익하다고 판단되면 그것을 고유한 관습에 적응시키고 그렇지 못하면 버린다. 그러므로 어떤 것도 낯설거나 이질적으로 느껴지는 적이 없다. 원치 않는 외래의 관습·신념·절차·의례 따위는 단순하게 무시된다. 그러한 방식을 취할 때 생활의 기반이 위협받는 일은 없다.

이 점에서 우리 문화와 키체족 문화의 차이가 지닌 영향력은 광범위하다. 미국에서 흑인과 미원주민(인디언)은 구미문화라는 대양에 떠 있는 섬들과 같은 존재이다. 그들은 오랜 세월에 걸쳐 자신들의 제도가 본질적으로 또는 부분적으로 파괴되는 아픔을 겪었다. 만약 그들에게 취할 만한 것은 적응시키고 그렇지 못한 것은 거부하는 키체족의 결정적인 패턴 같은 것이 다행히 있었더라면 어느 정도의 파괴는 피할 수 있었을지도 모른다.

잠시 본론에서 벗어나, 두 문화의 구성원이 만날 경우 발생하는 문제에 관해 몇 마디 짚어둘 필요가 있다. 우선 이질의 문화를 비교적 수용하기 쉬운 문화와 그렇지 않은 문화가 있다. 구미인 집단은 이질적인 것과 관계를 맺는 데 곤란을 느낀다. 그 결과 모든 구미문화의 주류에는 이질적인 것을 개종시키려는 강력한 저류가 흐른다. 우리는 종교에서뿐만 아니라 실질적으로 생활의 모든 측면에서 선교사를 파견하는 사람들이다. 미국인은 어떤 민족보다도 다른 사람들을 자신들의 이미지대로 만들려는 욕구에 지배되는 것 같다. 우리 자신의 문화를 복제하려는 충동은 문화가 의복처럼 입었다 벗었다 하는 것이라는 은연중의 확신에 따른 것이다. 지구상의 다른 많은 민족과는 달리 미국인은 자신의 문화를 우리 몸의 세포 하나하나에 스며들어 우리 생활의 모든 의미의 원천이 되는 어떤 것으로 경험하지 못했다. 미국인은 문화를 그 저변에 있는 것을 손상시키지 않고도 확산시킬 수 있는 피상적인 것으로 간주하기 때문에 다른 문화의 개종에 탐닉한 나머지 초래된 비참한 결과에 흔히 무관심하다.

오늘날 문화를 연구하는 사람들은 흑인의 비공식적인(의식되지 않은) 기층문화가 노예제하에서 백인이 저지른 파괴행위에도 불구하고 살아

남았다는 사실에 대체로 동의한다. 미원주민의 역사에는 그보다 더욱 밝은 면과 비참한 면이 공존한다. 밝은 면으로 보자면, 미국 남서부의 푸에블로 인디언은 그 문화의 대부분을 훼손시키지 않은 채 보존해왔다. 다른 인디언은 그에 비해 운이 없었다. 그들의 문화는 풍비박산이 나거나 붕괴되었는데 그것은 그들의 문화가 구미의 관습과 제도에 대해 유난히 취약성을 드러냈던 것으로 입증되었기 때문이다. 그 점에서 키체족은 매우 돋보인다. 그들은 유럽인과 그 문화에 맞서서 자신을 잘 지켜냈다. 문화의 붕괴에 대한 면역성이 어떻게 기능하는가를 이해하는 단서는 그들이 시간을 다루는 방식에 있을지도 모른다.

테드록에 의하면, 키체족은 시간을 변증법으로 다룬다. 그녀의 말을 빌리자면, 그것은 "과거 · 현재 · 미래의 어떤 시간도 그때를 이끌어내고 또 그때로부터 흘러나오는 시간 그 자체와 분리할 수 없다"는 의미이다. 옛것은 버리고 새로운 것을 갈망하는 미국인들과 얼마나 다른가!

그러한 우리의 태도는 우리의 사고 · 책 · 음악 · 자동차 · 스타일, 그리고 최근에는 배우자를 구하는 일에서조차 엿볼 수 있다. 옛것을 재발견할 때조차도 '뿌리'찾기운동처럼 그것은 새로운 것으로 취급된다. 우리는 대부분이 폐기가능한 문화에서 살고 있다. 거기에 연속성이란 존재하지도 않는다. 또한 우리에게는 신념이건, 생활양식이건, 배우자건간에 무언가 새로운 것이 편입되거나 채택될 때마다 자동적으로 옛것을 저버리지 않으면 안 될 것 같은 깊고 무의식적인 패턴이 존재한다. 우리의 과거를 부인함으로써 우리는 역사를 단편화하고, 그 과정에서 삶을 결속시키고 안정시키며 통합시키는 얼마 남지 않은 실마리마저 끊어놓고 만다.

키체족에게는 그러한 문제가 없다. 그리고 어떤 문화도 그것을 의도

하지는 않았겠지만 우리 앞에 놓인 결과는 검토되어야 한다. 키체족의 시간체계(모든 것과 함께 짜인)가 지닌 변증법적 성격을 보면, 그들은 이미 통합된 외래의 요소들을 제거할 필요를 느끼지 않는다. 그 원리는 테드록을 마야족과 동일한 근거에서 주저 없이 점술사의 제자로 인정한 경우에도 적용된다. 그 점은 푸에블로 인디언의 경우에는 결코 있을 수 없는 일이다. 키체족의 시간을 모델로 한 키체족의 사고는 테드록에게 그녀 자신의 문화를 부인하도록 요구하지 않고 다만 기존의 것에 새로운 재료를 통합시키도록 한 것으로도 알 수 있다. 그와 유사한 상황에서 미국인은 이질의 요소를, 그것이 얼마나 오래된 것인지 또는 얼마나 깊숙하게 개인의 정신적 구조에 통합되어 있는지를 불문하고 결단코 '뿌리뽑고자' 할 것이다.

우리는 그러한 부인의 패턴을 미국인의 전반적인 생활에서 나타나는 '다시 태어나기'(born-again) 신드롬에서 찾아볼 수 있다. 자신의 과거나 과거의 사건에 대한 견해를 변경하는 것은 가능할지도 모르지만 과거는 의연히 존재하는 것이 진실이다. 과거는 결코 지워지지 않으므로 변경될 수도 없는 일이다.[5]

키체족의 시간이 지닌 중요성을 요약하자면, 날을 관리하는 점술은 항상 다음과 같은 점들을 상기시킨다. ① 신성한 시간체계. ② 시간적으로 거슬러오르는 혈통과의 유대 및 그 혈통에 대한 의무(한 조상의 무분별

---

5) 미국인들은 방대한 기록을 지니고 있으면서도 자신들의 과거를 편안히 다루는 경우가 거의 없다. 개인적 차원에서는 ① 자신의 과거를 지워버리고자 한다. 다시 태어나기 증후군이 그 예이다. ② 유아적인 사고방식을 가지고 거기에 젖어버려서 자신은 아무 노력도 하지 않은 채 자신의 삶에서 잘못된 점은 모두 부모의 탓으로 돌린다. ③ 과거를 부정한다. ④ 미국 남부에서 그렇듯이 과거를 소설화하고 구상화한다.

함이 현재의 불행에 이유가 될 수 있다). ③개인과 대지, 자연의 정령, 신들과의 관계. ④보다 큰 공동체와 개인의 관계 및 그에 대한 의무. 구미문화에는 신, 가족, 그리고 자신이나 타인과의 관계에 관해 생각하도록 만드는 의식이 거의 없다.

키체족의 시간은 사람들을 마을, 조상과 신들, 일상생활에 결속시킨다. 그 모든 것이 점(占)의 과정에서 통합되고, 그 시점에서 그 밖의 다른 접속이 부가되어 사람들을 생리적으로 결합시킨다. 키체족의 점이 지닌 중요한 특징은 메시지를 받고 보내는 일과 분석하는 일에 신체를 이용하는 것이다. 내가 말하는 것은 '보디랭귀지'가 아니라 신체의 생리적 기능 그 자체로서 그것은 우리가 책을 읽는 것과 동일한 방식으로 읽힌다. 키체족은 혈액의 순환을 신체가 전하는 메시지 시스템의 활동적인 매체로 간주한다. '혈액'으로 점치는 능력은 조상으로부터 직접 물려받은 것이라고 말한다.

혈액점에서는 샤먼 자신의 신체와 환자의 신체가 모두 이용될 수 있다. 환자의 신체를 이용할 경우 샤먼은 환자의 몸 각 부분의 맥을 짚어본다. 이 '맥짚기'는 맥박의 박동률을 진단하는 우리의 경우와는 달리, 경련이 일거나 흥분된 상태를 포함하여 맥의 전체적인 특징에 따라 그 의미가 분석된다. 한 예를 들자면, 샤먼이 앞으로 다리를 뻗고 앉아 만약 맥박이 다리 안쪽으로 옮아가면 환자는 살아나게 되고 바깥쪽으로 옮아가면 환자는 죽게 된다. 혈액말고도 샤먼은 신체의 주요한 근육이 떨리거나, 수축하거나, 얼얼하거나 하는 상태로부터 전달되는 피드백을 이용한다. 그 경우에 혈액이 감각으로서 느껴지거나 근육이 거기에 반응하는 방식으로 점괘를 읽는다.

여기에서도 서구의 독자들은 그리한 형태의 진단을 어이없는 미신에 불과한 것으로 여길지 모른다. 우리가 지닌 준거의 틀에 비추어 보자면 그럴지도 모른다. 왜냐하면 구미인은 신체의 메시지를 읽는 방법에 관해 거의 모르기 때문이다. 우리의 지식은 심신상관적인 느린 메시지에 한정되어 있어서 바로 일어나고 있는 일을 전달하는 빠른 메시지를 읽어내지 못한다. 테드록과 그녀의 남편은 키체족의 방식으로 자신의 신체를 읽는 것을 배우고 나서, 지금까지는 몰랐지만 자신의 신체를 읽는 것은 타인과의 관계에서 다양한 피드백을 제공한다고 단언하였다.

또 다른 맥락에서 나는 정신분석의인 동료로부터, 환자에게 일어나고 있는 일을 자신에게 전달해주는 키체족과 매우 유사한 시스템에 의존하여 자신의 생명을 구했다는 이야기를 들은 적이 있다. 그는 상당히 매혹적이면서도 공격적인 여성환자를 치료하면서 두 번에 걸쳐 환자의 공격을 받고 가까스로 죽음을 모면한 적이 있다. 그 후 내 친구는 자신의 환자에게 맞춘 보다 안심할 수 있는 방법이 필요하다고 결정했다. 그는 환자가 던진 무거운 재떨이에 머리가 박살날 뻔한 순간을 순식간의 반사작용으로 피한 적이 있었다. 그렇지만 그러한 행운이 항상 따라주는 것은 아니다. 사고는 경고 없이 전광석화처럼 급습한다. 무슨 일이 일어날 것인지 드러내주는 일반적인 예시는 있을 수 없다. 사람이 거기에 의존하여 피드백할 수 있는 감각적인 단서는 하나도 없다. 사실 대개의 습격은 전혀 예기치 못할 때나 치료사가 긴장을 풀고 무방비 상태로 있을 때 일어나는 것 같다.

공격적인 환자를 다뤄본 경험이 있는 치료사들은 자기 자신의 불안감을 통제하는 능력이 중요하다는 점도 알고 있다. 그러나 언제 어느 때 둔기로 맞을지 모르는 상황을 다스리기가 쉬운 일은 아니다. 해결책을 구하고 있던 내 친구는 자신이 의식하고 있지는 않지만 그의 신체가 공격당하기 전에 신호를 잡아낸다는 사실을 발견하였다. 그 자신의 맥박에 고도로 신뢰할 만한 경보시스템이 내장되어 있는 것이었다. 그는 그것을 규칙적으로 탐지하기 시작했다. 맥박이 빨라지면 어김없이 "조심해!"라는 메시지였다.

마야족에 관한 문헌에는 근육의 경련에 대한 언급이 있다. 그러나 나는 테드록의 책을 읽기 전까지 근육의 경련이 신체의 리듬체계에서 설명할 수 없는 이상현상이 아닌 다른 것일 수 있다고는 생각해본 적이 없었다. 그 책을 읽고 난 후 나는 신체의 동시동작(synchrony, 공조共調현상) 및 두 신체가 동시적으로 움직일 때 한 신체가 다른 신체에게 이야기하는 것에 관해 이 책의 한 장을 할애하여 논하기로 했다. 나는 『문화를 넘어서』에서 그러한 메커니즘을 신체의 싱크로나이저로 언급했었다.

몇 가지 매우 시사적인 단서가 있기는 해도 그러한 메시지가 어떻게 송신되고 수신되는지는 아직 정확하게 알려져 있지 않다. 키체족의 샤먼은 그 과정과 그 체계가 기능하는 방식에 관한 그들 자신의 지식을 발전시키고 정교화시킬 수 있고 또 메시지의 송신자이자 수신자인 자신의 신체에 관한 지각을 고양시킬 수 있는 것으로 보인다(아마도 그 세 가지가 모두 가능할 것이다).

어떻게 설명하건 결과는 인간의식의 중요한 구성요소인 지각을 고양시키는 것임에 틀림없다. 의식의 고양에 관한 요즘의 관심에 비추어 볼 때 내가 말하고 싶은 점은, 부분적으로밖에 이해되지 않은 경험에 대해 적절한 설명을 할 수 없다는 이유만으로 무언가를 간과하는 것은 결코 득될 것이 없다는 사실이다.

나는 매우 광범위한 복잡성을 띤 다양한 문화를 거의 50년에 걸쳐 경험해온 것을 기초로 이렇게 확신한다. 서구는 나머지 세계의 매우 특별한 지식과 능력을 단지 우리의 과학적 패러다임을 위한 기준에 일치하지 않는다는 이유만으로 배제하는 커다란 실책을 범해왔다는 사실이다. 다른 문화를 적절히 연구함으로써 배워야 할 점은 여전히 태산 같다.

# 6 동과 서

　기층체계의 연구를 통해 얻은 통찰은 상당한 가치가 입증되었기 때문에 나는 그러한 관점을 가지고 두 나라——일본과 미국——를 동양과 서양의 대표적인 예로 들어 논의해보는 것도 의미가 있다고 생각한다. 나의 목적은 상호간의 이해를 증진시키거나 오해를 감소시키는 것이라기보다는(그것이 훨씬 중요할지도 모르지만), 하부의 문화적 프로세스에 대한 인식을 고양시키는 것, 즉 사람들이 당연시하는 것들에 대해 호기심을 유발시키는 것이다. 또한 인류가 테크놀로지에 대한 매혹에서 벗어나 다시 한 번 인간정신에 관한 연구로 그 관심을 돌릴 때 펼쳐지게 될 엄청난 가능성에 관해서도 얼마간 이야기를 나누고 싶다. 이 장은 인류학자로서 나 자신의 체험[1]과 선불교(禪宗), 그리고 잘 알려진 일본문화에 관한 몇몇 저서[2]에서 이끌어낸 자료를 기초로 하여 기술하였다.

---

1) 어떤 의미에서 수년에 걸친 내 작업의 대부분은 오늘날의 사회과학 태반의 배후가 되는 뉴턴적인 모델에 가깝다기보다는 선(禪)의 모델에 가까운 것이다. 그럼에도 불구하고 나는 서구인으로서 성장했기 때문에 사실 서구적 관점을 가지고 모든 것에 접근하는 사고방식을 면할 수 없다.

제2차 세계대전 이후, 루스 베네딕트가 그녀의 대표작『국화와 칼』을 저술할 당시 미국과 일본의 접촉은 방대한 스케일로 확대되었다. 구미 시장에서의 일본의 성공은 좁아지는 지구와 어우러져 두 문화권에 관한 적절한 자료를 찾는 요구가 크게 증가하는 효과를 낳았다. 그리하여 그 기간에 출판된 자료의 양과 질이 모두 크게 개선되었다. 그러나 초문화적(cross-cultural) 연구분야에 결여된 요소가 한 가지 있다. 그것은 사람들이 생각하거나 의사소통을 할 때 그들 내부에서 진행되는 과정을 보다 잘 통찰할 수 있도록 해주는 적절한 모델의 존재이다.

우리는 다른 문화에 속한 사람들이 어떻게 생각하는지 또 생각을 어떻게 정리하고 설명하는지 좀더 알 필요가 있다. 무엇이 지각되고 무엇이 간과되는가. 미국인과 비교하여 일본인이 정의하는 '관념'이나 '개념'은 어떤 것인가. 무엇이 중요한가. 관념은 어떻게 이루어지는가. 어떤 원리에 따른 것인가. 개개의 사건이 하나의 관념으로 구성되는 과정은 어떠한가? 이러한 질문에 대한 얼마간의 답변은 그 문화가 맥락의 척도에서 어디에 위치하는가를 명확히 함으로써 얻을 수 있다. 고맥락의 문화인가, 저맥락의 문화인가? 가장 중요한 점은 시간이 어떻게 구

---

2) Ruth Benedict, *The Chrysanthemum and the Sword*, 1946; Karlfried Graf von Dürckheim, *Hara: The Vital Center of Man*, 1962 ; Erich Fromm, D.T. Suzuki, and others, *Zen Buddhism and Psychoanalysis*, 1960; Frank Gibney, *Japan, the Fragile Superpower*, 1979; Eugen Herrigel, *Zen in the Art of Archery*, 1971; Hidetoshi Kato, "Mutual Images: Japan and the United States Look at Each Other," 1974; Fosco Maraini, *Japan: Patterns of Continuity*, 1979; M. Matsumoto, "Haragei"(ms.), 1981 ; D.T. Suzuki, *Zen and Japanese Culture*, 1959; Ezra F. Vogel, *Japan as Number 1*, 1979.

조화되어 있는가를 아는 것이다.

일본을 이해하기 위한 관건의 하나가 문화적 시간이라고 하는 발견이 나로서는 그다지 놀라운 일은 아니다. 우선, 일본인의 시간과 선불교, 그리고 마(ま, 間)라는 개념은 모두 밀접하게 연관되어 있는데 서구인은 그 연관성을 이해하기 힘든 경우가 많다. 그러한 관찰에서 나는 일본인이 서구의 정신을 이해하는 것이 보다 수월하다고 말하는 것은 아니다. 기억해둘 점은 내가 사용해온 시간은 우리의 생활에서 핵심이 되는 체계이고 우리는 그것을 중심으로 세계상을 수립한다는 사실이다. 두 문화의 시간체계가 다르다면 다른 모든 것도 다를 것이다. 이 책의 서두에서 언급한 바와 같이 나는 시간이 절대적인 것이라는 서구의 개념을 인정하지 않는다. 각각의 문화가 시간을 어떻게 다루고, 경험하고, 사용하며, 이야기하는가를 연구하는 것은 그 문화에 대한 통찰을 넓히고 그 민족의 심리를 이해하는 수단이 된다.

많은 점에서 선(禪)은 미국인에게는 극단적인 수수께끼로 보인다. "한 손으로 치는 박수는 어떤 소리가 나는가?"라는 코안(こうあん, 公案)이 그 한 예이다. 코안은 제자에게 주는 경구 또는 교훈으로, 피상적으로는 비논리적이고 터무니없게 들리지만 그 속에 깊은 의미를 감추고 있다. 하나의 코안을 이해하기 위해서는 그 맥락을 이해할 필요가 있다. 서구인들이 코안을 이해하기 어렵다고 느끼는 것은 우리가 선을 하나의 개념·철학·종교로 생각하기 때문이다. 선에 관한 책을 쓴 권위자들[3]에 따르면, 선이란 하나의 '도'(道, way)이며 그 도에 이르는 다소 비범한

---

3) D.T. Suzuki, *Zen Buddhism*, 1956; Eugen Herrigel, 같은 책. 그 밖에도 다 언급할 수 없을 만큼 많은 저작이 있다.

방식(way)이다. 우리는 선에서 내가 일찍이 비공식적인 학습[4]—거의 전적으로 모델 · 훈련 · 실연(實演)의 사용에 의존하는 학습—이라고 명명한 것의 탁월한 예를 발견한다. 언어는 왜곡하는 것이기 때문에 선은 언어를 배척한다. 우리처럼 모든 것이 질문으로 시작되고 항상 "왜?"라고 묻는 문화는 선이 제시하는 장애물에 걸려 넘어지기 십상이다.

선은 맥락도가 아마 도달가능한 최고라고 할 수 있을 정도로 비상하게 높다. 이것은 선의 커뮤니케이션이 믿을 수 없을 정도로 빠르다는 것을 의미한다. 미국인들이 선을 이해하는 데 곤란을 느끼는 여러 이유 가운데 하나는 다름 아니라 선의 역사에 관해 적절한 맥락을 파악하고 있지 못하기 때문이다. 우리는 모든 코안의 배경을 알지 못한다. 그것은 호프만(Yoel Hoffmann)이 작은 책자[5]에서 인용한 한 예를 통해 설명된다.

"안잔(杏山)은 세키시츠(石室)를 만나려고 방앗간으로 찾아갔다. 그가 '일이 어렵지 않나요?' 하고 물으니까 세키시츠는, '그렇게 어려울 일이 뭐 있나? 바닥 없는 주발을 가지고 와서 형체 없는 쟁반으로 나르기만 하면 되는데……'"

세키시츠가 전달하는 바는 "……사물의 무(無 : 바닥 없는, 형체 없는)라고 하는 측면을 알게 되면, 그것들을 있는 그대로 받아들일 수 있다……. 그러한 자세로 임한다면, 방아찧는 일이거나 다른 무슨 일이라도 하나도 어려울 게 없다"는 의미이다. 서구인들이 여간해서 납득하기 어려운 점은 바로 사물의 바닥 없고 형체 없는 형태인 것이다.

서구세계에서도 사실 우리의 생활 가운데 선의 인자가 다분히 들어

---

4) Eugen Herrigel, 같은 책, 그리고 Edward T. Hall, *The Silent Language*, 1959.

5) Yoel Hoffmann, *Every End Exposed : The 100 Koans of Master Kido*, 1977.

있다는 사실을 알고는 있지만, 불행히도 대부분이 그 사실을 부정하면서 생활하고 있다. 그 결과 우리는 우리 자신의 중요한 부분을 부정하고 있다. 이 부정의 과정은 다음 단계로 나아갈 수 있는 우리의 능력을 방해하게 된다. 즉 완전히 힘을 뺀 상태로 팔과 어깨의 근육을 사용하여 거대한 활을 당기듯이 일을 행할 수 있도록 해주는 숨겨진 에너지와 힘의 발견을 방해하는 것이다.[6]

뉴멕시코 주의 푸에블로 인디언이 가르치는 방식이나 상호교류하는 방식에도 선적인 요소가 있다. 몇 년 전 메이블 도지 루한(Mabel Dodge Lujan)의 아들인 고(故) 존 에번스(John Evans)가 그 한 예를 제공해주었다. 에번스는 푸에블로 인디언 통합담당국의 책임자로 타오스 푸에블로에서 남쪽으로 130마일 떨어진 곳에 위치한 앨버커키에 배치되었다. 그는 오랫동안 푸에블로에서 농업신장을 위해 일할 사람을 구하던 끝에 마침내 푸에블로 인디언들에게 적합하고 잘 어울릴 수 있을 것으로 보이는 사람을 발견하였다. 여름과 겨울이 지나기까지 만사가 순조로웠다. 그런데 어느 봄날 그가 다소 침통한 얼굴로 존을 찾아왔다. 에번스의 사무실에 선 채 안절부절못하다가 불쑥 이렇게 말했다.

"존, 뭐가 잘못된 건지 모르겠지만 인디언들이 이제 나를 좋아하지 않아요."

다음 주에 에번스는 차를 타고 타오스로 가서 푸에블로족의 종교적 지도자 가운데 한 사람인 그의 나이든 친구를 찾아가 무엇이 잘못되었는지 조언을 구했다. 말하자면 선사(禪師) 격인 그 인디언은 침묵을 지켰다. 에번스는 뉴멕시코 봄날의 밝은 태양을 받으면서 그의 뒷모습을 바

---

6) Eugen Herrigel, 앞의 책.

라보았다. 마침내 그가 입을 열었다.

"존, 그 사람은 단지 모르고 있는 점들이 있네."

그리고 그 말은 그가 할 수 있는 최대한의 것이었다. 이것은 백인과의 접촉에 의해 약간 변형되었지만 여전히 대부분의 백인들은 이해할 수 없는 선의 인디언판이다. 그 인디언이 침묵 끝에 한마디로 일축한 것은 완고해서도 아니며 몰라서도 아니다. 그는 에번스가 그의 답변을 알고 있다는 점, 그리고 그 해답을 얻기 위해 머리를 쓰지 않으면 안 된다는 점을 알고 있었다.

에번스의 의붓아버지인 토니 루한은 타오스 출신의 푸에블로 인디언으로, 에번스가 그곳에서 소년 시절을 보내는 동안 타오스의 인디언들은 그를 동족처럼 대해주곤 했다. 그가 그 답변을 이해한 배경이 바로 그 점이다. 만약 그가 아닌 다른 사람이었다면 그나마 답변조차 없었거나 그 답변마저 제대로 해석하지 못했을 것이다. 잠시 생각에 잠긴 에번스에게 불쑥 해답이 떠올랐다. 그가 우둔할 리 있겠는가? 봄이 되면 어머니인 대지는 만물을 품고 있기 때문에 조심해서 다루지 않으면 안 된다. 인디언들은 대지의 표면이 상하지 않도록 말의 징발굽을 제거하고 짐수레를 사용하지 않으며 백인들의 신조차 신지 않는다. 그 농업신장원은 그 점을 전혀 모르고 있었거나 설사 알았더라도 별로 대수롭지 않게 여기고 인디언들이 '이른 봄의 경작'을 시작할 수 있도록 최선을 다해 애썼던 것이다!

물론 선에는 단지 입문하지 않은 사람에게 쉽게 가르침을 주지 않으려는 것 이상의 무언가가 있다. 나에게 인상적이었던 점은 매우 상이한 이들 두 문화의 패턴이 실질적으로는 동일하다는 것이었다. 그리고 정확한 연대는 확립되어 있지 않지만 1만 년에서 2만 년 전쯤에 타오스 인디언의 선조들이 베링 해협을 횡단하여 서반구로 건너왔음에 틀림없다. 그러나 타오스의 카시크(Cacique : 종교적 지도자)와 에번스를 각각 선사와 제자의 입장으로 대치시켜 보면 그 대화도 실질적으로 상통하는 바가 있을 것이다.

그렇다고 선사 또는 선의 수도자가 뉴멕시코의 푸에블로 인디언을 다른 외부인(outsider)보다 더 잘 이해할 수 있다는 뜻은 아니다. 푸에블로 인디언이 아닌 사람들은 누구나 그들에 관한 자세한 정보뿐만 아니라 그 맥락이 거의 전적으로 결여되어 있으며 푸에블로 인디언 역시 그것을 원한다. 단지 각자의 방식에 따른 의사소통체계가 있다 하더라도 그 내용이야 어떻든 그 패턴은 유사할 수 있다는 뜻이다.

푸에블로 인디언이나 일본인은 모두 밀접하게 엮이고 고도로 맥락화된 배경에서 성장하고 생애의 대부분을 보낸다. 이 점이야말로 대화에 질문도 설명도 없는 이유이며 외부인을 이해하고 수용하는 것이 매우 힘든 이유이다. 그러나 일단 받아들이면 외부인은 내부인(insider)이 된다. 내부체계가 어떻게 기능하는가를 열심히 배운다면 그 체계는 누구에게나 똑같이 기능하게 된다.

여태까지 말한 모든 점은 시간에도 적용된다. 거기에서는 서양에서 시간이란 '무엇인가'를 정의하는 데 열중하는 것과 같은 고유한 철학적인 접근방식을 찾아볼 수 없다. 내가 아는 한 아메리칸 인디언에게는 시간에 해당하는 고유한 단어가 없으며 일본에서도 시간의 문제에 대한 광범위한 집착은 찾아볼 수 없다. 일본의 시간은 어떠한가? 그리고 서구의 시간과는 어떻게 비교되는가? 먼저 일본의 시간은 절대적인 것이 아니며 그렇게 여겨온 적도 없었다. 일본음악은 서양음악에서 메트로놈이나 지휘자에 의해 시간이 부과되듯이 시간에 의해 강요받지 않는다.

일본의 음악가와 그들의 음악은 '열린 악보'(open score)이다. 일본인의 음악은 그들의 시간과 마찬가지로 그들의 내면에서 흘러나온 것이다.

예컨대 네마와시(根回し)는 모든 사람의 동의와 협력을 얻는 데 필요한 시간을 의미하는 용어이다. 일본인은 그것을 레코드의 골을 따라 움직이는 레코드 바늘에 연관시킨다. 레코드는 조직의 모든 부문과 모든 수준에서 반드시 성취되어야 하는 과정과 행동을 공간적 · 기계적으로 비유한 것이다. 레코드 바늘이 멈추는 디스크의 중심은 네마와시의 과정이 정점에 달하는 지점을 상징한다. 디스크의 회전속도는 그 비유에 속하지 않는다. 네마와시는 디스크가 멈춰야지 끝나며 그 전에는 끝나지 않는다. 마치 푸에블로 인디언의 춤이 시작될 때처럼 '모든 준비가 완료되었을 때' 시작하지 조금이라도 일찍 시작하는 법이 없다.

이제 두 문화 간의 차이, 특히 기업과 정부의 일상업무에 대한 이해와 순조로운 운영을 방해하는 걸림돌로 입증돼온 차이를 중심으로 비교해보자. 이를 위하여 우선 제2차 세계대전 후 선을 연구하여 몇 가지 놀라운 결과를 얻은 독일의 철학교수 헤리겔(Eugen Herrigel)의 체험부터 살펴보기로 한다. 헤리겔의 훌륭한 저서 『궁술에서의 선』(*Zen in the Art of Archery*)은 역작일 뿐만 아니라 유럽과 일본의 문화가 실질적으로 매사에 접근하는 방법이 어떻게 다른가를 통찰한 보고(寶庫)이다.

헤리겔은 가르치기 위해 일본에 왔지만 배우기도 했다. 그는 궁도의 대가 밑에서 선을 공부하면서 6년을 보냈다. 내가 서구인에게 화살을 당기는 일을 통해 어떻게 철학을 공부하는지를 설명하려는 것은 부질없는 일일 것이다. 헤리겔의 소책자는 그러한 목적을 내가 여태껏 할 수 있었던 어떤 방법보다도 효과적으로 달성하고 있다. 그러나 지금은 그의 체험을 다소 다른 틀에서 생각해보기로 하자.

서양철학은 일반적으로 종교나 일상생활에 대응하는 것으로 간주되지 않는다. 스즈키 다이세츠(鈴木大拙)는 철학이자 종교인 선불교가 일본의 저변을 이루는 기층문화에 실질적으로 매우 친밀하다는 점을 명확하게 밝혔다. 그러므로 일본에서는 자아의 발견이 친척과 친구, 이웃과 동포가 준수하며 살아가는 기본적 사회법칙을 완전히 이해하는 일과 직접 연결된다. 이에 반해 서구의 종교·철학·일상생활은 한 번에 한 가지씩이라는 우리가 시간을 계획하는 양식에 따라서 엄격한 구획으로 각각 봉인되어 있다. 거기에서 철학이란 '진리' 또는 '삶의 의미'를 추구하는 의식적인 정신을 훈련하는 한 가지 방식이다. 그러나 일본의 철학은 언어에 국한된 세계에서 정신을 해방시키고 개인이 자기 삶의 샘물을 길어올릴 수 있도록 도와주기 위해 신중하게 이루어진다. 일본에서는 철학이 곧 생활이자 민족의 심층적인 핵심문화이기도 하다.

　서양에서는 궁술은 스포츠이다. 일본에서는 궁술이 스포츠이기도 하지만 종교적-철학적 의례 또는 정신을 단련시키기 위한 수양법이기도 하다. 서구문화에서 궁술은 '목표물을 맞추기' 위한 수단적 대상으로 신체의 단련과 강화가 그 기본이 된다. 우리는 신체를 단련하지만 선의 전통을 지닌 일본인은 마음을 넓히기 위해 마련된 정신수양법을 따른다. 서구인들이 정신을 단련할 때에는 대개 대뇌피질의 좌반구——언어와 수리를 담당하는 부분——에 초점을 맞춘다.[7] 우리는 정신의 논리적이고 경계가 정해진 선형적 기능을 고양시킨다. 동양에서 그와 같은 훈련은 경계를 만드는 것이 아니라 없애기 위한 것으로 무의식과의 조화를 목적으로 한다.

---

7) Robert Ornstein, *The Psychology of Conciousness*, 1975.

우리 서구인들은 '행위자·행위·목표물'이라는 패러다임에 따르는데 그것은 언어의 문법적 구조—사수(행위자)가 타깃(목표물)을 적중시키다(행위)—에 표명되어 있다. 선의 수행법으로서의 궁도(弓道)는 사수·활·화살·활시위·과녁을 하나의 통일된 과정으로 융합시키는 것을 목표로 한다. 우리는 기술의 습득에 의해 훈련하지만 일본인의 훈련은 마음을 비우고 자의식을 없애는 것이다. 서양에서는 우리가 무엇을 언제 하는가를 말해주는 스케줄이 있다. 즉 시간은 우리의 생활을 조직하도록 도와주는 외부의 힘이다. 그에 반해 동양에서의 시간은 자아로부터 흘러나오는 것이지 외부로부터 부과되는 것이 아니다. 선의 목적은 우리의 자아를 자연과 조화시키는 것이며 '배고플 때 먹고 피곤할 때 자는' 것이다.

서양의 우리는 사고를 '조직'하고 행동을 위한 계획·이론·기획을 세운다. 말하자면 우리는 계산을 한다. 선에서 '사고'는 의식을 방해한다. 즉 선의 사고는 자연스럽고 무의식적인 데 반해 서양의 사고는 의식적이고 분석적으로 도그마·신조·철학(내용)으로 유도한다. 선은 맥락과 형식에 대한 지향이 비교적 강하다. 그렇지만 한밤에 가는 촛불로 과녁 주위만을 밝히고 먼 거리에서 과녁을 적중시키고 꽂힌 화살을 다른 화살로 쪼개는 헤리겔의 스승과 같은 솜씨를 재현할 수 있는 사수가 얼마나 되겠는가!

의식적인 사고를 벗어나는 것말고도 선의 목표 가운데 하나는 에고를 용해시키고 성공과 실패, 자의식에 대한 개인적 감정을 제거시키는 것이다. 선의 검사(劍士)가 달인이 되기 위해서는 생과 사의 경계선에 대한 모든 감정을 제거하지 않으면 안 된다. 헤리겔은 이렇게 말한다.

"선을 본받는 예술을 실천하는 모든 달인은 모든 것을 아우르는 진리의 구름으로부터 내비치는 섬광과 같다. 이 진리는 그의 정신의 자유로운 움직임으로 나타나는 것이다. 그리고 그는 다시 그 진리와…… 자신의 고유하고 이름붙일 수 없는 본질로서 만나는 것이다."

서양의 진리는 구체적이지만 선사에게 진리는 모든 것을 아우르며, 역설적으로 말하자면 자신의 본질 그 자체이다.

서양에서는 자연에 대한 우리의 견해를 인간과 자연에 똑같이 부과하는데, 그것은 우리가 인간을 자연과 분리하여 생각하기 때문이다. 초기 그리스 학자들 이래로 서양인은 우리의 머릿속에서 실재를 투영하는 말을 만들어 그것들을 세계에 투사시킨 다음, 그 영상들을 마치 실재처럼 취급해왔다. 그러한 영상들은 19세기 소호(Soho)의 무대 스크린에 가스등을 비춘 이미지와도 같다. 우리 서양인의 사고는 언어와 수학을 사용함으로써 필연적으로 그리고 의도한 대로 선형적인 사고가 우세해졌다. 따라서 우리의 사고작용은 좌뇌(左腦)에 속하고 저맥락이며[8] 극도로 구체적이다.

그러나 우리는 일본으로부터(그리고 호피족[9]이나 나바호족 같은 미국 원주민으로부터도 마찬가지로) 우리의 변증법을 보충하는 또 다른 종류의 논리가 있다는 것을 배운다. 그것은 하라(はら, 腹)의 논리로서 언어의 패러다임에 한정되지 않는 맥락과 행동의 논리이다. 먼저 일본인과 미국인은 인생의 가장 기본적인 몇 가지 측면에서 근본적으로 다르다는 점을 명백히 해두어야겠다. 그 점은 무엇보다도 예술에서 확연히 드러난다. 일본에서는 꽃꽂이·궁도·검도를 포함한 모든 예술이 선의 수련법을

---

8) 저맥락의 커뮤니케이션에는 상상의 여지를 거의 남기지 않는 자세한 설명이 따른다. 제4장 참조.
9) Leo W. Simmons, *Sun Chief*, 1942.

아우른다. 그 결과 대부분의 예술은 고도로 맥락화되어 있다.

예술의 네 가지 중요한 요소—하라 · 마(間) · 직관 · 미치(みち, 道)—
는 더 많은 점들을 말해준다. 하라는 개인을 자연과 연결시킨다. 왜냐하
면 하라는 인간에게 생래적이고 지극히 자연적인 부분을 나타내는 자연
의 한 표현(내재화된 자연)이기 때문이다. 일본의 예술가는 무예인,[10] 도
예가, 화가, 노(のう, 能: 일본의 대표적인 가면악극—옮긴이)의 배우, 궁술인,
서예가, 시인 등을 막론하고 내재하는 자연과 더불어 시작한다. 자연은
예술가가 재현하고자 하는 바와 별개로 외부에 존재하는 대상이 아니
다. 예술의 두 번째 요소인 마는 공간 · 시간개념으로 특별한 의미를 지
닌 휴지(休止) · 간격 · 여백이다. 일본에서는 침묵이 가장 깊이 있는 감
정을 표출한다. 서양인에게 침묵은 당혹, '정체된 분위기', 아무 일도 일
어나지 않는 시간을 의미한다. 세 번째 요소인 직관은 장기간의 깊이 있
는 연구와 경험으로부터 나온다. 직관은 하나의 테마 · 정서 · 관념 · 대
상이 응축된 에센스이다. 네 번째 요소인 미치, 즉 도는 수행에의 몰두
와 예술의 완성을 의미한다. 미치에 가장 근접하는 서양의 개념은 테크
닉이다.

대부분의 서양 예술가들은 두 비평가의 영향을 받고 있다. 즉 내부의
비평가와 외부의 비평가이다. 서양예술에는 예술가의 의지와 관계없이
항상 일련의 미학적이고 시각적인 표현상의 관례가 존재하고 그것들이
예술작품이 이루어지는 맥락을 구성한다. 추상파를 예외로 하고는, 눈
앞의 대상을 가능한 한 충실히 이해해서 재현하려는 것이 예술가 자신

---

10) 무예의 대부분은 예술에 다름 아니다. 검사(劍士)나 사수(射手)는 선의 수행자
로서 철학자나 사제(선사)와 동일 수준에 있다. 모든 부류에 마스터(master)가
존재하는 것이다.

의 욕구이다. 이와는 대조적으로 선의 예술가는 오랜 수행 끝에 대상을 자신의 온전한 자아로 경험하고, 그런 다음에 '대상으로 하여금 붓을 도구삼아 그림을 그리게 한다'. 예술가 자신으로서는 의식적으로 붓을 움직이는 노력이 전혀 없는 것처럼 보인다. 선의 궁술인에게서 보았듯이, 대상(목표물)과 붓(활)과 예술가(사수)는 하나의 통일된 통합적 과정의 일부이다.

일본인은 자신의 예술을 발전시키기 위해서 자기를 알고 궁극적으로는 깨우침(enlightenment)을 얻는 데 집중적인 노력을 쏟아야 한다는 점에서 서양인과 차이가 있다. 정신을 평정시키고 자아(ego)를 제거하는데 최대의 노력을 쏟는다. 자아는 칭찬, 성공, 실패, 인정받지 못함 따위의 덧없는 평가에 좌우되기 때문이다. 깨우침은 그 자아에 돌아가는 보상(報償)이다. 한편, 서양의 예술가는 소수의 예외는 있지만 움츠린 제비꽃을 닮을 수 없다(내성적인 사람이 되기 힘들다—옮긴이). 서양에서 자아는 예술가의 생활에 중요한 역할을 한다. 나약한 자아의 소유자는 살아남기 어렵다.

일본예술의 약점(약점으로 보자면)은, 예술가의 내면으로부터 생장되므로 외부로부터 자극을 받아 질이 향상되는 것을 비교적 기대하기 어렵다는 점이다. 일본의 예술가는 자신의 분석이 옳다고 생각하면, 급격한 변화의 시대나 외국문화에 직면할 때 대체로 자신의 표면화되지 않은 전제를 자각하지 못하는 입장이 되게 마련이다. 그 경우 외부의 체계를 전적으로 받아들이거나 아니면 아예 내면으로 눈을 돌려버리거나 하는 경향이 있는데 그것은 예술뿐만 아니라 매사에 나타나는 일본인의 특징적인 반응이다. 서양의 예술가는 창작활동에서 내성과 성찰을 통해 자신에 관해 크게 깨닫는 것은 기대할 수 없지만 일본의 예술가와는 전혀 다른 방식으로 다른 예술가의 작품을 자신의 작품 속에 통합시켜보는 것 같다.

우리 예술가들은 자신의 심리작용을 통찰하기 위한 수단으로 예술을 이용하기보다는 미학적 맥락이나 대상, 또는 그 모두에 주의를 집중하는 경향이 훨씬 강하다. 그들은 예술을 자기들이 보고 듣고 느끼는 것을 표현하는 방식으로, 또는 자기들이 보고 듣고 느끼는 것을 이해하는 보조수단으로 이용한다. 그렇다고 서양의 예술가들이 예술을 결코 자기이해의 수단으로 삼지 않는다는 뜻은 아니고 단지 우리의 전통에서는 그러한 점이 예술의 내재적인 기능으로서 나타나지 않는다는 뜻이다. 그러한 기능이 있다면 동시대 집단의 예술양식을 무시한 예술품에 대해 격노하는 관중이 나오지는 않았을 것이다.

구미문화에 속한 우리는 외부에 있는 것을 공유하는 반면 동양문화에 속한 일본인들은 내부에 있는 것을 공유한다. 그 밖에 다른 차이들도 있다. 전통적으로 일본의 예술은 서양에서와는 달리 삶을 단편화시키지 않고 삶과 분리되지 않는다.

일본인의 사고에서는 개인의 재능에 관한 언급을 찾아볼 수 없다는 점이 흥미롭다. 그것은 한편으로는 '인간국보'라는 신분이 부여된 '거장'을 인정하면서도 실질적으로는 누구나 전념만 하면 예술의 한 분야에서 대가가 될 수 있다는 것을 의미한다. 그것은 재능이 개인에게 있다기보다는 문화적 무의식에 있다는 점을 전제하는 것 같다. 물론 선의 접근방식은 개인에게 많은 것을 요구하지만 실패는 단지 수련·노동·전념이 충분치 못하기 때문으로 여겨진다. 서양에서는 실패를 재능미달로 돌리는 경우가 많다. 일본에서도 비공식적으로는 재능이라는 것을 인정하지만 일이 제대로 이루어지지 않았을 때 그것을 재능부족 탓으로 돌리는 것 같지는 않다.

그 밖에도 차이점이 있다. 서양에서는 저명한 예술가의 작품은 고가로 구매되지만 무명 예술가는 형편없는 대접을 받기 일쑤이다. 또한 서구인들은 예술을 우리 문화의 생활과 정신에 관한 중요한 자료로 삼기―그것은 내가 지금까지 해온 일이다―를 꺼린다. 우리는 문화적 심리의 패턴을 통찰하기 위해서는 경제학과 정치학에 의존하는 경향이 강한 편이다. 일본에서는 그렇지 않다. 검도 · 꽃꽂이 · 궁술 · 서예 · 미술은 모두 일본인의 심혼(心魂)과 그들의 전통을 이해하는 데 하나같이 적절한 수단으로 보인다. 서양의 우리는 한 장소에서 진리를 구하지만 일본의 선사는 깨달음은 어디서나 얻을 수 있음을 안다.

이쯤에서 독자는 이렇게 말할지도 모른다.

"지금까지의 말은 다 좋은데, 그렇지만 아무리 일본이라고 해도 누가 궁도에 자신의 일생을 바치려고 할까. 도대체 어느 정도로 전형적인 일인가. 국민의 어느 정도가 선을 수행하는가? 여기의 어떤 말도 일본인이 세계시장에서 그토록 성공을 거둔 이유나 전자제품이나 오토바이, 자동차의 생산에서 서구의 기업들을 따돌리고 주도권을 잡게 된 이유를 설명해주지 못하는 것 같다."

물론, 훨씬 눈에 잘 띄는 일본의 또 다른 측면이 있는데 우리 서구인도 그 점을 이해하지 않으면 안 될 때가 왔다. 내가 설명해온 것은 일상생활의 토양을 서서히 뚫고 들어가서 근저에 다다르는 암반이다. 일본의 기반암과 일본문화의 토양은 동일한 성분으로 이루어져 있지만 그 형태는 다르다. 여기서 내가 논하고 싶은 것은 일본 정원과 미국 정원의 문화적 토양이다. 추측가능한 바, 양자는 전혀 다르다.

일본의 저술가이자 번역가인 마츠모토 미치히로(松本道弘)[11]는 일본인은 세 가지 중심, 즉 정신(mind)·마음(心, heart)·하라(腹 : 내장 또는 배)에 의해 행동한다고 말한다. 일본문화는 고도로 정황적인 특성을 갖고 있기 때문에 이 셋 가운데 어느 것이 주어진 정황을 지배하는가를 아는 것이 중요하다. 정신은 일을 위한 것이고 마음은 가정과 친구를 위한 것인 반면, 하라는 모든 것을 위해 애쓰는 것이다. 하라에 관해서 주목해야 할 점은 일본의 전통이 하라에 대단한 가치를 부여하는 것 같다는 사실이다. 내가 듣기로 오늘날 일본인은 일반적으로 하라가 선사보다는 오히려 정치가를 연상시킨다고 한다.

정신과 마음의 이분법은 서양의 그것과는 다소 다른 성격을 띤다. 그 또한 부분적으로 정황에 따른 문제이지만 전체적인 일본문화의 경향은 정신이 아닌 마음을 지향하는 반면, 서양에서는 그와 정반대이다. 예를 들면, 일본은 고맥락의 문화[12]이기 때문에(언표된 규칙은 거의 없고 태반을 상상력으로 채우지 않으면 안 된다) 일에서 적절한 개인적 관계를 유지하는 것이 매우 중요하다. 외국인이 회계사의 술수로 획득한 계약은 마음을 소홀히 한 때문에 나중에 파기되는 경우가 많다. 마음은 믿을 수 있지만 정신은 항상 변한다. 양자를 통합하는 데에는 하라가 필요하다.

지금까지의 이야기를 부연하자면, 서구인이 일본에서 활동하기 위해서는 덧붙여 다음 세 가지 점을 이해하고 파악할 필요가 있다. 다테마에(建前 : 타인에 대한 감수성, 즉 공적인 자아), 혼네(本音 : 자신의 사적인 자아에 대한 감수성), 스지(筋 : 정황에 따른 일의 의미)가 그것이다. 스지는 고도로 맥락화된 문화가 몸에 배어야만 가능한 것으로 커뮤니케이션의 언표된

---

11) M. Matsumoto, 앞의 글.
12) Edward T. Hall, *The Hidden Dimension*, 1966.

내용을 이해하는 것과 아울러 정황에 따른 맥락을 파악하는 것을 말한다. 즉 주어진 정황에서 자신이 행동하고 있는 역할에 관계된 모든 의미를 가늠하는 것이다.

타인에 대한 감수성(배려)은 서양에서는 별로 발달하지 않았지만 소수에게나마 인식은 되어 있는 문화적 가치이다. 그러나 아주 최근까지도 자아에 대한 감수성은 경멸되거나 이기적인 나르시시즘으로 간주되어 왔는데 이것은 결코 옳지 않다. 내 인상으로는 서구인들은 사적인 자아보다는 공적인 자아를 훨씬 중시한다. 요즘 세대는 그 부모나 조부모 세대에 비해 보다 진전된 변화를 보이고 있다. 그렇지만 여전히 부족한 점은 앞서 언급한 사적인 자아와 공적인 자아를 분별하여 강조하는 것이나 다테마에 · 혼네 · 하라에 표출되어 있는 통합이다.

일본에서 일하는 미국인들은 어떠한가? 그들은 세계의 다른 지역에서 일하는 미국인들과 거의 다를 바가 없다. 그것은 그들이 자신들의 일하는 방식과 자신들의 문화적 전제를 당연한 것으로 여기고 그곳에서 약간의 경험을 쌓은 후에는 만사가 본국에서 하는 식으로 이루어질 것이라고 믿는다는 의미에서 그렇다. 해외의 미국인은 상당한 성공을 거둔 경우조차도, "결국 그들을 알고 나면 그들도 우리나라 사람들이나 다름없다"는 식의 감상을 토로하기 십상이다.

그러나 20년 가까이 아시아 국가에서 일해온 비상한 재능과 감성을 가진 한 미국인은 일본식 행동방식을 정확하게 습득했다. 그는 최근에 국제적으로 인정받은 개인적 성공에 관해 언급하면서 자신은 그 문화를 이해하기 위해 최선을 다했는데 중요한 점은 "우리나라와는 다른 완곡한 방식으로 일을 수행하면서도 그 과정에서 자신을 기만하거나 자신의 아이덴티티를 잃고 다른 사람이 되어버리는 일이 없도록 하는 것"

을 배우는 것이라고 말했다. 이 '완곡한 방식'의 일부는 의례에 역점을 두는 것이다.

일본의 일상생활은 의례로 가득하다. 긴자(銀座)에 있는 백화점의 젊은 여점원은 허리까지 굽혀가며 손님을 맞이한다. 그러나 일본에서는 다른 모든 면에서 그렇듯이 그와는 대조적인 면이 있다. 그것은 자기들끼리는 형식을 탈피하여 공적인 자아(다테마에)를 뒤로하고 보다 편안하고 부드럽고 온화한 개인적 자아들 간의 관계(혼네)로 나아가려는 커다란 욕구에서 엿볼 수 있다.

이와 일관하여 일본인은 법률적인 형식성보다는 원만한 인간관계를 발전시킬 수 있는 능력을 더욱 믿는다. 우리 서구인들은 꼼꼼히 문서화된 계약을 요구하며 그것을 타인을 믿는 유일한 근거로 삼는다. 그렇지만 일본에서 그러한 태도로 사업을 추진하는 유럽인은 시작도 하기 전에 끝을 본다.

어떻게 해야 실패를 면할 수 있을까? 여기에 도움이 될 만한 제도가 있다. 밤에 동료나 고객과 함께 나이트 클럽 등에서 시간을 보내는 일은 인간적으로 서로를 발견하고 우정을 돈독히 하는 특별한 목적을 위해서이다. 일본에서는 미국에서보다 우정을 중시할 뿐만 아니라 일단 친구가 되면, 미국에서 너무도 흔히 있는 일이지만, 나중에 그 친구가 더 이상 도움이 안 되더라도 그를 그냥 저버리는 일이 없다.

일본인은 일단 협의가 이루어진 후에 마음을 바꾸거나 게임의 법칙을 변경하는 사람을 상당히 꺼림칙하게 여긴다. 엄밀한 법률해석, 정책의 변경, 정치정세의 변화, 다른 곳에서는 더 나은 거래를 할 수 있지 않았을까 하는 생각 등에 기대는 것은 나중에 복수의 소지를 남기게 된다. 더구나 언제 복수가 행해질지조차 모를 일이다.

실질적으로 일본문화에서의 모든 관계는 친밀한가 친밀하지 않은가 (혼네와 다테마에), 즉 우리인가 그들인가 하는 두 부류 가운데 하나에 속할 수 있다. 그 중간은 없다. 기간이 얼마가 됐건 친밀한 관계를 맺지 않은 채로 더불어 일하기가 어려우므로 시간이 실오라기 같은 끈으로 자기와 타인의 생활을 엮어주고 있음을 알게 된다. 일본인이 자기와 친밀한 관계에 있는 사람들에게 갖는 충실성은 지독하다고밖에 표현할 수가 없다.

그에 반해 우리는 함께 일할 때에는 '한 팀'에 있는 사람들로 생각은 하지만 일본인처럼 어느 집단에 속하게 되거나 그 집단에 헌신적으로 충실하게 임하는 태도와는 비교가 안 된다. 그러한 충실성이야말로 일본인이 그 적절한 인간관계에 의존하여 계획대로 확실하게 일을 처리할 수 있는 이유이자 달리 계약을 필요로 하지 않는 이유이다. 이 점에서도 몇 가지 문제점이 따른다. 일본의 미국인은 일단 마음을 정하거나 행동의 진로를 결정하면 그것을 고수해야만 한다. 그런데 막판에 모든 것을 뒤집는 습관이 있는 일부 미국인에게는 그것이 쉽지 않을 것이다.

일본인은 이익을 기대할 때 '최종결산'(bottom line)을 계산하는 사려가 우리보다 훨씬 포괄적이다. 우리의 '최종결산'은 금전적인 것에 국한된 반면 그들은 국가의 복지에 대한 기여 가능성, 회사 내부의 관계, 인간관계, 그리고 그 밖에도 많은 점들을 가늠한다. 서양이 일본으로부터 배울 만한 교훈이 있다면 그것은 국가나 시장에 미치는 장기적 영향과 사회적 비용이 고려되도록 보다 포괄적으로 '최종결산' 개념을 확대시키는 일일 것이다. 미국과 같은 나라에서는 그러한 개선이 쉽지 않겠지만 우리의 시야협착증세를 완화시킴은 물론 전반적인 이익도 상당히 증대시킬 것이다. 그 편협증은 특히 급속한 변화의 시대에 우리를 취약하게 만드는 요인이다. 세부적인 이익추구와 단일안건에 국한된 정책은 그러한 문제를 극복하는 데 가장 강력한 장애물이 된다. 일본인은 우리와는 다른 방식으로 서로 의존하는 것을 배워왔다. 그리고 그들에게 당연시되는 그러한 의존관계는 조직을 강화시킬 뿐만 아니라 지금까지 설명해온 패턴의 본질적인 부분이기도 하다.

이 의존과 관련하여 일본어의 기리(義理)[13]라는 개념은 일생 동안 걸머지고 갚아야 하는 의무를 뜻한다. 권력이나 부를 지닌 사람에게 신세를 지는 것은 좋은 일로 여겨지는데 그것은 그 사람이 빚진 사람의 이해관계를 돌볼 수 있기 때문이다. 상호의존관계는 더욱 좋은 것이다. 왜냐하면 서로가 같은 정도로 기리를 쌓고 갚게 되기 때문이다. 이것은 누구에게 의존하는 것을 꺼리는 미국인에게는 매우 어려운 일일 것이다. 우리는 자립하는 것에 자부심을 갖지만 일본에서는 그와 반대이다. 그러나 주목하지 않으면 안 될 점은 일본에서의 의존은 유럽과 미국에서 알려진 신경증적인 의존성과는 거의 혹은 전혀 관계가 없다는 사실이다. 전도양양한 젊은이가 자신의 이익을 증대시키고 또한 보호하기 위해 유력자의 조력을 이용하는 방식에서 결코 신경증적인 측면을 발견할 수는 없다.

대조적으로 미국과 유럽 국가에서 남을 앞서가는 행위는 주목을 받을 수 있는 상태에 의존한다. 우리는 인기를 추구하여 집단에서 두드러지고자 한다. 그러한 기본적 패턴을 찾아보려면 6년간의 고등학교 생활기

---

13) 일본은 천황과 스승, 군주에 대한 온(恩)으로 일컬어지는 의무의 사회이다. 온은 갚을 수 있는 것이 결코 아니다. 상호적인 의무, 즉 기무(義務)와 기리(義理)는 갚을 수 있는 것들이지만 차이가 있다. 기무는 시간적인 제한이 없고 아무리 은혜에 보답해도 그 의무는 부분적으로 여전히 남는다. 한편 기리는 완전히 갚을 수 있고 시간적인 제한도 있다. 기리는 살아가는 그리고 자신의 일을 행하는 하나의 방식이다. Ruth Benedict, *The Chrysanthemum and Sword*, 1946.

록부를 보는 것만으로도 충분하다. 이 나라의 욕망은 인정받는 것이다. 우리는 그 점을 자세·복장·태도·억양, 그리고 우리의 소유물 등에서 볼 수 있다. 우리의 우상은 대중적 인물이다. 스포츠·연예·기업에서 가장 많은 보수를 받는 자들은 가장 유명한 자들이다. 일본에서는 이 모든 점이 우리와는 반대로 작용한다. 일본에서 잘해보려는 미국인은 함부로 나서지 않고 남의 이목을 끌지 않는 태도를 기본으로 하는 완전히 새로운 행동방식을 발달시켜야 한다.

해외에서 일하는 일본인은 고국을 떠나 있는 대가로 많은 보수를 받는다. 일본을 떠나 만날 수 없는 입장에 있게 되면 다른 사람들과의 유대가 약화되기 때문이다. 그러나 또한 이 점에 일본에서 사업을 하는 미국인을 위한 교훈이 있다. 이 점을 진지하게 받아들이고 모든 거래에서 마지막 한 닢까지 짜내는 일에 너무 열중하지 않는다면 그러한 의존성을 수립할 수 있을 것이다. 가격 면에서는 손해인 계약도 계속해서 거래하려는 필요를 유발시킴으로써 나중에 다시 그 손해를 보충한 경우가 많다. 낮은 가격의 입찰자를 무시하는 태도가 승리를 패배로 바꿔놓기도 한다.

미국에서는 정신의 일치를 구하지만 일본에서는 마음의 일치를 구한다. 미국에서는 최고경영진이 결정을 하지만 일본에서는 실질적인 결정이 중간 레벨에서 이루어진다. 중간에서 시작하여 일이 제대로 됐을 때 최고와 접촉하게 된다. 미국에서는 똑똑하다는 것을 보여주기 위해 말로 논쟁하지만 일본사람들은 서로의 호흡을 일치시킨다. 우리에게 의견의 차이란 그리 심각한 문제가 아니지만 일본인은 대립을 피하고자 하기 때문에 매우 심각한 문제일 수 있다.

서양에서는 거침없이 분명한 태도가 유리하지만 일본에서는 그렇지 않다. 지나치게 분명한 언사는 불리하고 또한 하라(腹)와도 어긋나는 태도이다. 그들은 수사법에서 마(間)를 허용한다. 사람들에게 생각할 시간을 주는 것이다. 시간을 다루는 방법(timing)은 어느 문화에서나 결정적인 요소이지만 그 맥락은 일본이 훨씬 넓다.

# 7 프랑스인 · 독일인 · 미국인

기층문화에서의 구미인과 일본인의 차이는 당연히 예측할 수 있는 바이다. 그런데 미국인과 유럽인 사이는 어떠한가? 많은 미국인이 고등학교와 대학에서 독일어나 프랑스어를 배우며 아랍인 · 인도인 · 말레이시아인보다는 독일인과 프랑스인이 확실히 우리와 더 비슷하다고 생각하는 편이다. 그 생각이 옳을 것이다. 왜냐하면 문화적으로 백인계 미국인은 다른 어느 민족보다도 유럽인에 가깝기 때문이다.

어쨌든 대부분의 우리 조상은 유럽 어딘가로부터 건너왔다. 그러나 구미인 집단 사이에도 뜻밖에 차이가 있으며 그중에는 다소 놀랄 만한 차이도 있을 수 있다.

구미집단 사이의 그러한 차이는 구미집단과 세계 다른 집단의 문화 차이만큼 표면에 확실히 드러나는 경우가 거의 없지만 그렇기 때문에 사람들은 특히 일상생활에서 그러한 차이에 직면할 때 더욱 어리둥절하게 된다. 미국의 기업이 유럽에서 위기에 처할 때 특히 취약할 뿐만 아니라 맹목적인 경우가 많다. 사실, 생활의 모든 측면에서 상당한 차이가 발견되기 때문이다. 도대체 그 차이란 어떤 것일까?

가장 기본적인 문화의 패턴은 가정에서 습득되며 아기가 어머니의 목소리에 부응하여 몸을 움직이는 것(synchronizing)과 더불어 시작된다.[1] 언어 및 타인과의 관계는 리듬이라는 그러한 기본적인 기반 위에서 수립된다. 미국의 가정에서는 무엇보다도 먼저 스케줄이 도입되는데, 20세기 초에는 아기를 돌보는 일조차 스케줄로 정했다. 말하자면 스케줄이 우선이고 아기와 어머니의 요구는 이차적인 것이었다. 다행히 그러한 경향은 최근 들어 달라지고 있다. 그러나 아이가 학교에 들어가면 다시 그 문화가 철저히 부과된다. 학교는 우리에게 어떻게 시스템을 기능하도록 하는지 가르치고 우리가 영원히 행정관의 지배하에 있음을 말해준다. 벨이 수업을 시작하고 끝내야 하는 시간을 모두에게 알려준다.

학교를 졸업한 지 30여 년이 지났지만 나는 내가 가르치던 여러 대학의 강의실에서 귀를 진동하는 벨에 놀라고, 참담해지고, 때로는 분개하지 않을 수 없었다. 그 벨들은 강의의 개시와 종료 시각을 알려주는 것인데, 학생에게나 교수에게나 이미 오랫동안 수업시간표의 전 과정이 내재화되어 있기 때문에 벨은 전혀 불필요하다. 아무리 건망증이 심하고 둔감한 교수라도 수업이 끝나야 할 시간에 학생들이 발산하는 신호들을 무시하기 힘들 것이다.

관료제의 늪지 바닥 어딘가에 벨의 유지를 위한 예산항목이 아직도 들어 있음에 틀림없다. 물론 벨은 통제하는 행정기구가 존재한다는 메시지를 전한다. 시간이 강제되는 것이다! 내적인 리듬, 교실의 역동성, 배움과 가르침의 효과는 모두 스케줄에 종속된다. 그렇지만 행정기구가 우리의 생활을 지배한다고 해도 미국인은 프랑스인에 비하면 상대적으

---

1) 제9장과 제10장에서 리듬과 엔트레인먼트(entrainment)에 관해 설명하였다.

로 중앙집권화되지 않은 편이다.

프랑스에서는 아주 최근까지도 국내의 모든 교실에서 무엇을 언제 가르칠 것인지를 중심—파리—으로부터 지시받았다. 프랑스 학교 시스템의 모든 수업기간과 교과목은 미리 짜여 있었다. 언제라도 어떤 도시나 마을에서, 어떤 아이들이 무엇을 공부하고 있는가를 말할 수 있었다.

스케줄에서의 중앙집권적 경향과 일관하여 프랑스인은 사실 다른 모든 것도 시간·공간적으로 중앙집권화시켰다. 그들의 관료기구는 우리의 그것보다 훨씬 강력하며 그중에서도 중앙의 지위는 전략적인 것으로 간주된다. 또한 프랑스의 관료기구는 국가의 복지에 깊숙이 관여하며 내가 듣기로는, 자신의 이익을 국가의 이익 밑에 둔다고 한다. 유감스럽게도 미국에서는 항상 그렇지만은 않다. 프랑스와 미국의 또 다른 차이로는, 프랑스의 기업—특히 은행—은 정부와 대립관계가 아니라는 것이다. 학교의 '선후배' 연줄이 없더라도 기업과 정부가 서로 협력하지 않는다는 것은 생각할 수 없는 일이다.

프랑스에서는 중앙집권화가 구석구석 침투하여 기업에서 일하는 개인·관리자·경영자에게까지 미치고 있다. 그러나 어떤 조직이건 규모가 또 하나의 중요한 변수라는 점을 염두에 두는 것이 중요하다. 큰 조직은 작은 조직보다 더욱 철저한 스케줄로 짜여야 한다. 작은 사무실을 혼자 운영하는 주인은 개인의 요구와 조직의 요구를 동시에 배려함으로써 시간의 흐름을 더욱 적절하게 이용할 수 있다.

중앙의 지위—중심에 있는 사람—는 모든 것이 집중되는 자리이고 모든 권력과 통제의 원천이다. 그 중심이 상황을 결정하고, 나중에 설명하겠지만 시간의 본질을 규정한다. 그러한 중앙 지향성은 조직의 규모와 무관하게 적용된다.[2]

이렇게 중앙집권화된 패턴에서 비롯된 몇몇 결과가 프랑스에 있는 미국 기업의 커다란 관심을 불러일으켜왔다. 프랑스의 시스템이 어떻게 돌아가는지 모르는 사람에게는 늘 놀라운 일이 도사리고 있다. 미국인의 논리, 기업의 관행, 공정성에 대한 정의는 프랑스에서는 거의 적용되지 않는다. 파리와 미국에서 인터뷰한 은행가들에 의하면 대부분의 미국 경영자들은 정말 최선을 다해서 프랑스인의 요구를 들어준다고 한다. 그러나 재정거래에 관한 미국인의 보고가 아무리 신중하고 정확해도, 그리고 합의된 계획을 아무리 성실하게 이행해도 어느 날 아침 깨어보면 거래은행이 소급적인 재정상의 규제에 처해 있음을 발견하게 된다는 것이다. 미국인은 그 같은 상황 아래 계획을 세운다는 것이 전혀 불가능하지는 않더라도 어렵다는 사실을 아는 탓에 낙담하고 좌절한다.[3]

미국인은 자신이 고정불변의 시간체계——이 체계의 규칙은 자동적일 뿐만 아니라 무의식적이다——에 구속되어 있다는 사실을 의식하지 못한 채 프랑스의 체계와 충돌하게 되면 분통을 터뜨린다. 우리는 자신의

2) 프랑스 문화에서 중심이 되는 점 또는 장소에 관한 자세한 논의는 『숨겨진 차원』 참조.
3) 프랑스에서 재정상의 규제는 금융계 외부에는 별로 알려져 있지 않다는 점에 주목할 필요가 있다. 나는 하버드 대학에서 프랑스 문명을 가르치는 내 친구 와일리(Lawrence Wylie) 교수와 이야기를 나누다가, 그가 프랑스에서의 수년에 걸친 경험에도 불구하고 그러한 패턴을 모르고 있다는 사실을 알게 되었다. 상황을 바꾸어 생각해보면 그 점은 보통 미국 교수들도 마찬가지일 것이다. 그러나 너무도 많은 일들의 근거가 되는 그러한 패턴이 프랑스 문화 곳곳에서 돌발적으로 나타나리라는 것은 논리적으로 당연한 생각이다. 미국에서도 그와 유사한 일들이 발생하지만 미국의 경우에는 심각한 '부정행위'로 간주된다. 미국인들이 프랑스에서 '시계 바늘을 되돌리는' 증후군에 직면할 경우 분통을 터뜨리는 이유는 바로 그 때문이다.

규칙에 의문을 가져본 적이 없는데다 새로운 규칙을 모르기 때문에 이렇게 말할 따름이다.

"그럴 수야 없지!"

또는 "이건 공정치 못해, 소급력이라니, 그게 도대체 무슨 말이야!"

프랑스인을 바꾸어놓으려는 것은 비현실적이고 부적절한 헛수고임에 틀림없으므로 미국인에게는 선택의 여지가 없다. 말하자면 미국인이 성장한 체계에서는 시간을 항상성을 지닌 것으로서 다루었지만 프랑스에서는 그것을 포기하고 자신이 일련의 새로운 규칙에 직면해 있음을 인정할 수밖에 없다. 그리고 그들 규칙은 미국의 그것과 마찬가지로 언표된 것들이 아니다. 이 결정적인 인식을 얻기 전까지는 그 상황에 대처할 수 있는 적절한 전략을 구사할 수 없다.

미국의 프랑스인은 그와는 다른 일련의 문제에 직면한다. 사회적인 기업 세계를 일련의 영향력을 지닌 조직망으로 생각하는 프랑스인은 처음에는, 프랑스와는 달리 미국에는 권력의 실제적 중심이 없다는 사실을 깨닫지 못한다. 미국에도 영향력을 가진 사람들이 있지만 사회 전반에 걸쳐 분산되어 있고 제각기 다른 이익집단을 대표하고 있다. 대개 최근에 미국에 온 프랑스 기업인 가운데는 자신에게 이익이 될 만한 사람을 찾는 데에만 관심이 있는 떠들썩한 야심가나 속물 같은 인상을 주는 사람들이 있다. 그들은 오로지 권력의 진짜 중심에 파고들어가서 예기치 않은 재난을 당하지 않도록 보장해줄 수 있는 사람을 발견하는 일에만 열중한다.

프랑스에서는 재정상의 결정이나 그 밖의 중요한 결정을 행하는 유력자와의 연줄이 없는 경우 하룻밤에 파산할 수도 있다. 그러한 전략이 필요한 것은 프랑스의 다른 모든 일이 그렇듯이 핵심적인 문화의 시간이 집중화되어 있기 때문이며 문자 그대로 시계 바늘을 되돌리는 권한을 국가번영이 달려 있는 재정적 규제를 입안하는 재무부의 몇 사람이 장악하고 있기 때문이다.

프랑스인들은 자기 나라의 외국인들에게 법률을 준수하고 회계보고의 책임을 충실하게 이행해야 한다고 말할지 모르지만 정작 중요한 사실, 즉 시간의 흐름을 역행시킬 수 있다는 사실은 경고하지 않는다. 그러므로 프랑스 정부가 끊임없이 변화하고 있는 세계를 어떤 시각으로 바라보고 있는지 항상 주시하는 책임은 외국 기업인의 소관이다. 그러한 정보를 얻을 능력이 없는 국외자(outsider)는 프랑스에서 일할 수 없다는 것이 프랑스인의 태도이다. 프랑스인의 첫 번째 충성대상은 프랑스이며 그러한 입장을 가지고 있기 때문에 다른 민족이 무엇을 생각하고 있는지는 뒷전일 수밖에 없다. 프랑스인은 의식적으로나 무의식적으로나 현재를 정당화하기 위해 과거를 재구성하는 것처럼 보인다.

해외에서 일하는 미국 기업인을 불리하게 만드는 데에는 다른 이유도 있다. 미국인은 국가의 이익을 다른 무엇보다도 우선시하지는 않는다.[4] 그렇기 때문에 기업과 정부가 같은 편으로 협력하는 경우는 거의 없으며 정책과 그 실시를 두고 경쟁적인 정부기관들 사이에서 빚어지는 언쟁으로 인해 기업인은 자신이 처신할 바를 알기 힘든 막막한 지경에 이른다. 미국인은 나라 전체를 위협하는 재난이나 공격을 당하기 전에는

---

4) 미국에서는 최근 단일안건정치(single-issue politics)의 역할이 더 이상 간과할 수 없을 정도로 현저해졌다. 단일안건정치는 국가의 전반적인 번영을 고려한다면 불합리하기 그지없다. 미국의 맥락도가 조금만 더 높았다면 이런 종류의 문제는 제기되지도 않았을 것이다. 문제는 단일한 영역에 국한된 이해관계는 궁극적으로 그 존속을 위협할 정도로 국가를 약화시킬 수 있다는 점이다.

자신의 이익을 포기하고 하나로 뭉치는 일이 없다.

  그러한 상황에서는 누구도 일관된 국가정책을 인정할 수 없기 때문에
계획을 세운다는 것 자체가 힘들다. 그러므로 조직이라는 차원에서 본
시간은 미래로 뻗은 끈이나 길이라기보다는 3개월 반경으로 나뉘는 일
련의 작은 원과 같다. 각 원의 중심, 말하자면 현재는 신성한 것이며 아
무도 그것을 건드리려고 하지 않는다. 원이 움직이는 방향은 경쟁적인
각 집단 사이의 복잡한 상호관계에 의해 결정된다.

  그러나 미국인에게만 그러한 문제가 있는 것은 아니다. 독일인과 프
랑스인은 기층 수준에서 문제를 안고 있다. 독일 제조회사의 해외영업
소에서 근무하는 전형적인 프랑스의 기업인 샹델(M. Chandel: 가명)의 경
험을 살펴보자. 그의 경험은 폴리크로닉한 시간과 모노크로닉한 시간의
다양한 조합에서 생기는 고맥락 체계와 저맥락 체계 간의 차이, 개방적
인 계획(open score planning)과 폐쇄적인 계획5) 간의 차이, 그리고 중앙
집권화된 권위의 방침과 분권화된 권위의 방침 간의 차이를 조명하고
있다. 나는 모노크로닉한 시간체계가 저맥락의 분권화된 사회구조와 결

---

5) '열린 악보'(open score)와 '닫힌 악보'(closed score)는 일찍이 두 사람
   (Lawrence Halprin, *The R.S.V.P. Cycles*, 1970 ; Edward T. Hall, *Beyond
   Culture*, 1976)이 설명했던 하나의 과정이다. 그 과정에서 서로 다른 두 전략은
   상이한 결과를 낳는다. 음악에서 따온 '스코어'라는 용어는 쇼핑목록에서 인간
   을 달에 보내는 계획에 이르기까지 두루 사용될 수 있다. 닫힌 악보 전략의 성공
   이란 그 스코어(악보)대로 일을 진행시켜서 정해진 목표를 달성(이를테면 인간
   의 달착륙)하는 것이다. 열린 악보는 새로운 것이 전혀 첨가되지 않을 경우 실패
   한다. 전통적인 형식으로서의 음악도 두 가지 가운데 어디에 속할 수 있다(클래
   식은 닫힌 악보에, 재즈는 열린 악보에). 음악가 개개인은 전통을 타파하고 두 가
   지 가운데 어떤 접근방법이라도 취할 수 있다. 사실 인간이 행하는 일은 어느 것
   이나 열린 악보와 닫힌 악보로 분류될 수 있다.

합될 경우 또는 개방적인 시간체계를 지닌 폐쇄적인 조직(프랑스)이 개방적인 조직과 폐쇄적인 시간체계에 익숙한 사람들(독일)과 협력해야 할 경우 어떤 문제가 발생하는지 설명하고자 한다. 두 나라 사이의 반향이나 차이는 놀라울 정도로 크다.

현실세계에서 나타나는 결과들은 이 네 가지 상관적인 맥락에 의해 깊은 영향을 받는다. 유감스럽게도 영어에는 이 네 가지 조합과 부분을 다양한 방식으로 결합시킨 결과인 커뮤니케이션과의 구조적 관계를 적절하게 표현할 만한 은유가 없다. 그러면 그것을 어떻게 이야기할 수 있을까! 우리는 그것들을 살아 움직이는 전체로서 경험할 수 있다. 그러나 기본적 요소들을 각각 분리시켜 식별하고자 하면 그 통일된 패턴은 바로 눈앞에서 사라지고 만다.

우리가 표현하고자 하는 바는 말하는 언어에 의한 조립방식보다는 화학에 비유하는 것이 개념적으로 더욱 근접하지 않을까 생각한다. 내가 화학을 든 이유는 물질의 세계도 문화의 세계와 마찬가지로 다양한 방식으로 결합된 일정 수의 요소들로 구성되어 있기 때문이다. 야금학자라면 다 알고 있듯이 강철에 주석·망간·코발트 따위의 다른 물질을 극소량만 첨가해도 전혀 다른 성질의 금속이 된다. 폴리크로닉하다는 것은 시간적으로 일을 조직하는 하나의 방식에 불과하지만 그 결과로 나타나는 폴리크로닉한 제도와 모노크로닉한 제도의 차이는 낮과 밤의 차이와 같다. 거기에다 고도로 구조화된 관리가 결합되면 그 차이는 엄청나게 커진다. 만사가 달라지는 것이다.

한 독일회사에서 중간 관리직의 책임자로 있는 샹델은 남달리 예리한 사람이다. 그는 프랑스 영업소를 책임지고 있다. 샹델은 그의 프랑스 친구들과 마찬가지로 폴리크로닉하다. 그러나 그는 프랑스인들은 자신들을 데카르트적인 의미에서 체계화된 선형적인 문화와 일관하여 모노크로닉하다고 본다고 말한다. 이 점에 대해 내가 설명해두고 싶은 것은, 사람들은 자신에 대해 실제 살아가는 모습과는 전혀 다른 이미지를 갖고 있지만 그것은 전혀 특이한 일이 아니라는 사실이다. 프랑스인들은 지적으로나 철학적으로는 모노크로닉하지만 일상생활의 맥락, 특히 인간관계에서의 기층문화 수준에서는 여전히 폴리크로닉하다.

샹델은 관리가 고도로 집중화된 체계에서 일할 때 가장 편안하게 느낀다. 그는 '권력이 중앙에 있는' 프랑스적 양식에서 일하는 게 편하다. 자기가 속한 폴리크로닉하고 맥락이 높은 중앙집권화된 체계에서 상사에게 결정을 구할 때 그가 기대하는 대답은 단순히 '예스'나 '노'에 불과하다. 그의 기대는 자신의 상사가 상황을 파악하고 있다(따라서 맥락을 주지시킬 필요가 없다)는 전제에 기초한 것이다. 그와 같은 전제는 중앙집권화된 폴리크로닉한 조직의 특징이다.

그러나 샹델은 그와 유사한 질문을 가지고 독일인에게 이야기하는 경우 상대방은 그 문제의 성격에 관한 광범위한 오리엔테이션과 자세한 설명을 요구한다는 것을 알게 되었다. 그리고 독일인이 자신의 입장을 설명하기 시작하면 시간은 마냥 흘러간다. 그런 일이 벌어지면 샹델은 그들이 자신을 얕잡아 보고 말함으로써 '저맥락화'시키는 것 같아 '압박감'을 느낀다.[6]

그런데 샹델은 커뮤니케이션의 하부체계에 대한 맥락화를 다룬 『문화를 넘어서』를 읽고 나서 자신이 개인적으로 겪는 일이 결코 개인적인 문제가 아니고 다만 고맥락의 커뮤니케이션 방식과 저맥락의 그것의 차이

---

6) 맥락화의 전략에 관한 상세한 설명은 『문화를 넘어서』의 제6~8장 참조.

에 불과하다는 점을 깨닫기 시작했다. 그러한 통찰에도 불구하고 '저맥락화'된다는 것에 대한 자신의 사고방식은 달라지진 않았지만 적어도 '압박감'은 사라졌다. 왜냐하면 그 후 그는 독일식 행동을 프랑스식 행동으로 또한 그 역으로 해석할 수 있게 되었기 때문이다.

프라이버시와 질서를 요구하는 매우 모노크로닉한 독일인은 다른 면에서도 샹델을 당혹스럽게 했다. 독일인은 업무를 단편화시키고 서로 단절된 상태로 일하는데 샹델은 그것을 이해할 수 없었다. 비공식적인 일상업무 수준에서 이루어지는 명령계통은 혼란스러울뿐더러 비현실적으로 보였다. 예컨대 프랑스에서 일할 때 샹델의 상사—조직의 명령계통에서 직속상사—는 그에 대해 실제적인 권위를 거의 갖고 있지 않은 듯했다(그러한 일은 그가 속한 프랑스 문화에서는 결코 일어날 수 없었다). 샹델의 경우가 유별난 것은 결코 아니다. 다만 사람들이 샹델만큼 관찰력과 분석력을 발휘하지 않을 따름이다. 이에 대한 설명을 다음과 같은 사실에서 찾아볼 수 있다.

그의 회사나 그와 비슷한 다른 회사에는 적어도 세 가지 다른 권위의 조직망이 있는데 제각기 독자적인 정보통로를 가지고 있다. ①회사의 공식적인 명령계통과 그와 관련된 조직도(圖, charts)에 따르는 기술적으로 구조화된 조직. ②정보통로의 기초가 되는 유기적인 규율에 따르는 직업적으로 전문화된 실질적인 권위계통—기술자는 기술자끼리 이야기하고, 화학자는 화학자에게 지시받으며, 법률가는 법률가끼리 참여하는 등 각각의 조직이 다 그러하다. ③회사 내부의 유력자 조직망으로 그들의 성공과 추진력은 고도로 생산적인 이윤 중추부와 연관되어 있다. 그들은 일을 성사시키는 탁월한 능력을 인정받은 사람들이다. 샹델은 ①보다는 ②와 ③에 관계하는데 이는 문화의 기술적이고 명백하게 드러나는 차원에 속하기보다는 오히려 비공식적인 차원에 속하지만 많은 미국인에게는 익숙한 정황이다.

그러므로 프랑스인의 눈에 비치는 바, 독일인의 조직구조가 주어진 책임 범위 내에서라면 실질적으로 누구라도——힘이 있거나, 머리가 좋거나, 야심적이거나——일을 만들어 추진시킬 수 있다는 것은 놀라운 일이 아니다. 그것은 미국인에게도 익숙한 패턴이다. 독일문화와 미국문화는 매우 유사하다. 또한 두 문화는 공통적으로 기술적인 조직도에도 깊이 관여한다. 두 문화 모두 기술적인 조직과 그에 수반되는 절차가 일상적인 작업에서의 비공식적 현실[7]과 일치하지 않는 경우에도 그것을 당연시한다.

비공식적이지만 구속력 있는 또 하나의 독일의 규칙은 일단 자신이 속한 조직의 틀 안에 들어앉으면 업무를 행하는 권한이 일임될 뿐만 아니라 결코 방해받지도 않는다는 점이다. 그러나——이 점이 중요하다——**절대로 풍파를 일으켜서는 안 된다!** 샹델은 그러한 독일의 조직이 유연할 뿐만 아니라 효율적이라는 사실에 정말 놀랐다! 그와 같은 조직은 재능과 소질이 있는 사람에게는 대폭적인 자유를 허용하고 능력이 부족한 사람에게조차 관용의 여지를 남겨준다. 문제를 일으키거나 불평과 비판을 일삼지 않는 한 그리고 두드러진 결점이 없는 한, 개인이 간섭받는 일은 없다. 지금까지의 이야기로 추측할 수 있듯이, 독일인들로서는 누구를 해고시키는 일을 아주 꺼린다. 독일인의 눈은 안쪽으로 향해 있으며 방음장치가 된 닫힌 사무실 안에서 보호된다. 그 사무실이란 의식되지 않는 저변의 문화적 사실들에 대한 구조적인 은유로서 독일 기층문

---

7) 공식적 · 비공식적 · 기술적 양식에 관한 설명은 『침묵의 언어』 참조.

화의 실태를 확연히 드러내는 것이다.

이에 대응하는 미국인의 행동에 관해 주목해보자. 미국인은 이 점에서 다소 잡종적이다. 독일인과는 대조적으로 미국인은 '열린 문'(open-door) 정책을 가지고 있으며 근무시간도 그렇게 철저히 모노크로닉하지 않다. 질서를 구하는 데 열중하는 독일인은 사회 전체를 단일한 시간계획에 짜맞추려고 애쓰는 반면, 미국인은 한 조직의 시간틀 안에서 일하는 데 만족한다. 미국에서는 독일에서 볼 수 있듯이 여러 스케줄 사이에 충돌이 일어나는 경우는 거의 없지만, 예컨대 가정의 요구와 직장의 요구가 충돌하는 경우가 있다. 그에 대한 모든 의미는 잠시 후에 밝혀질 것이다.

우리 방식은 '열린 문' 정책이지만 미국 기업의 우두머리들은 겉으로 행세하는 것에 비해 의외로 권한이 없는 경우가 많다. 명령계통에 속하지 않음에도 불구하고 힘을 행사하는 인물이 존재하는 경우는 독일인이나 우리나 공통적으로 생기는 일이다. 미육군에 있어본 사람이라면 누구나 일등상사나 특무상사가 그들의 상관을 주무른다는 사실을 안다. 그러한 증후군은 모든 유형의 관료체제에 스며 있다. 예컨대 일하지 않으려는 비서, 필요한 물품을 공급하지 않으려는 보급원, 이용객에게 무례하게 구는 우체국 직원과 휴대품보관소 직원 등을 볼 수 있다.

이 책을 집필하던 시기에 '전형적인' 사건이 신문에 보도되었다.[8] 미국 식품의약품국(FDA: Food Drug Administration)의 두 직원이 자신들의 권한으로 소프트 콘택트 렌즈를 소독할 때 일반적으로 사용하는 저가의 용액

---

8) 『워싱턴 포스트』지, 1981년 5월 29일자와 6월 3일자의 베리(John F. Berry)의 기사.

을 자기들 마음대로 금지시킨 것이다. 또한 그들의 권한이 아닌데도 이름 없는 작은 회사가 제조한 훨씬 비싼 식염용액을 인가했다. 그 결과 그 회사의 연 매상고는 500만 달러에서 몇 배로 증가했다고 한다. 그 후 스위스의 한 회사가 1억 1,000만 달러에 그 회사를 매수했다고 보도되었다.

이 기사에서 특별히 주목할 점은 식염용액을 인가하는 권한이 그 두 사람에게 없다는 사실이다. FDA의 소식통에 의하면 그중 한 사람이 "상사로부터 결정권을 얻어냈다"고 한다. 다시 독일의 패턴과 대응시켜 보면, 향응을 받고 온갖 혜택을 얻은 이 두 관리는 뉴스가 터진 후에도 해고되지 않았다. 그 대신 그들은 '유급정직' 처분을 받았을 뿐이다. 거의 1년이 지난 후, 국회 위원회에서 두 번째 청문회를 통해 FDA의 결정으로 이익을 본 자들과 그 결정을 한 자들 사이의 친분관계가 다시 공공연히 입증되고 나서야 두 사람은 무급정직 처분을 받았다.

이러한 종류의 전횡은 많은 나라에서 일어나지만 차이가 있다면, 프랑스에서는 중심적 위치에 있는 사람이 아니면 다른 사람을 마음대로 부릴 수 없다. 과거의 관리인(concierge)을 상기해보면 어떨까? 프랑스 기업의 상사는 자기가 적절하다고 생각하는 대로 부하의 시간을 완전히 자유롭게 사용한다. 그러나 독일의 고용주는 고용인에 대한 그 같은 지배권을 가지고 있지 않다. 모노크로닉한 체계와 그에 따른 스케줄은 앞으로 간단히 살펴보겠지만, 신성한 것이다. 독일에서는 일상적으로 고용인의 스케줄에 따른 활동을 무시한다거나, 그리고 정부가 점포 개장시간을 정해놓았기 때문에 그 빡빡한 시간 동안 고용인에게 일을 시킨다거나 하는 일은 생각할 수도 없다. 두 문화가 조직이라는 환경에서 어떻게 대비되는지 더 살펴보도록 하자.

| 프랑스 | 독일 |
|---|---|

## 권한과 관리

| | |
|---|---|
| • 상사는 부하직원의 시간에 대해 권한을 행사한다. 상사가 필요로 할 경우 비서는 퇴근시간 후 또는 주말 업무도 마땅히 해야 한다. | • 부하직원의 시간, 특히 비서의 시간은 신성불가침이다. 커피 타임에도 그들을 방해할 수 없을 뿐만 아니라 더러 시간 외 업무도 시킬 수 없다. 그럴 경우 상점이나 시장이 열려 있는 제한시간을 놓치게 된다. |
| • 폴리크로닉한 시간과 집중화된 권한이 결합되어 있기 때문에 독일인이 하는 식으로 스케줄을 짜는 일이 불가능하다. | • 독일 전체가 하나로 결속된 거대한 스케줄처럼 보인다. 법률로 고용인의 권리를 보호하기 위해서 시장은 하루의 일정 시간만 개장될 수 있다. 사무원들이 그 시간에 쇼핑을 할 수 없게 되면 가족이 굶기 때문에 반드시 시간을 지켜야 한다. |

## 결정방식

| | |
|---|---|
| • 협의사항은 유동적으로 상황에 따라 전개된다.<br>• 답변은 확실하게 '예스' 아니면 '노'로 하도록 되어 있다. | • 저맥락 체계에서는 정보가 고도로 구조화되어야만 누구나 자신이 서 있는 위치를 파악할 수 있다. 부하직원에게 건네는 메모는 먼 과거까지(샤를마뉴 시대까지) 망라한다. 협의사항은 중요시되며 반드시 지켜져야 한다. 유능한 경영자는 재능 있는 부하직원을 위하여 보호막을 두른다. 왜냐하면 개방적이고 비공식적인 조직은 파괴적일 수 있는 경쟁을 조장하기 때문이다. 미국에서는 단지 유능한 일꾼이라고 해서 부하직원을 보호 |

해주는 경향이 덜하다. 우리는 자신
의 일은 '스스로 돌보도록' 한다.

## 정보와 전략

- 프랑스의 집중화된 체계는 고위의 중심을 거쳐서 하위의 중심으로 이동하는 선형적인 패턴의 결정계통을 선호한다.
- 폴리크로닉한 관계에서는 책임 있는 위치의 사람들이 철저한 방어막을 필요로 한다(사실상은 요구된다). 비서와 부하직원이 이러한 방어막이 되어준다. 프랑스인은 전화이용을 꺼린다. 왜냐하면 전화로는 표정과 몸짓에서 읽을 수 있는 정보를 얻을 수 없기 때문이기도 하고 아무 때나 전화에 응해야 하기 때문이기도 하다. 그러므로 파리 시내에서 한 시간 안에 편지를 전할 수 있는 '뉴매틱'(Pneumatic : 압축공기관을 통한 속달우송)을 이용한다.
- 프랑스의 경영자는 항상 정보를 접하고 있어야 하는 중책을 지고 있다. 정보는 일정 수준의 조직내부자들 주변에서 흐르고 있다. 그 집단의 일원이 아니면 자신의 메시지를 전달시키기가 곤란할 수도 있다.

- 독일의 경영은 체스 게임과 다소 유사하다. 어느 수준에서건 강력한 말이 지배할 수 있다. 이에 대응하는 미국의 경우와 마찬가지로 독일의 체계도 거기에 관계된 인물에게만 의존하여 매우 봉쇄적이기 십상이다.
- 강력한 인물은 협조를 표하는 한편으로 개인 플레이와 상대에 대한 행동방해 또는 저지가 모두 가능하다. 따라서 아랫사람의 발의권을 묵살하거나 윗사람을 좌절시킬 수도 있다. 이 모델은 르네상스 시대보다 앞선 유럽의 도시국가를 연상시킨다. 그러나 재능 있는 자에게는 승진의 기회가 있다.

## 이미지

- 다양한 상황에서 프랑스인은 독일
- 타인에게 나타나는 걸모양은 매우

인이나 미국인에 비해 자신이 누구인가를 더 드러내는 경향이 있는 것 같다. 그들은 집단의 구성원으로서 보호받고 있다고 느끼며 자신의 아이덴티티에 신경을 쓴다. 그러므로 프랑스인은 학술회의에서도 다음과 같은 발언을 할 수 있다. "나는 여러분이 나를 바보라고 생각한다는 것 그리고 나의 생각에 침을 뱉으리라는 것을 알고 있습니다만 어쨌거나 여러분에게 내 의견을 말씀드리려고 합니다." 이토록 도발적인 발언을 감행하려는 미국인은 없다.

중요하며 반듯한 태도를 보여주지 않으면 안 된다. 중요한 인물에게 알려져 있지 않은 한 실패하기 십상이다. 어떤 면에서건 자신의 무능을 보여서는 안 된다.

• 그렇기 때문에 타인에 대해 다소 회의적으로 되는 경우가 많다. 프랑스에서처럼 세일즈맨에게 친밀한 관계수립이 요구되는 것은 당연한 일이기는 해도 독일 기업에서는 반드시 그럴 필요는 없다. 독일인은 일단 외부장벽이 허물어지기만 하면 친구, 그것도 아주 절친한 친구가 된다. 미국인은 사람들을 받아들이기는 해도 내부의 결정적인 중심은 방어하기 때문에 그들로 하여금 결코 알 수 없는, 말하자면 이미지에 불과한 사람들이라는 느낌을 갖도록 한다.

---

### 개인적인 관계

---

• 폴리크로닉한 시간은 사람들을 하나로 엮어주고 고도로 개인화된 관계를 강조한다. 그러나 프랑스인은 프라이버시 방어에 철저하므로 자신을 보호하기 위해서 문패를 걸지 않는다. 그들의 체계에서는 그 서클에 속하든가 속하지 않든가 어느 한 쪽인데, 후자의 경우 프랑스인들은 그를 기꺼이 맞아주지 않을 것이다.

• 단편화된 모노크로닉한 시간은 사람들을 제각기 격리시키기 때문에 개인의 인간관계가 직업에 의해 한정되는 경향이 있다. 프랑스인이 자신의 프라이버시를 보호하는 데 열중하는 반면 독일인은 타인의 프라이버시를 대단히 존중한다.

• 개인들 간의 행동은 대부분 커뮤니케이션을 중심으로 이루어진다. 독

그러한 일련의 환경과 극복해야 될 장애가 있기 때문에 프랑스의 세일즈맨이 회사와는 관계없는 자신의 고객을 '소유'하려는 것은 너무도 당연한 일이다. 때로는 하나의 인간 관계를 수립하는 데 몇 년이 걸리기도 하는데 그렇기 때문에 동시에 여러 관계를 발전시키지 않으면 안 된다. 회사를 옮기게 되면 자신의 고객도 함께 데려가는 것 또한 이 때문이다.

- 프랑스에서 개인들 간의 커뮤니케이션은 몸짓이나 표정 같은 고맥락 메시지에 더욱 많이 의존한다(페르난델 같은 배우가 그 한 예이다). 고맥락 메시지를 정확히 읽어내는 법을 습득하려면 시간이 걸리는 편이지만 일단 습득하고 나면 훨씬 빠르며 더욱 의지할 만하고 신뢰도도 높다.

일인의 커뮤니케이션은 대체로 맥락도가 낮으며 단어와 전문적인 기호에 중점을 두는데, 그것은 독일인이 세부적으로 따지고 넘어가지 않을 수 없는 이유 가운데 하나이며 권위의 상징을 지나치게 중시하는 이유이기도 하다.

## 프로파간다와 선전

- 일반적으로 고맥락 문화에서는 프로파간다와 선전을 꺼리는 편인데, 혹시 효과를 보는 경우가 있다면 틀림없이 재미있고 심각하지 않은 유머일 것이다.
- 그러나 정상에 있는 인물의 발언은 설사 자신의 견해와 일치하지 않더라도 매우 진지하게 받아들인다.

- 일반적으로 저맥락 문화는 프로파간다와 선전에 대해 매우 취약하다. 그렇지만 메시지의 배후인물에 대해 불신감을 갖기 시작하면 어떠한 선전도 믿지 않는 경우가 있다.
- 사람들의 관심사는 조직 내에서의 인물의 위치와는 상관없이, 이야기하고 있는 자가 누구인가 그리고 그들이 내세우고 있는 주장이 얼마만큼 강력

하고 신빙성이 있는가에 달려 있다. 독일인들은 일치된 정서를 지니고 있는데 그렇기 때문에 메시지의 발원처를 불문하고 저맥락의 커뮤니케이션에 취약하다. 많은 독일인이 이 점을 인식하고 있기 때문에 정치철학의 척도로 그 발원처를 밝히는 것을 매우 중시하는 것이다.

## 신문과 대중매체의 역할

• 프랑스같이 고맥락의 집중화된 문화에서는 신문이 확실한 권력의 중추를 대변하는 것처럼 보인다. 그 중추는 민중이 귀기울이고 있는지 그리고 그 견해에 동조하고 있는지 아닌지에 따라 달라진다.

• 저맥락의 폐쇄적이고 모노크로닉한 시간의 문화에서는 신문이 통제받고 있다고 생각할 수도 있다. 사실 독일과 미국의 신문은 중요한 문제에 대해 대규모적인 피드백을 기대할 수 있는 몇몇 원천 가운데 하나이다. 그러한 예방책이 없다면 두 나라 모두, '사실을 은폐시키는' 경향, 자신의 문제를 알아서 해결하도록 놔둔다거나 무능력자를 해고시키지 않는 경향, 그리고 어떤 수준에서건 강력한 인물에 의존하는 체계의 취약성으로 인해 훨씬 위태로운 입장에 처하게 될 것이다. 자유롭게 '풍파를 일으키는 것'은 신문과 대중매체에만 허용된 일이다. 물론 그에 따르는 책임은 무시무시하지만 신문에 종사하는 이들이 항상 그 책임을 명심하는 것은 아니다.

프랑스와 독일같이 기본구조가 다른 두 체계 간에 친선관계를 확립하기란 대체로 힘든 일임에 틀림없다. 정부나 기업 차원에서 국제문제를 다룰 사람들을 추천하는 경우 내가 조언하고 싶은 바는 직관력과 감수성이 뛰어나고 매우 지적인 인물을 각별히 신중하게 선택하라는 것이다.

　　문화를 넘나드는 상황에서 성공을 거두기 위해서는 자신의 문화에서 성공의 사다리를 오르는 것보다 훨씬 뛰어난 재능이 요구된다. 물론 예외도 있다(어떤 사람들은 때때로 자신이 상대하는 문화가 자신의 원조나 책략에 맥을 못 추는 상황을 접하기도 하는데 그 경우에는 남다른 재능이 없는 인물일지라도 잘해나간다). 독일의 체계가 더 번거로울지는 몰라도 프랑스에서 상품을 파는 일은 독일에서와는 전혀 다른 규칙이 따르며 시간도 더 걸린다는 것은 틀림없는 사실이다.

# 제2부
# 경험으로서의 시간

"모든 문화는 제각기 고유한 비트 · 템포 · 리듬을 지닌 나름의 방식으로 안무되어 있다. 미국
의 인디언과 흑인은 백인에 비해 자신들의 음악과 더욱 긴밀하다. 대부분의 흑인은 자신들의
음악이 어디에서 유래하는지 알고 있다. 그것은 그들 자신으로부터 나오는 것이다. 푸에블로
족은 한 민족의 음악이 자신들의 생활과 불가분하다는 것, 노래는 자신들의 아이덴티티에서
중요한 부분을 표현한다는 것을 인식하고 있다."

· 제9장 「생명의 춤」에서

# 8 시간의 경험

인류는 그 시작부터 시간의 바다에 침수되어왔다. 바다는 다양한 조류와 역류에 의해 특징지어지며 곳곳에서 육지의 강물이 흘러든다. 강물은 시간이라는 바다의 성분을 변화시키고 곳곳에 독특한 시간의 화학 반응을 일으키게 한다. 인간은 바다의 물고기처럼 자신이 살고 있는 시간이라는 바다를 아주 더디게 의식해왔다.

생명의 많은 주요 패턴과 마찬가지로 시간의 의식 또한 처음에는 명시하기가 쉽지 않다. 시간에 관한 우리 선조들의 통찰에서 비롯된 결과들이 얼마나 큰 차이가 있는가를 잠시 되돌아볼 필요가 있다.

시간을 의식하게 되었을 때 참으로 새로운 무언가가 첨가되었는데 그 최초의 표증이 7만 년에서 3만 5,000년 전, 유럽의 네안데르탈인에 의한 여러 매장지에서 발견되었다. 네안데르탈인에 이어 약 3만 7,000년 전부터는 크로마뇽 수렵인들이 빙하기에 프랑스 남부와 에스파냐 북부의 동굴에 거주하기 시작했다.[1] 크로마뇽인 또한 죽은 자를 매장했다. 또한

---

1) 현대인의 선구자인 '호모 네안데르탈렌시스'(기원전 7만~기원진 3만 7,000년)

동굴의 매장품에서는 최초의 현세인류인 크로마뇽인들이 달의 위상, 수렵동물의 이동, 연어의 산란, 혹은 일년 중 각 시기의 태양의 위치까지도 체계적으로 관찰하고 기록하기 시작했다는 증거가 나왔다. 다양한 새·물고기·수렵동물의 이동주기와 열매·과실·목초의 숙성시기 같은 일들을 기록하고 예측할 수 있게 됨으로써 이들 초기 인류의 생존 가능성이 크게 높아졌고 인류역사상 처음으로 계획을 세우는 일이 가능해졌다.

이러한 모든 사실은 주로 하버드 대학의 마샤크(Alexander Marschack)[2]라는 한 고고학자의 노력에 의해 밝혀졌다. 그는 동굴에서 발견된 석기시대의 골각기나 들소의 늑골 표면에 나타난 일련의 긁힌 자국들을 아주 세밀하게 조사하였다. 그는 현미경을 통해서 그것들이 아무렇게나 긁힌 자국들이 아니라 명백히 독자적인 의도하에 새겨진 표시들임을 알게 되었다. 표시들은 제각기 다른 시기에 다른 도구로 새겨진 것이었다! 마샤크의 증거는 의론의 여지가 없다. 그것들은 그 후 줄곧 인류를 매혹시켜온 관찰과 연구의 조촐한 시작을 말해주는 무언의 증거를 우리에게 제시하고 있다.

많은 시간이 흘러 청동기 시대—2,000년에서 3,000년 전—가 시작되면서 태양·달·행성의 운동을 기록하기 위한 원시적이긴 해도 정확한 모델이 세계 전역에 나타나게 된다. 가장 잘 알려진 스톤헨지(Stone-henge)를 포함한 이러한 '관측소'—컴퓨터라고 부르는 사람도 있다—에 의해 종교적 의례일의 확정뿐만 아니라 일식과 월식의 예측이 가능

---

는 "상징을 사용하였고, 적황토를 사용하였고, 매장의식을 행했다(꽃까지 함께 묻는)……"(Alexander Marschack, "Ice Age Art," 1981). 이 모든 것은 종교의 시작과 더불어 사후세계에 대한 믿음을 시사하는 강력한 증거이다.

2) Alexander Marschack, *The Roots of Civilization*, 1972.

해졌다. 계절의 예측은 지구라는 행성에서의 농경과 생활패턴을 계획하는 데 도움을 주는 절대불가결의 능력이다. 그리하여 사슴의 발정기, 큰 수렵동물이나 새들의 이동시기, 마지막 서리가 예상되는 시기, 폭풍이 예상되는 시기 등을 예측하게 되었다.

사실 인간이라는 종에 영향을 미치는 것들은 모두 시기와 연관되어 있다. 또한 그러한 관찰들은 종교적 의례와 축제가 계절과 적절한 동시성(synchrony)을 갖도록 하는 일에 최고로 중요하게 쓰인다. 처음에 이러한 지식은 비교적(秘敎的)인 것으로서 그것을 관리하며 비밀을 간직하고 있는 몇몇 존귀한 인물의 수중에 있었다. 초기에는 시간이 우주와 자연에 집중되었다. 시간의 단위는 커서 하루 또는 반나절(정오를 기준으로 한 전후)이 시간의 최소단위였다. 주는 알려져 있지 않았고 달은 단순히 계기(繼起)에 불과했으며 동지의 정확한 날짜는 대부분의 사회에서는 한두 사람, 큰 사회에서는 소수의 성직자만이 알 수 있는 제한된 지식이었다.

스톤헨지처럼 거대한 컴퓨터와 유사한 구조물이 만들어진 청동기 시대가 지나면, 점성술에서 사용되는 태양계의 운동을 모델로 한 정교한 아스트롤라베(astrolabe : 중세 유럽 등지에서 두 별 사이의 각거리를 재는 데 쓰인 천문관측기계−옮긴이)로부터 발전한 것으로 보이는 시계가 나타난다. 유럽에 시계가 나타난 시기는 14세기 무렵으로 처음에는 왕족과 거부(巨富)만이 소유할 수 있었다. 16세기 중반에 이르러 유럽에 확립된 시계제조업자 길드(guild, 동업조합)가 성장함에 따라 도시의 시장에서도 시계가 팔리기 시작했다.

시간을 재는 다양한 장치에 대한 구미인들의 애착은 오늘날의 자동차에 대한 애착을 능가할 정도였으며 어떤 면에서는 그보다 미묘하긴 해도 그 이상의 깊은 영향력을 우리의 생활에 행사했을지도 모른다. 이 장의 중심 테마인 가변적인 시간(이를테면 더디게 흐르는 시간, 쏜살같이 흐르는 시간)에 우리가 마음을 빼앗기게 되는 책임은 무엇보다도 시계에 있다. 시간이 '달아난다'거나 '긴다'거나 하는 시간의 흐름을 판단하는 외적인 기준을 제공하는 것은 시계이다. 그때까지 사람들의 내적인 시계는 빠르게 또는 느리게, 그리고 대개는 일정하게 흘렀지만 시간이 흐르는 속도를 의식하는 사람은 거의 없었다.

오늘날에도 시간의 흐름을 의식하도록 만드는 것은 시계의 존재이다. 그것은 시계가 없었던 시대나 지금도 세계 전역에서 시계 없이 살아가는 사람들의 다양한 경험을 통해 알 수 있다. 나와 함께 일했던 나바호 인디언들은 50년 전만 해도 시계가 없었지만 그 필요성을 느끼지 못했다.

가변적인 시간의 복잡성을 살펴보기 전에 시계나 달력 따위의 **연장물**(extension)[3]에 관해 몇 가지 언급할 필요가 있다. 기본적으로 연장물이란 언어와 같은 커뮤니케이션의 도구들을 포함한 도구 및 기구이다. 연장의 과정은 인간에 의해 놀랄 만큼 강화되어온 면이 있지만, 생명체 모두는 아니더라도 생명체 대부분의 자연스러운 소산이다. 진화가 덜 된 생명형태의 연장물 가운데는 거미줄, 새의 둥지, 영토의 표지 따위가 있다. 인류가 진화시킨 연장물은 이제 세계를 지배하기 시작했으며 그것들을 잘 이해하지 못하면 궁극적으로 생활이 불가능해질지도 모르는 지경에까지 이르렀다.[4]

연장물에 주목해야 하는 까닭은 생명체 그 자체는 유전적 변화를 일

---

3) 연장물에 관해서는 나의 책 『문화를 넘어서』에서 상세히 논했다.
4) 이 특별한 주제를 다루는 연구가 진척되고 있다.

으킬 수 있는 한 세대를 최단기로 하는 작은 변화들이 축적된 산물인 데 반해 연장물은 실질적으로 어떤 속도로도 진화할 수 있기 때문이다. 그러므로 매우 빠른 속도로 재생식하는 파리·박테리아·바이러스 따위의 작은 생물은 아주 단기간에 환경에 적응되도록 진화할 수 있다. 세계 전역에서 파리와 모기가 DDT에 대한 저항력을 갖게 된 것은 그러한 종류의 적응을 단적으로 보여준다.

만약 인간이 문화를 유전적 변화에 의해 진화시킬 수밖에 없었다고 한다면 과연 석기 시대를 넘어섰을지 의심스럽다. 진화에 속도를 내고 환경의 도전에 유연하게 대응하기 위해 인류는 그 연장물을 진화시키기 시작했다. 그러나 인간이라는 종은 연장이라는 길을 선택하면서 대가를 지불했다. 연장물은 일의 속도를 올리고 수월하게 해줄 뿐만 아니라 인간을 일로부터 떼어놓는 특이한 도구이다. 연장물은 특별한 종류의 증폭기이며 그 증폭의 과정에서 중요한 세부사항이 배제되는 경우가 많다. 무엇이 배제되는가는 대체로 우연적인 일이지만 때로는 배제된 것이 증폭된 것보다 더 중요할 수도 있다.

연장물에 관해 이해할 수 있는 가장 중요하고 중심적인 문제 가운데 하나는 그 근거가 특수한 생물학적·생리학적 기능에 있다는 점이다. 연장물은 우리로부터 기원한다! 연장물의 연구를 통해 그것들을 제대로 파악하게 되면 우리는 인간에 관해 믿을 수 없을 정도로 많은 것들을 말할 수 있다. 사실 발견될 수 없는 것들은 거의 없다. 연장물은 인간의 충동·욕구·지식이 밖으로 나타난 것으로 볼 수 있으며 우리의 무의식적인 충동을 반영하는 것이기도 하다.

지금 같은 세상에서는 가늠하기 힘든 경우도 있지만 그래도 우리의 연장물을 만든 장본인은 다름 아닌 바로 우리 자신이다. 연장물의 몇 가지 예를 들어보자. 인간의 목소리를 연장하는 전화, 눈과 귀의 연장인 텔레비전, 손·팔·등의 연장인 크레인, 기억력과 중추신경계의 수리적 부분의 연장인 컴퓨터, 수정체의 연장인 망원경과 현미경, 시각적 기억의 연장인 카메라, 이와 손톱의 절단력의 연장인 칼, 다리와 발의 연장인 자동차 등등.

한 가지 더 지적할 점은 인간이 무언가를 연장시키면 그 연장물은 이윽고 그 자체의 생명을 지니게 되어 급속하게 그것이 대신하는 실재와 혼돈을 일으키기 시작한다는 사실이다. 그 현저한 예가 언어로서 그 과정은 코르지브스키(Alfred Korzybski) 백작의 일반의미론의 원리에 가장 잘 설명되어 있다.[5] 코르지브스키는 언어는 사물 그 자체가 아닌 상징에 불과한 것이라고 강조하였다. 그것은 인간이 가장 파악하기 힘든 개념이다. 인간은 지도가 지형 그 자체가 아님을 거듭 학습할 필요가 있는 것 같다.

나는 다른 책에서 연장의 전이(extension transference) 원리를 정립했는데 그것은 어떤 연장물이나 그것이 연장되어온 과정을 대신할 수 있을 뿐만 아니라 대개는 그렇게 되어버린다는 주장이다.[6] 이 원리는, 우리가 우리 내부의 생물학적 시계를 우리 외부로 옮겨놓은 다음 마치 그것이 유일한 실재를 표상하는 듯이 여기는 태도를 통해 설명된다. 사실 현대 세계에서 막대한 스트레스를 유발시키는 한 원인은 내부의 시계와 벽에 걸린 시계 사이의 긴장관계이다. 우리는 오늘날 스케줄, 예절, 약속과 기대 등의 온갖 복잡한 시스템을 만들어놓고 거기에 적응하고자

---

5) Alfred Korzybski, *Science and Sanity*, 1948.
6) 이 과정을 가장 먼저 인식한 것은 『성경』에서 이스라엘인에게 우상을 숭배하지 말라고 이른 대목이다.

애쓰지만 사실 그 역방향이어야 할 것이다. 그 죄는 연장의 전이에 있다. 연장의 전이로 인해 스케줄은 현실이 되고 인간과 그 요구는 뒷전이 되고 말았다.

## 시간의 흐름과 더딘 흐름

몸의 시계와 벽의 시계가 일치되지 않을 때 시간은 '더디게' 흐른다. 더딘 시간(time dragging)은 재미없다는 것과 동의어다. 시간이 더디게 흐른다는 메시지는 그러한 느낌을 주는 원인을 찾도록 경각심을 불러일으킬 수 있다. 그러한 작은 실마리를 인식하는 것은 중요한 일이다. 왜냐하면 우리의 무의식이야말로 인격을 조직하고 통합하는 중심부임을 그러한 인식을 통해 조금씩 밝혀나갈 수 있기 때문이다. 모두 그렇지는 않겠지만 우리는 대부분 소외감을 경감시키고자 노력하며 자신의 의식적인 부분을 무의식적인 부분과 일치시키고자 애쓴다. 무의식과 의식의 간격은 만만치 않다. 그 간격이 어떤 한계를 넘어서 지나치게 벌어지게 되면 사람들의 삶도 축소된다. 그 두 부분을 일치시키려고 애쓰는 긴장감 때문에 사람들은 더욱 비능률적이고 불행해진다. 시간이 더디다고 느끼는 지각은 자신의 심리상태를 더 자세히 들여다보도록 하는 실마리가 될 수 있다.

스카프(Maggie Scarf)는 여성의 우울증에 관한 자신의 책 『끝나지 않은 일』(*Unfinished Business*)에서 우울증은 생화학적인 요소를 많이 내포하고 있다고 말한다. 요컨대 그것은 약 또는 약과 정신요법의 혼용을 통해 치료할 수 있다는 말이다. 우울증에 시달리는 사람은 자신의 문제가 몸의 불균형한 화학작용에 기인하건 심리적인 원인 때문이건 상관없다.

그들에게 마음의 상처나 고통, 그리고 쇠약성 마비는 매한가지다. 우울증의 고통을 배가시키는 것은 달팽이 동작 같은 시간의 질척임이다. 자살시도 직후에 스카프의 환자가 된 다이애나는 "끝없는 시간에 갇혀 당밀같이 끈적이는 느낌"이라고 말한다. 스카프 역시 이렇게 말한다.

"갱년기의 우울증은 여자의 삶이 폐경기에 접어드는 시기에 폭발할수 있는 생물학적 시한폭탄이다."

나는 젊어서 인디언 거류지에서 일할 당시 나바호족과 호피족 사람들이 애리조나 주의 킴스 캐니언에 있는 거래소 또는 킴스와 윈슬로의 병원에서 끈기 있게 기다리는 모습을 자주 보았다. 그때 나는 그들의 입장이 되어 생각한다는 것이 불가능하다는 사실을 깨달았다. 인디언들의 기다림은 나의 그것과는 아예 질이 달랐다. 그 점에서 나는 다른 백인들과 다를 바가 없었다. 우리는 한결같이 참을성이 없었으며 항상 손목시계나 벽시계를 들여다보면서 중얼거리거나 안절부절못했다. 그렇지만 어떤 인디언은 아침에 사무소에 와서 오후까지 소장실 밖에서 참을성 있게 기다리며 앉아 있기도 했다. 그 사이 그의 태도나 표정에는 아무런 변화도 일지 않았다. 어떻게 그럴 수 있을까? 나는 어린 시절 그와 똑같은 현상을 뉴멕시코 북부의 인디언 마을에서, 인디언 친구의 집에서, 산타페와 타오스의 읍내에서 보았다.

인디언들은 그 지역의 수많은 예술가들을 비롯하여 우리 가족과도 왕래가 있었다. 그런데 그들이 방문할 때 백인이 생각하는 일시와 우리 인디언 친구들이 생각하는 일시가 일치하는 경우가 한 번도 없는 듯했다. 그래서 방문한 사람들은 한결같이 기다리지 않을 수 없었던 것이다. 만약 의자 밑에 긴장감을 측정하는 계기를 부착해놓고 백인과 인디언의 기다리는 태도를 그래프로 표시한다면 그 기록은 전혀 다르게 나타날 것이다. 우리 백인들은 가만 있지 못하고 일어섰다 앉았다, 밖에 들락날락, 우리 친구들이 일하는 밭을 쳐다보기도 하고, 하품을 하거나 다리를 뻗거나, 그 밖에도 인내심이라고는 전혀 찾아볼 수 없는 숱한 행동을 내보였지만 기다리는 역할이 인디언에게 주어질 경우 그들은 가만히 앉아서 이따금 말을 주고받는 정도였다.

나중에 어른이 되어 다른 나라를 방문하거나 일하게 되었을 때 나는 그러한 차이를 똑같이 경험하였다. 나의 시간은 그들의 시간이 아님이 너무도 확실했다. 커피점에서 계속 몇 시간이고, 아니 정말 하루 종일 친구와 이야기를 나누는 아랍 사람들을 보면 나는 여전히 놀랍다. 파리의 카페에 앉아 있는 사람들에게서조차 내가 미국에서 경험했던 것과는 다른 분위기가 배어나온다. 파리에서는 날이면 날마다 카페에 죽치고 앉아 바깥세상을 내다보는 똑같은 사람들을 볼 수 있다. 레스토랑의 점원들은 보헤미안에 대해 관대하다. 예술가들은 돈이 많지 않아서 자신의 아틀리에를 덥힐 여유가 없기 때문에 카페에 앉아 훈기를 쏘이고 있다는 것을 모르는 사람은 없다.

나아가 시간의 경험은 우리 문화 내부에서도 계급·직업·성별·연령에 따라 세부적으로 달라진다. 우리 문화에서 어린아이들이 얼마나 참을성이 없는지 주목해본 적이 있는가?

"엄마, 얼마나 더 기다려야 하지? 나 힘들어."

인디언 아이들에게서는 결코 그러한 칭얼거림을 들을 수 없다. 가끔 아이들이 거의 눈치채지 못할 정도로 어머니를 끌어당기면 어머니는 아이의 자리를 바꿔주거나 저고리를 풀어 젖을 먹이곤 한다. 그 모든 과정이 리듬을 깨는 일 없이 너무나 자연스럽게 일어났기 때문에 나는 거의 눈치채지 못했다. 분명 그러한 문화의 패턴은 아주 어린 시절부터 몸에 배기 시작하고 태어날 때 이미 자리잡고 있음에 틀림없다.

미국 그리고 일반적으로 구미문화의 사람들은 시간이 주어진 것(뉴턴적인 의미에서 그렇듯)이고 세계 어디를 가나 똑같은 것이라고 단정하는 것 같다. 그것은 분명 사실이 아니다. 그러나 다른 문화의 시간체계에 대한 통찰을 얻기 위해서는 우리 자신의 것에 관해서도 더 잘 알 필요가 있다. 그러한 지식을 어떻게 얻을 것인가?

## 문학이 우리에게 가르쳐줄 수 있는 것

나는 인간이 몰두하는 관심사를 찾아내기 위한 자료로서 점차 문학에 의존하게 되었다. 소설가와 시인의 작품은 인간 및 자기 시대의 주요한 관심사를 반영한다.[7] 앙리 베르그송은 시간에 강박관념을 가지고 있어서 그것을 적으로 여겼다. 마르셀 프루스트 역시 자기 동료들과 마찬가지로 시간에 몰두하였고 시간과 기억이 불가분하다고 느꼈다. 이 두 인물이 흥미로운 것은 그들이 구미문화의 특징을 보여주고 있기 때문이다.

분명 작가는 시간을 파악하지 않으면 안 된다. 그리고 시간을 어떻게 다루느냐는 그 작가의 솜씨를 가늠할 수 있는 좋은 지표이다. 제임스 조이스는 우리가 '선형적인 시간의 좁은 영역'에 감금되어 있다고 보았다. 조이스 소설의 주인공인 스티븐 디덜러스는 시계를 그것을 바라보는 사람의 경험으로부터 분리시킬 수 없다고 생각한다. 그리고 어떤 의미에서 그는 옳다. 베르그송에게 '생성'(becoming)은 시간의 본질이다. 이 작

---

7) Margaret Church, *Time and Reality: Studies in Contemporary Fiction*, 1963. 이것은 하나의 예이다.

가들은 한결같이 의식하고 있음을 의식한다. 그들은 언어라는 장애물을 뛰어넘어서 시간의 한복판에 착지한다. 그들에게 시간이란 의식과 같은 것이고 사실상 의식의 본질이었다. 이들 대부분의 작가가 정말로 행한 일은 의식을 파악하는 도구로서 시간을 이용한 것이다.

물론 시간은 수많은 작가의 작품에서 주요한 장치가 되고 있는데 그중 몇몇을 들자면 버지니아 울프, 올더스 헉슬리, 프란츠 카프카, 토마스 만, 토머스 울프, 윌리엄 포크너가 있다. 이들 모두에게 시계의 시간과 마음의 시간은 뚜렷하게 구별된 두 가지 형태로서 인식되었다. 베르그송은 지속(duration)을 생명 그 자체의 의미로 보았고 카프카는 내적인 시간을 현실화했다. 그러나 동시에 카프카는 현실을 꿈으로 전환시킴으로써 시간을 소멸시켰는데 바로 그 점이 그의 작품에 초현실적 성질을 부여하고 있다.

이 작가들은 모두 은연중에 또는 명시적으로 자연의 공리로서 다음과 같은 이원론을 수용하고 있다. 즉 개체와 보편, 의지와 관념, 구체와 추상, 예술적인 것과 물질적인 것, 분리와 융합, 현재와 과거, 과거와 미래, 현재와 미래, 밖에서 안을 들여다보는 시각과 안에서 밖을 내다보는 시각, 삶과 예술, 시간과 영원, 공감과 무관심, 신비주의 대 인문주의, 순간성과 영원성, 상징적인 것과 비유적인 것 등이다.

그러나 이원론은 사실 모든 것을 분류하는 구미문화의 사고방식에 불과하다. 물리학과 인류학은 그와는 전혀 다른 이야기를 한다. 그러나 독자는 아인슈타인의 말대로 이원론이 '모유와 더불어 흡수하는' 그 무엇임을 알아야 한다. 우리 모두는 이원론을 자연스럽게 획득함으로써 다양한 인과관계에 주의를 기울일 수 없게 된다. 북유럽의 전통을 이어받은 미국 독자라면 우리에게 이원론이 자연스럽게 배어 있다는 사실과 다양한 원인을 찾아보는 일이 다원적인 시각을 지닌 문화에서 자란 사람들에 비해 부자연스러우리라는 사실을 알아두어야 한다.

## 시간의 압축과 팽창

시간의 압축과 팽창은 구미인들을 끊임없이 매료시키는 두 주제이다. 시간은 속도를 내면 압축된다. 그것은 자신이 죽음에 처했다고 생각하거나("나의 전 생애가 전광석화처럼 눈앞에 펼쳐졌다") 살아 남기 위해 극도로 긴장하는 긴급상황에서 입증된다. 미국 해군의 시험비행사 스트롬버그(Russ Stromberg) 소령이 함재기 AV-8C의 시험비행 중에 겪었던 일은 그 한 사례가 될 것이다.[8]

항공모함 '타라와'(Tarawa)의 갑판으로부터 비행기가 사출(射出)되자마자 스트롬버그는 비행기 엔진이 작동되지 않는다는 것을 알았다. 그가 8초 동안 어떻게 긴급사태에 대처하여 살아남았는가 하는 시나리오를 설명하는 데에는 45분이 걸렸다.

"사태가 진행되는 과정에서 나는 줄곧 아연실색했다. 모든 일이 슬로모션으로 전개되었다. '1초가량 지났을까', 흔들리기 시작한 후 약 75피트 상공에 다다랐을 때 나는 심각한 곤경에 처했음을 깨달았다."

우선 스트롬버그는 사출력을 제어하는 기제의 스위치를 끄고 엔진이 작동될 수 있는지 알아보아야 했지만 뜻대로 되지 않았다. 비행기가 시속 100마일 이상의 속도로 바다에 떨어져 박살나기까지 남은 5초 동안에 엔진을 작동시킬 방법은 없었다.

---

8) 『워싱턴 포스트』지, 1980년 11월 9일자에 실린 샤피로(Walter Shapiro)의 기사.

두 번째 선택은 비상탈출장치였다. 그러나 적절한 순간에 튕겨나오지 못하면 그 역시 죽음과 직결된다. 불과 2, 3초 동안이나마 그는 제때—해상 30피트에 도달했을 때—에 탈출장치의 핸들을 당기기 위해 주위를 돌아볼 여유를 가졌다. 스트롬버그는 튕겨나와 다행히 불과 몇 피트 차로 비행기가 추락한 지점을 피했다. 이 평이한 묘사로는 스트롬버그가 극한 상황에서 모든 가능한 선택들 가운데 내려야 했던 결단—적절한 순간에 적절한 순서로 겁먹지 않고—을 그대로 전할 수 없다. 만약 그가 정상적인 시간의 흐름에 있었다면 그 어느 것도 불가능했을 것이다. 인간에게 시간을 연장시키는 능력—그의 사례에서는 정상 시간의 약 3배까지—이 내재되어 있지 않았다면 인류가 지금까지 생존할 수 있었을지 의심스럽다.

　나도 그만큼 위험하지는 않았지만 비슷한 경험을 한 적이 있다. 그것은 생각지도 못하게 퓨마와 함께 출구도 없는 공간에 갇히게 된 상황이었다. 나는 예전에 나에게 사기를 친 엉터리 동물학자와 거래한 적이 있었는데 빚을 받으러 간 나의 관심을 돌리기 위해 자기가 새로 구입한 퓨마를 보지 않겠느냐고 물었다. 그는 내가 자기 주머니 속에 넣고 다니던 줄무늬다람쥐에 큰 관심을 보이는 것을 보고 나를 풋내기 동물애호가쯤으로 생각했던 것이다. 퓨마를 구경하던 중 나는 무시무시하게도 이 남자가 부주의하게(?) 우리에 빗장을 지르지 않아서 퓨마가 우리 두 사람이 서 있는 좁은 통로로 빠져나왔음을 알아챘다. 처음 그것을 감지한 것은 내 오른쪽 장딴지에 무언가 스치는 느낌을 받았을 때였다. 그러고 나서 퓨마가 내 발가락 옆에서 비곗덩어리를 핥고 있는 것을 보았을 때 시간은 더디어졌다. 그때 내 머릿속에 야생동물과 맞섰던 사람들의 경험이 빠르게 펼쳐졌다. '겁을 먹으면 그 동물이 그것을 감지하고 너를 죽

일 것이다.'

나는 겁먹지 않았다. 겁이 난 시점은 내가 다시 안전해진 후였다. 그렇지만 무엇을 어떻게 해서 이 난관을 빠져나간단 말인가? 나는 동물과 함께한 다년간의 경험을 떠올리면서 마음속으로 여섯 가지 정도의 방법과 그 실행 광경을 번갈아 재고해보았지만 먹혀들어갈 만한 해결책은 친구가 되는 방법밖에 없는 것 같았다. 나는 그 퓨마가 가까이해도 괜찮다는 것을 알았다. 심지어 그놈은 기분 좋은 듯이 포드 자동차의 T형 엔진처럼 가르랑거렸다. 나는 바로 죽이지는 않겠구나 하는 확신이 들면서도 더 이상 우호관계를 밀고나가지는 못했다.

결국 퓨마(이름은 '짐'이다)는 자기 우리로 되돌아갔고 나는 본래 그곳에 간 이유는 까맣게 잊은 채 그 장소를 떠났다. 인류의 역사에서 그와 같은 일들이 얼마나 무수히 일어났는지는 물론 알 수 없지만, 젊은 시절 뉴멕시코와 애리조나 황야의 대목장에서 활동적인 야외생활을 보냈던 나는 긴급한 상황이 적지 않게 발생한다는 것과 그럴 때 시간의 흐름을 더디게 만드는 능력이 수차례 나를 구했다는 것을 알고 있다.

자연과는 동떨어져서 과학기술과 신체의 안락에 싸인 삶을 영위하는 도시 주민들로서는 우리 조상들의 삶의 모습이 어떠했는지 그려보는 것이 전혀 불가능하지는 않더라도 그다지 쉽지는 않다. 옥외에서 많은 시간을 보낸 적이 있는 사람이라면 누구나 생존을 위해서는 본유적으로 내재되어 있는 가변적인 타임 센서가 필요하다는 것을 알고 있다. 아마 그것은 도시생활의 위험이라는 새로운 일련의 위험에 직면해 있는 오늘날에도 여전히 필요할 것이다.

## 정신의 집중과 시간의 지각

하나의 작업을 끝마치는 데 요구되는 정신집중의 정도는 시간이 흐르는 속도가 어떻게 지각되느냐와 관계가 있다. 특정한 개인 또는 집단에게 지나친 정신집중을 유도한 결과 그들이 '시간에 대한 모든 감각을 잃어버리는' 경우에는 여러 가지 원인이 있을 수 있다. 최상급 운동선수들의 정신집중 능력은 잘 알려져 있는데 종종 기대한 결과를 얻지 못한 경우 그들은 그 실패를 정신집중의 결여로 돌린다.

정신집중은 어떤 종류건 시간을 소멸시킨다. 그 점을 가장 인상적으로 그리고 잘 기록하고 있는 몇몇 사례들을 현미외과(microsurgery)라는 새로운 분야에서 볼 수 있다.[9] 현미경으로 팔 · 다리 · 손가락 · 손 · 발가락 · 눈과 같은 신체의 부분들을 접합하는 현미외과의 수술은 팀워크로 이루어지는데 팀워크는 믿을 수 없을 정도로 어렵고 집중이 요구되는 수술을 가능하게 해줄 뿐만 아니라 외과의의 활력이 저하될 때 에너지와 확신을 부여함으로써 그를 지탱시키는 효과를 지니는 것 같다. 한 수술팀은 말 그대로 꼬박 하루 동안(24시간 20분) 인쇄기에 손가락이 끼인 18세 처녀의 네 손가락 접합수술을 행했다. 그 수술과정은 말초신경 · 근육 · 힘줄 · 혈관 · 피부를 봉합하고 부러진 뼈를 접합시키는 것이었다. 수술에 참여했던 의사는 "시간을 의식하지 못했다"고 말했다. 또한 그러한 수술을 하는 외과의는 최상의 건강상태를 유지해야 하며 수술 24시간 전에는 담배는 물론 카페인도 피해야 한다는 사실은 주목할 만하다.

외과의만 정신을 집중하는 것은 아니다. 보통사람들이라도 열중할 만

---

9) Stanley L. Englebardt, "The Marvels of Microsurgery," 1980.

한 일이 있으면 무슨 일에나 충분히 정신을 집중시킬 수 있다. 스위스 출신의 한 재능 있는 젊은 영화제작자는 일을 하는 동안에는 단 몇 분 만에 식사시간이 돌아오는 듯하며 갑자기 허기가 느껴지면 그때에야 몇 시간이 흘렀음을 의식한다고 했다. 다른 사람들이 개입되어야 비로소 그녀는 시간을 의식하는 것이다.

## 이미지와 시간

사실 실험실에서 재현해볼 수 없는 시간에 대한 지각을 보여주는 또 다른 예는 작곡 중에 모차르트의 머릿속에서 진행되는 것이다. 우리에게 가능한 것은 모차르트의 비상한 창조적 능력을 보고 작곡 중의 경험에 관한 그의 말을 받아들이는 것뿐이다. 모차르트에 관한 이와 같은 논의의 맥락을 파악하기 위해서는 실제 어떤 창조적인 일을 하는 데에는 두 가지 방법이 있다는 것을 알아야 한다.[10]

우리는 대개 일찍이 어린 시절에 같은 문제라도 암산이 가능한 사람이 있는가 하면 종이와 연필, 칠판과 분필 같은 신체 외부의 것들이 있어야만 문제를 풀 수 있는 사람도 있다는 것을 안다. 그와 동일한 과정은 안무·건축·산업디자인·조각·회화·저술·작곡, 나아가 스키와 댄스 등 모든 분야에서 관찰될 수 있다. 선생은 후자의 방법을 선호하게 마련인데 그것은 진척되는 과정을 보면서 '잘못'을 바로잡아줄 수 있기 때문이며 그를 통해 자신이 학생들을 다스려 도움을 주는 존재라고 느낀다. 그러나 전자의 방법은 보다 빠르고 창조적이다.

---

10) 이 문제는 『문화를 넘어서』에서 '상상력과 기억'이라는 제목하에 논의되었다.

모차르트와 베토벤은 모두 머릿속에서 작곡을 할 수 있었다. 베토벤은 먼저 현악기를 위한 부분을 작곡하고 그 결과를 들은 다음 관악기 부분을 마저 작곡해 넣고 곡이 어떻게 들릴지를 알 수 있었다. 그러나 내가 아는 한 베토벤은 그 작업을 순차적으로 행했다. 말하자면 그는 우리가 연주회장에서 오케스트라로 연주되는 그의 음악을 들을 때와 마찬가지로 머릿속의 시간과 현실의 시간이 무리 없이 일치된 상태로 자신의 음악을 들었다는 것이다. 모차르트는 베토벤과 달랐다. 그는 자신의 중추신경계에 조직되어 있는 어떤 방식에 따라서 자신의 음악을 모두 동시에 경험할 수 있었다. 물론 베토벤은 좌뇌를 사용하는 천재이고 모차르트는 우뇌를 사용하는 전일적인(holistic) 작곡가였을 가능성이 있다. 그러나 나는 직관적으로 그 이상의 무언가가 있었다고 믿는다.

뇌의 조직은 홀로그램(hologram : 레이저 사진의 입체 영상에 의해 기록된 간섭干涉 도형—옮긴이)과 상당히 유사하다.[11] 즉 정보가 동시에 어느 곳에나 저장되기 위해서는 기억이 뇌의 어떤 특정 부분에 자리잡을 수 없는 것이다.[12] 또한 기억은 층을 이루어 저장되는 것으로 보이는데 그렇기 때문에 머리에 충격을 받은 사람이 어떤 말은 잊어버리고 어떤 말은 여전히 기억하는 경우가 있는 것이다.

모차르트의 경험은 어떤 사람들이 종종 지니고 있는 시간을 확대시키는 능력——실제 미래를 내다보는 능력——에 대한 작은 단서를 우리에게 제공한다. 예컨대 많은 사람이 모여서 음악을 들을 때 그중에는 일단

---

11) Paul Pietsch, *Shufflebrain*, 1981; Karl H. Pribram, *Languages of the Brain*, 1971.
12) 뇌는 그 안에서 모든 부분이 상호작용하는 놀라운 기관이다. 이 점에 대한 요약은 『문화를 넘어서』 제12장 참조.

음악이 시작되면 이어서 연주될 부분을 미리 아는 사람이 있을 것이다. 그것은 그들이 모차르트처럼 현재 연주되고 있는 진행부분을 순차적으로 연주될 전체적인 통일체의 한 부분으로 경험하기 때문이다. 분명 모차르트가 작곡하고 있을 때의 시간의 경험은 동료 작곡가인 베토벤의 경우와는 전적으로 다른 과정이었음에 틀림없다.

심리학자인 가드너(Howard Gardner)는 『오늘날의 심리학』(*Psychology Today*)에서 이 두 작곡가에 관해 논하면서, 모차르트가 교향곡과 같이 복잡한 것을 모두 한 번에 경험할 수 있었다는 사실이 좀체 믿어지지 않는다고 했다. 베토벤이 머릿속으로 음악을 들을 수 있었다는 것은 명백하지만 그는 모차르트처럼 세부적인 것까지 듣지는 않았다. 베토벤은 자신의 음악을 악보로 옮겨 적은 다음 그것이 심적 이미지에 일치하도록 작업해야만 했다(아인슈타인이 자신의 시각적·물리적 이미지를 말로 옮긴 다음에야 그것을 수식화했던 것과 마찬가지로).

그러나 모차르트는 믿지 못할 정도의 창조적 능력을 지니고 있었을 뿐만 아니라 동시통역가였음이 분명하다. 어떠한 기보법(記譜法)이라도 그리고 어떠한 연장물이라도 그 자체의 성질상 무언가를 누락시킨다는 점을 상기한다면 베토벤이 자신의 음악을 악보로 적을 때 느끼는 어려움은 기록된 음악과 머릿속에서 들은 음악이 완벽한 조화를 이루는 일이 거의 없다는 사실에 일부 기인한다고 추측할 수 있다. 베토벤은 자신의 초고를 철저하게 손보는 것으로 유명하다. 음의 조화에 유달리 예민했던 베토벤은 적확한 음을 찾을 때까지 고치고 또 고쳤을 것이다.

자기 내부에서 창작하는 것과 연장물을 사용하여 외부에서 창작하는 것의 차이는 근본적이고 매우 중요한 것으로 두 과정은 판이하다. 신체 외부에서 하는 것은 내부에서 하는 것보다 10배에서 50배의 시간이 걸린다. 생각을 종이에 옮겨 적는 동안에도 여러 가지 고안이 취사선택될 수 있다. 연장물은 변화의 속도를 올려주기도 하지만 생산성, 특히 통합적이고 복잡한 유형의 생산성을 저하시킨다. 또 다른 본질적인 차이는 일을 순차적으로 경험하는가 아니면 별개의 단위로 경험하는가 하는 것이다. 여기에서도 외부에서 이루어지는 순차적인 방식이 훨씬 더디다. 머릿속에 있는 것을 외재화하거나 기표화할 때 복잡한 형태를 단번에 파악하는 예술가와 과학자들은 자신의 창작물을 조각조각 해부해야만 하는 사람들——자신의 무의식으로부터 나오는 형태 없는 그 무엇을 신체 외부의 종이·캔버스·점토·무대 등에서 조립하여 외재화시키는 사람들——보다 곤란을 덜 겪을 것이다.

## 나이와 시간

나이는 사람들이 시간을 경험하는 방식에 영향을 준다. 이것은 흔히 관찰되기 때문에 내가 여태껏 보고 들었던 사람들의 경험을 간단히 요약하는 것으로 충분하리라. 사람들은 나이를 먹을수록 세월이 빨리 흐른다고 느낀다. 4살에서 6살 무렵에는 1년이 한없이 긴 것으로 느껴지지만 60세가 되면 세월이 너무나 빠르게 지나가기 때문에 혼동을 일으켜 1년 1년을 구별하기 힘든 경우가 많아지기 시작한다! 물론 이러한 종류의 경험에 관해서는 상식적인 설명들이 많이 있다. 5살 먹은 아이에게 1년은 전 생애의 20퍼센트이지만 50세의 사람에게는 2퍼센트에 불과하다. 그리고 그때그때의 일생은 그때그때의 전체로서 영위된다고 하는 로가리듬적(logarithmic, 對數的)인 요소 때문에 해마다 느끼는 경험을 일생에 걸쳐 동일하게 견지한다는 것이 어려울 것이다.

또한 문화적인 요인도 있다. 집단의 과거가 멀어짐에 따라 점점 희미해지고 20년 전에 일어났던 일이 '오래된 역사'로 간주되는 우리 같은 문화에서 전체적인 결과를 놓고 보면 시간의 흐름이 가속화된다는 인상을 강하게 받게 된다. 사장되는 과거가 많아지면 많아질수록 현재는 그만큼 빠르게 흘러가는 듯 보일 것이다. 이것은 근동지역처럼 과거가 여전히 살아 있는 문화, 즉 실제로 오늘날 세계에서 일어나는 모든 일을 과거에 근거하고 있는 것으로 여기는 문화와 대조를 이룬다.[13]

## 당면 과제의 크기와 시간의 관계

새로운 것을 배우는 일과 관련하여 기억에 저장되어 있는 지식이 얼마나 되는가 하는 문제도 있다. 12살짜리 아이 또는 대학원 학생조차도 앞으로 배울 모든 과정을 바라보는 시각은 박사학위를 받은 25세의 사람과는 전혀 다르다. 나는 50대 후반에 비행기 조종을 배울 때 그 점을 확인할 기회를 가진 적이 있었다. 신뢰할 만한 안전한 방법으로 조종할 수 있기까지 학습해야 하는 분량은 상급의 학위를 취득하기까지 요구되는 것과 거의 비슷하다. 차이가 있다면 비행기 조종에서는 시험에 통과되지 않은 상태로는 몇 분 아니 몇 초도 비행하기 힘들다는 것이다.

착륙하는 과정에서 시간은 압축된다. 왼편으로 활주로를 끼고 비행하는 상태에서 이미 몇 마일 전부터 관제탑과 교신하면서 지정비행경로로 들어선 후에도 다시 안전한 착륙이 이루어지기 전까지는 여러 가지 정

---

13) 나의 책 『침묵의 언어』 참조. 이것은 또한 문화가 다른 가족들간의 차이일 수도 있는데 이에 관해서는 그 자체로 엄격한 검토가 요구된다.

교한 조작을 완료하지 않으면 안 된다. 즉 적절하게 속도를 늦추고, 활주로를 향하여 마지막으로 선회하기 직전까지 지정된 고도를 유지하고, 엔진의 속도와 온도를 적절하게 지키고, 엔진의 연료가 주입되지 않을 경우에는 카뷰레터 히터를 켜고, 착륙기어를 내리고, 보조날개를 세트하고, 착지거리가 길거나 짧지 않도록 강하각도를 적절하게 조정하면서 일정한 강하속도를 유지하고, 비행기가 실속(失速)하지 않도록 안전한 비행속도를 유지하지 않으면 안 된다. 그러는 동안 줄곧 관제탑과 교신하면서 다른 비행기들(늘 있게 마련이다)을 살피고, 바람의 방향을 알려주는 깃발을 주시하고, 미국 남서부의 경우에는 회오리바람에도 주의하지 않으면 안 된다.

이 전 과정이 동시에 일괄적으로 리드미컬하게 전개되기 위해서는 그 모든 조작을 끊임없이 조정해야 한다. 활주로 끝의 숫자가 크게 보임에 따라 지금까지는 잘해왔지만 아직 비행기가 착륙한 것은 아니며 몇 초 안에 기어를 변동시키고 다시 새로운 일련의 조작을 해야 하는데, 그 모든 일은 급속하게 진행될 것이며 한치의 실수도 허락되지 않는다는 점을 마음속으로 다짐하게 된다. 나는 비행기 조종을 배우면서 많은 점에서 다시 어린아이가 되는 것 같았다. 내가 모르는 것을 알 만큼 조종기술을 습득하고 나자 이제 시간의 흐름도 늦어졌다. 그리고 안전한 비행기술에 필요한 복잡한 조작의 상호관계를 결코 완벽하게 습득하지 못할 것 같은 느낌이 엄습했다.

마침내 나는 소정의 과정을 통해 배워야 할 기술을 다 습득한 후 면허를 받았다. 또한 그 과정에서 나는 시간의 경험이 당면 과제의 지각된 크기와 다소 불가시의할 정도로 결부되어 있다는 사실을 비롯하여 대단히 많은 교훈을 얻었다. 자신이 열망하는 집단의 구성원으로 선택받기 위해 집단 밖에서 노력할 때에도 시간에 대한 지각은 달라진다. 교수종 신재직권을 받기 전과 받은 후의 시간이 어떻게 다르게 경험되는지 학자들에게 물어보라.

## 피아제

피아제(Jean Piaget)는 유럽에서 가장 재능 있고 혁신적인 지식인 가운데 한 사람으로 배움에 대한 관심과 '학자로서 경이감을 느끼는 능력'을 결코 잃지 않은 대가였다.[14] 그는 정설이 된 수많은 논문을 기술하였고 아이들의 발달에 관한 우리의 지식에 상당한 내용을 첨가했는데 그러한 그의 업적에 조금이라도 비판을 가한다는 것이 거의 죄스러울 정도이다.

피아제는 차이를 이루는 문제의 핵심을 간파하는 대단한 능력을 지니고 있었지만 그 또한 우리 모두와 다름없이 자신의 시대 및 그 시대가 몰두한 관심의 소산이었다. 기층문화에 관한 기초적인 지식에 별로 익숙지 않았던 피아제는 '논리적인 사고'를 타고난 것, 즉 논리적인 사고를 행하는 잠재력이 인간에게 내재되어 있어 그것이 성장의 기능으로서 나타나는 것이라고 생각했다.

피아제는 아이가 성장함에 따라 '나타나는' 바의 논리의 과정이라는 생각에 사로잡혀 있었다. 그의 분석[15]은 뉴턴 · 아인슈타인 · 데카르트 · 칸트, 그 밖에 서양의 철학적 · 과학적 전통의 지도자들 및 그들이

---

14) Maria W. Piers, "Editorial," Erickson Institute Outrider, No.18, Fall 1980.
15) Jean Piaget, *Time Perception in the Child*, 1981.

창출해낸 세계에 대한 논의와 더불어 시작된다. 나아가 피아제는 그 세계를 습득하는 과정에서 아이들은 어디쯤 위치하는가를 다소 정확하게 입증하기 위한 매우 독창적인 몇 가지 방법을 개발한다. 거기에는 지각이 논리적 과정(사실은 분명 그렇지 않다)이라는 등등의 기초적인 전제들이 포함되어 있다. 비공식적인 시간의 전개방향과 지속이 아이들에게 반드시 일정한 것으로 지각되는 것은 아니라는 인식은 어느 정도 용인되고 있다. 그러나 전체적인 지각의 과정은 문화에 의해 습득되고 수정될 뿐만 아니라 끊임없이 맥락의 영향을 받는다 ──즉 지각된 세계는 상호관계이다!──는 점은 언급조차 없다.[16)

피아제의 연구가 우리에게 말해주는 바의 상당 부분은 서구에서의 문화변용(acculturation : 어떤 문화형에 대한 어린이의 순응–옮긴이)과 우리 자신의 문화가 열중해 있는 주요 관심사에 관한 것들이다. 그러나 그의 일반론들은 세계의 다른 지역에 사는 아이들의 성장에는 적용될 수 없다. 피아제는 아이들이 시간과 공간의 기초적인 것들을 습득하는 과정을 연구할 때 그 아이들이 우리의 논리체계 또한 아울러 습득하고 있다는 점을 깨닫지 못했다. 세상에는 수백 가지 다른 논리체계가 존재하며 그중에는 맥락이 높은 것도, 낮은 것도, 중간치도 있을 수 있다. 그 각양각색의 논리체계들은 대부분 학습된 것이다. 모든 연장물과 마찬가지로 이들 논리체계 역시 무언가를 누락시키고 있다. 가장 발달된 형태의 우리 서구의 논리체계는 맥락을 배제하고 있는데 사실 맥락이야말로 매우 의미심장한 것이다.

16) Franklin P. Kilpatrick, 아래의 주 22와 28, 또한 나의 책 『숨겨진 차원』과 『문화를 넘어서』 참조.

피아제는 아이들이 시간을 지각하는 것에 관해 많은 이야기를 해왔다.[17] 하지만 그의 방법론은 선형적인 것을 추구하는 구미인의 요구는 만족시켰을지언정 여전히 문화에 구속되어 있다. 내가 그렇게 말하는 이유는 아이들은 아직 자기 감각을 의심하는 것을 배우지 못했으며 또한 서구세계에서 어른이 된 사람들은 자기가 다루지 않으면 안 되는 대상들을 다양한 크기와 형태의 규정된 틀(containers)에 맞추어 생각하도록 기만당하고 있다는 사실을 알지 못한다는 점 때문이다. 피아제가 시간과 공간을 동일시한 점[18]은 확실히 옳은 생각인 반면, 물리적 시간을 핵심적인 문화적 시간이나 속된 시간(제1장 참조)과 구별하지 못했기 때문에 아이들이 성장하는 각각의 단계에서 어떻게 시간을 경험하고 구조화하는지 명확한 설명을 제시하지 못했다.

비공식적인 시간—드러나지 않는 시간—을 다룬 『침묵의 언어』에서 나는 아이들이 어떻게 '잠시'(a while) 또는 '나중에'(later)와 같은 말들의 의미를 깨우치게 되는지 설명하였다. 그 말들은 모두 맥락에 따라 크게 달라진다. 한 엄마가 "금방(a little while) 갈 거란다"라고 말할 때의 의미와 같은 말을 옆집 엄마가 했을 때의 의미는 전혀 다를 수 있다.

아이들이 성장하는 과정에서 대처하지 않으면 안 되는 그러한 종류의 것들은 '시간의 의미'라고 하는 철학적 논의와는 거의 무관하다. 그러나 아이들이 정말로 알고 싶어하는 것은 엄마가 집에 돌아오기까지 지각되는 시간의 길이가 얼마나 되는지 그리고 혼자 있는 동안의 시간을 어떻

17) Jean Piaget, *The Child's Conception of Time*, 1969.
18) Jean Piaget, *The Child's Conception of Space*, 1956.

게 느끼며 지내야 하는지에 관해서이다.

엄마의 입장에서는 아이를 혼자 집에 남겨둔 자신의 죄책감과 불안감을 덜고자 하는 마음에서 정작 아이가 알고 싶어하는 바에 관해서는 말해주지 않는 것이 보통이다. 그렇지만 엄마는 아이들에게 '고무(처럼 늘었다 줄었다 하는) 잣대'로 측정되는 종류의 시간도 있으며 그러한 시간의 길이는 아이들이 거의 또는 전혀 가늠할 수 없는 사건에 의해 좌우된다는 점을 타이른다. 기분과 심리상태는 시간의 흐름에 대한 경험에 놀라운 영향을 미친다. 이 점은 아이들이 비공식적인 시간체계를 습득하는 데 어려움을 느끼는 이유를 부분적으로 설명해줄지도 모른다. 엄마가 없을 때 시간이 더디게 흐르는 이유는 아이들은 엄마가 곁에 있어야만 안심이 되며 행복하고 편안하기 때문이다.


## 기분과 시간

거의 초창기부터 구미의 민족들간에는 사람들이 어떻게 시간을 측정하는가—예컨대 시간이 쏜살같이 흐르는지 기는 듯이 흐르는지—에 기분이 미치는 영향을 두고 커다란 관심과 상당한 고찰이 이루어져왔다. 여럿이 모여 즐거운 분위기에 깊이 빠져 있다가 갑자기 시간이 많이 지난 것을 깨닫고는 '아, 맙소사! 너무 재미있다 보니 이렇게 늦은 줄 정말 몰랐네'라고 생각했던 경험은 누구나 있을 것이다.

그러나 그러한 성격의 표현들은 레바논이나 시리아처럼 폴리크로닉한 문화에서는 거의 들을 수 없는 것이므로 시간을 지각하는 한 요인으로서 기분이라는 문제는 전적으로 다시 생각해볼 필요가 있다. 우리 문화에서는 기분이 그렇게 작용하지만 다른 여러 문화에서는 어떻게 작용하는가? 때때로 기분은 심리적 환경에서 이차적인 요인에 불과할 수도 있다. 이미 언급한 바 있는 우울증이나 심지어 체온 따위의 다른 요인들도 결정적인 것일 수 있다.

클라크(Clark) 대학에서 오랫동안 생리학을 가르쳐온 호글랜드(Hudson Hoagland) 교수는 체온이 시간의 지각에 영향을 미친다는, 생각해보면 그다지 놀랄 만한 일도 아닌 사실을 발견했다. 체온이 높아지면 다른 모든 일과 더불어 체내 시계도 빨라진다. 체온이 낮아지면 체내 시계도 느려진다. 예컨대 당뇨병 환자의 체온은 정상 이하인 경우가 많기 때문에 시간이 느리게 흐른다고 느껴지는 것이다. 술은 두 단계로 작용한다. 처음에는 알코올에 의한 자극과 주흥 때문에 시간이 빨리 흐르지만 술은 진정작용을 하므로 결국 시간을 더디게 만드는 효과가 있다. 숙취는 영원할 것처럼 느껴질 수도 있다!

## 기념일

기념일은 주기적인 시간의 명시이다. 그런데 우리의 체내에서 시간을 측정하는 기제가 지닌 미묘하고 편재적인 성격 때문에 우리는 대부분 의식조차 하지 않은 기념일에도 반응하는 것이다. 여기에는 지금까지의 이야기와는 종류가 다른 논리가 작용하고 있다.

오랫동안 해마다 봄이 되면 우울증에 시달리던 한 작가가 있었다. 그의 부모가 봄에 이혼을 했고 몹시 사랑하던 어머니가 가정을 떠났을 때 그의 세계가 붕괴되었다는 사실을 마침내 깨닫기까지는 이 우울증은 원인불명이었다. 그가 이 점을 간파할 수 있게 된 한 이유는 각기 다른 여러 지역에 살면서도 봄에 연상되는 것들이, 여전히 그 우울증이 가시지 않았기 때문인데, 결국 그것은 환경과는 무관하게 대처해야 할 것이었다. 그에게 내재된 시계는 시간만을 주시하고 있었던 것이다.

사람이 예순의 나이에 이르면 성공과 실패, 또는 절망의 기념일 따위의 수많은 숨겨진 기념일이 있게 마련이다. 우리는 때로 우리를 즐겁거나 침울하게 만들고, 시간을 빠르거나 더디게 느끼도록 만드는 원인이 현재 처한 상황에 있는지 아니면 잊힌 과거지사에 있는지 모르는 경우가 있다.

## 감정, 심리상태, 그리고 시간

사랑하는 사람과 떨어져 있는 시간은 달팽이처럼 굼뜨게 가지만 랑데부는 언제인지도 모르게 지나버린다. 시간의 흐름에 여러 감정이 미치는 영향에 관한 전문적인 지식은 별로 많지 않다. 일반적으로 생각할 수 있는 것은 긍정적인 감정이 시간을 가속화시키는 반면 부정적인 감정은 시간을 더디게 만든다는 정도이지만 반드시 그렇다고 볼 수도 없다. 감정과 관계된 호르몬들이 많이 밝혀져 실험 목적으로 이용가능해졌기 때문에 요즘에는 이 호르몬들이 시간의 지각에 미치는 영향을 이중맹검법(double-blind : 의료효과의 객관적인 조사를 위해 피실험자와 실험자가 모두 모르게 차이를 둔 투약이나 치료를 통해 결과를 판정하는 방법 – 옮긴이)으로 실험할 수 있게 되었다.

최근 몇 년 동안 명상을 행하는 미국인들이 날로 증가해왔으며 명상에 대한 관심도 매우 커졌다.[19] 명상의 효과에 관심을 가진 많은 심리학

---

19) Patricia Carrington, *Freedom in Meditation*, Anchor Book/Doubleday,

자들이 명상의 모든 것, 즉 명상에 따르는 생리학적 · 심리학적 · 신경학적 작용 등을 밝히기 위한 실험방법을 개발해왔다. 이 방대한 연구를 통해 명상이 심장박동 · 혈압 · 호흡률 · 갈바니 전기에 대한 피부반응(GSR), 뇌파를 변화시킨다는 사실이 입증되었다. 또한 명상은 스트레스에 좋은 해독제이기도 하다. 서구세계에서 스트레스를 유발시키는 주된 원인 가운데 하나는 시간의 압박과 관련된 것이므로 명상이 지각된 시간을 변화시킨다는 사실도 머지않아 밝혀질 것이다. 이러한 기대에는 충분한 근거가 있다. 플로이드(Kieth Floyd)[20]는 이 주제를 다룬 흥미롭고 통찰력 있는 논문에서, 처음에는 시간이 느려지다가 마침내 아예 멈춰버리게 되는 상황을 묘사하고 있다.

명상에 든 상태가 아주 깊어지면 시간에 대한 의식이 멎는다. 이러한 상태는 화가가 화실에서 작업할 때나 과학자가 실험실에서 연구할 때 시간의 '흐름을 놓쳐버리는' 상태와 확실히 다르겠지만 정말 다를지 알아보는 것도 흥미로울 것이다. 한 가지 실험방법은 오랫동안 명상을 해오면서 적절한 수준까지 숙련된 과학자와 예술가를 선택하여 단지 두 상태의 공통점과 차이점을 설명해달라고 부탁하는 것이다. 또 다른 방법은 앞서 명상자를 대상으로 행한 뇌파 · 호흡 · 맥박 등의 실험을 이번에는 과학자와 예술가를 대상으로 똑같이 실험해보는 것이다. 그런데 전선이나 녹음기를 부착한 상태로 작업에 몰두할 수 있는 과학자나 화가는 없을 터이므로 원격조정 기기가 필요할 것이다.

이러한 다양한 상태의 연구는 인간의 기능개발에 유익하며 인간에게

---

1977은 이 주제에 관한 수많은 연구보고서 가운데 가장 균형잡히고 학구적인 것 중 하나이다.
20) Keith Floyd, "Of Time and Mind : from Paradox to Paradigm," 1974.

어떻게 작용하는가를 말해주는 가장 중요한 피드백 기제들 가운데 하나일지도 모른다고 생각지 않을 수 없다. 가장 만족스럽고 보람 있는 활동에 종사할 때에는 시간의 흐름이 극한 속도로 경험되거나 시간감각을 완전히 잃어버리는 상태라는 사실은 이상하고도 역설적이다. 긴박한 상황에서 생명을 구하는 데 요구되는 모든 일을 다 할 수 있는 상태는 명상 중에 시간이 소멸하는 상태와 크게 다르다. 여기에서 시간이란 인간이 별 생각 없이 마음껏 사용해온 도구면서도 그에 합당한 지식은 거의 갖고 있지 못하다는 생각이 든다.

## 공간이 매개하는 시간의 지각

심리학자이자 테네시 대학의 건축학 교수인 드 롱(Alton De Long)은 1976년 이후부터 여러 사람들이 다양한 규모의 환경에 처하여 교류할 때 시간의 흐름을 어떻게 경험하는가를 세심하게 통제된 조건하에서 면밀히 관찰해왔다. 드 롱은 시간과 공간이 기능적으로 상호연관되어 있다는 사실을 단호하게 입증하고 있다. 시간의 지각은 이미 언급한 다양한 요인에 의해 영향을 받을 뿐만 아니라 환경의 규모에 의해서도 영향을 받는다.

그 과정은 참으로 주목할 만한 것인데 다른 무엇보다도 생득적인 중추신경계의 논리를 설명해준다.[21] 그러한 유형의 논리는 정상적인 인간이라면 모두 갖추고 있음에 틀림없다. 그 논리는 의식의 차원에서는 문

---

21) 중추신경계의 생득적인 논리는 아리스토텔레스적인 논리와는 다른 것임에 주목하라. 생득적인 논리는 위상수학(topology)의 논리와 다소 유사하다. 그것은 형식들은 변할 수 있어도 관계들은 일정불변인 관계의 논리이다.

화에 의해 변화되지만 무의식의 차원에서는 그대로 보전된다. 우리가 그 과정을 의식하든 안하든 신경계의 한 부분에 변화가 생기면 중추신경계는 그 변화에 적응하고자 한다.[22] 나는 예전에 쓴 책에서 인간의 중추신경계가 지닌, 균형을 유지하는 능력을 논한 바 있다.[23] 이 원리는 정신질환에 시달리는 사람에게도 적용된다. 분열증 환자가 신체의 경계를 지각하는 데 혼돈을 일으킬 때에도 인간의 뇌는 여전히 논리적인 균형을 유지하려고 애쓴다. 이러한 종류의 지각의 왜곡을 겪는 사람이 격심한 긴장감을 느끼는 것은 물론이다. 이 단순한 지각이상만으로도 모든 것—물리적 세계 및 인간과의 모든 관계—이 변화한다.

나는 정신의학자인 시어레스(Harold Searles) 박사와 이 점을 논의하면서 이렇게 말했다.

"전에 내가 관찰한 것이 옳다면, 당신의 환자들 가운데 자신의 신체경계가 확장되는 듯한 경험을 하는 사람들은 분명 자신이 풍선처럼 가벼워지는 느낌을 받을 것이다."

그랬더니 시어레스는 바로 그날 한 환자가 짧은 부속물들이 달린 비행기구처럼 보이는 물체를 그린 크레용화를 들고 와서 그것이 자화상(!)이라고 했다는 말을 해주었다. 그 환자는 자신이 너무나 가볍게 느껴져서 날려가지 않으려고 발에 납추를 단 신발을 신고 있는 모습을 그린 것이었다.[24]

---

22) 교류심리학 전체가 이 과정을 다루고 있다. Franklin P. Kilpatrick, ed., *Explorations in Transactional Psychology*, 1961 참조.

23) Edward T. Hall, *Beyond Culture*, 1976.

24) 정신분열증에는 갖가지 유형이 있으며 이 예는 그 한 유형의 일부 증상을 묘사한 것에 불과하다. 그러나 이것은 미국에서만 나타나는 특이한 유형이 아니다.

그러므로 뇌도 중추신경계와 비교되는 보상작용을 시간의 조정으로 행할 수 있으며 실제로도 그렇다고 기대해볼 수 있다. 적절한 조건하의 피실험자는 자신이 처한 환경의 규모에 적응하기 위해 상호작용의 빈도를 증가시킬 것이다. 실제로 정상 규모의 6분의 1로 축소된 환경에 처하게 되면 피실험자의 중추신경계는 내적인 시간의 지각을 변함없이 유지시키려는 방식으로 프로그램화될 것이다. 이 조정과정으로 인해 정보의 처리과정이 6배의 속도를 내는 보상작용이 이루어진다. 그 피실험자에게는 1시간으로 경험되는 일이 실제 시계로는 10분에 불과하다. 12분의 1로 축소하면 1시간으로 경험된 일의 '실제 시간'은 5분이다.[25]

나아가 드 롱이 조사의 일환으로 행한 EEG(뇌파) 연구들은 명상의 메커니즘이 뇌 그 자체라는 사실을 시사해준다. 뇌는 환경의 규모에 직접 비례하여 속도를 낸다.[26] 그리고 축소비율이 12분의 1을 넘으면 환경의 영향력은 떨어지기 시작하여 시험된 환경은 뇌 속에서 다르게 코드화될 뿐이라는 점을 주목해야 한다. 그 분기점이 왜 20분의 1이나 50분의 1이

---

프랑스에서 일하고 있는 벨기에인 정신의학자 시바돈(Paul Sivadon) 박사는 일종의 전체적 환경요법 전문가로서 나는 그와의 일련의 대담을 통해 그가 여기에서 묘사한 증상을 잘 알고 있고 그러한 환자를 치료하는 독자적인 방법을 개발해낼 정도로 익숙하다는 사실을 알게 되었다. 그의 치료법이란 환자가 만족할 만한 정도 이상의 공간을 부여해주는 것에 불과하다.

25) Alton De Long, "The Use of Scale Models in Spatial-Behavioral Research," 1976; "Spatial Scale and Perceived Time-Frames," n.d.; J.F. Lubar와의 공저, "Scale and Neurological Function," 1978.

26) 이러한 결과들은 명상 중에 있는 환자의 뇌파 연구에 기초한 키스 플로이드(앞의 글)의 결론과 완전히 일치한다. 실제로 그는 이렇게 말하고 있다. "……우리가 시간이라고 생각하는 것은 기초적인 뇌파의 기능, 즉 의식적인 정신이 편의상 만들어낸 놀라운 구성에 불과하다."

아니고 12분의 1인가는 모를 일이다. 그러나 그 비율이 평균적인 구미인에게 기본이 되는 비율들 가운데 하나임은 확실하다. 더 높은 비율에도 반응할 수 있는 사람은 틀림없이 우리보다 특출한 미지의 이점을 지니고 있을 것이다.

드 롱은 그 같은 주목할 만한 결과를 얻기 위하여 어떻게 실험을 설정했는가? 그의 조처는 가구가 비치된 인형의 집을 사용한 놀잇감과 다소 유사했다. 어릴 때 소꿉장난을 해본 사람은 놀이에 열중한 나머지 시간 가는 줄도 몰랐던 기억이 있을 것이다. 드 롱은 24분의 1, 12분의 1, 6분의 1, 그리고 실물 크기의 네 가지 규모를 실험환경으로 선택하였다.[27]

피실험자들에게는 주변의 실물 크기의 물체를 가리기 위한 마스크를 착용하도록 하고 실험자가 놓아둔 인간형상의 물체들 가운데 하나와 자신을 동일시함으로써 그 환경에 자신을 투영시키도록 요청했다. 피실험자들이 그 형상들을 만지지 못하도록 하고 다만 스스로 선택한 일종의 상상활동에 몰두할 것을 부탁한 다음 30분이 경과했다고 느끼는 시간을 말하도록 했다. 조사원들이 실험개시 시간을 알린 후 피실험자가 느낀 30분을 말할 때까지 실험자는 스톱워치로 시간을 쟀다. 드 롱은 피실험자들이 시간의 판단능력을 시험하고 있다고 생각하지 않도록 각별한 주

---

27) 드 롱의 앞의 책들. 125인·190인·38인·96인으로 구성된 피실험자들로 실험되었다. 즉 24분의 1로 축소된 환경에서 125인, 12분의 1로 축소된 환경에서 190인 등등. 각 규모는 대합실·거실·응접실 등등의 여러 배경에 상당한다.

28) 드 롱은 시간의 판단이 추측한 대로 대뇌피질 상부의 기능과는 무관하며 피실험자가 시간을 지적으로 판단하고자 하면 실험 전체가 무효가 된다는 사실을 알게 되었다. 그것은 이러한 종류의 연구가 지닌 복잡성을 어느 정도 지적해준다. 뇌중추의 상부를 대상으로 한 실험도 잘 진행되는 경우가 있는가 하면 공간지각에 관한 실험 같은 것은 그렇지 못하다. 사실, 킬 패트릭 등(1961)은 공간

의를 기울이고 그들이 가능한 한 주관적이도록 부탁했다(마치 의사의 진료를 1시간 기다렸을 때 느끼는 주관적인 시간처럼). 즉 30분 경과 시점을 결정하는 것은 그들의 감정인 것이다.[28]

이것은 무엇을 의미하는가? 말하자면 이러한 연구들이 재현가능할 정도로 충분히 정밀해진다면 선택된 상황에서 어떤 종류의 의사결정작업을 정상적으로 걸리는 시간의 6분의 1, 12분의 1로 단축하는 것도 기대해볼 수 있다는 것이다. 일단 다양한 환경이 주는 효과에 익숙해진 후에는 1시간에 12시간분의 경험을 압축하는 것도 가능할 것이다. 그러나 드 롱은 사람들이 정상적으로 일하는 시간 이상으로 축소된 환경에 두어서는 안 된다는 점을 강조한다.

예컨대 하루 8시간 노동에 익숙한 사람이 12분의 1의 규모로 축소된 환경에 처하는 경우 그 최대한계는 40분이 된다. 그렇게 시간의 속도가 압축되어 있는 환경에서 사람이 12분의 1로 조종된 모의시간으로 며칠이나 일할 수 있을지는 아직 모른다. 거의 미지수, 미개척의 영역인 이

---

지각이라는 고도로 통합적인 과정이 의식적으로 이루어지는 대뇌피질의 기능과는 무관하다는 사실, 예컨대 방이 왜곡되어 있다는 지적인 인식은 방이 어떻게 지각되는가에 전혀 영향을 미치지 않는다는 사실을 입증했다. 그러나 불안은 이야기가 다르다. 불안을 느끼는 피실험자는 정상적인 피실험자에 비해 지각의 왜곡상태가 오래간다. '경험된' 측정시간이 모두 30분 단위임을 주목하라. 12분의 1로 축소된 환경에서 (30분으로 판단된 시간의) 평균경과시간은 2.44분, 즉 실제 시간의 12.29분의 1이었다. 여기에서 오차는 1퍼센트의 100분의 34, 그러니까 약 3분의 1퍼센트이다. 24분의 1로 축소된 환경에서는 1.36분(24분의 1이 아닌 22분의 1)이라는 경과시간이 산출되었다. 6분의 1로 축소된 환경에서의 경과시간은 5.01분(6분의 1이 아닌 5.99분의 1)으로 오차는 1퍼센트의 10분의 1이었다. 드 롱은 통계학적인 수치로 p.0005의 검정률을 보고하고 있다.

러한 종류의 문제에서 인간은 극도로 신중을 기하지 않을 수 없다는 것이 내 직관이다. 물론 이 장에서의 내 관심은 시간의 경험 및 그 경험에 영향을 미치는 요인들이다. 드 롱의 연구는 시간의 흐름에 대한 지각을 통제된 조건하에서의 환경적 맥락에 연관시킨 몇몇 연구 가운데 하나이다.

## 실제 시간의 측정

확실히 시간의 지각은 상황에 의존할 뿐만 아니라 맥락과도 깊이 연관되어 있다. 그러나 문제의 또 다른 측면은 어떠한가? 우리는 지금까지 다양한 상황·기분·조건하에서 사람들이 어떻게 시간을 빠르거나 더딘 것으로 지각하는가를 살펴보았다. 시합이 초를 나누어 측정되는 토보건(toboggan : 바닥이 평평한 썰매의 일종-옮긴이) 활강, 스키, 자동차 경주 같은 현실 상황에서 시간을 판단하게 될 때 인간이 얼마나 정확할 수 있을까? 입증된 바에 의하면 사람들은 의외로 정확한 것으로 나타난다.

최근 5년 동안 일반적으로 알려진 바에 의하면, 익숙한 스키활강코스를 질주하는 것과 같이 실생활의 구체적인 상황에서 시간의 파악이 요구될 경우 인간은 머릿속에서 상당히 정확하게 시간을 '상상'할 수 있다고 한다. 이제 모든 분야의 스포츠에서 코치는 선수들에게 나중에 시합하게 될 특정 코스를 뛴다고 상상하면서 스톱워치로 시간을 측정하도록 요구하게 되었다.

시합에 나갈 선수는 실제 시합에서 완주하게 될 코스를 머릿속으로 똑같이 달리면서 커브·소프트 스포트·직선코스 등 하나하나의 코스를 상상하려고 애쓴다. 자동차 레이서나 운동선수가 상상하는 시간은 실제 시합에서 측정되는 시간과 몇 초, 또는 100분의 몇 초 차이밖에 없으며 또한 그러한 방법으로 효과적인 연습을 할 수도 있었다. 선수는 이 방법으로 보다 안전하고 체력 소모가 적은 훈련을 할 수 있고 연비를 비롯한 코스와 피트 스톱(pit stop : 자동차 경기장에서 수리 따위를 하는 곳 또는 육상에서 도약경기의 착지장—옮긴이) 사용료 등도 절약할 수 있다.

코치와 선수 모두 이러한 연습방법을 효과적이라고 느낀다. 무용수나 곡예사는 그들이 일상적으로 행하는 일종의 정신수련이 이 연습방법과 비슷하다고 생각할 것이다. 사람들이 이렇게 조종된 모의시간으로 측정하는 시간이 얼마나 정확한가는 놀라울 정도이다.[29]

이처럼 시간이 어떻게 경험되는가는 많은 일들과 연관된 기능이다. 그것은 문화에 의존하며 또한 상황에 의존한다. 나는 다시 한 번 우리 인류의 능력이 놀라울 정도로 광범위하고 다양하다는 데 아연할 따름이다. 그러나 한편으로 인간은 틀에 박히기 십상이며 시간의 상습성도 그 예외는 아니다.

실제 어떠한 상황에서나 자신의 생활에 적극적이고도 창조적일 수 있

---

29) *Gannett News Service*의 슐츠(Dave Schultz) 기자는 1980년의 동계올림픽에 관한 기사(뉴욕 주 레이크 플래시드 발 통신)에서 미국 루지(1인용의 경주용 썰매)팀의 No.1 여성선수인 제노베스(Debbie Genovese)가 '전(前)시각화'라고 스스로 명명한 과정을 어떻게 경험했는가를 상당히 자세히 설명하고 있다. "눈을 감고 전 코스의 하나하나에 관해 그리고 앞으로 하려는 것에 관해 생각해봐요……. 출발점과 각각의 커브, 커브가 시작되는 곳과 끝나는 곳을 생각해봐요. 언덕을 내려올 때까지의 모든 코스를 마음속으로 생각하며 경주해봐요. 이때 생각으로 하는 경주에 걸리는 시간은 실제 경주 때와 같아야 합니다……. 놀라우리만치 정확하지요."

고 또한 생활에서 시간의 사용과 경험보다 더 중요한 것은 거의 없다는 사실을 더욱 포괄적으로 이해한다면 매우 유용할 것이다. 왜냐하면 제 9, 10장에서 다루겠지만, 우리들이 서로 보조를 맞추도록 만드는 것은 문화의 동시성이 지닌 균형작용이기 때문이다.

# 9 생명의 춤

 

오늘날 개인의 행동은 서로 맞물린 리듬의 복잡하고 다양한 위계질서에 의해 지배되고 있다고 단언할 수 있다. 더욱이 바로 그 맞물린 리듬들은 교향곡 총보(score)의 기본 테마에 비길 만하며 또한 문화의 경계 안팎을 초월하여 부부간에, 동료간에, 그리고 어떠한 인간관계로 이루어진 조직이거나 모든 조직간에 인간관계를 맺어가는 과정의 근본원리에도 비길 만하다. 나는 인간행동의 거의 모든 면이 리드미컬한 과정과 관련되어 있다는 사실이 결국 입증될 것이라고 확신한다.

우리의 논제는 아주 새로운 것이기 때문에 우주를 연구하는 천문학자나 암의 치료법을 탐구하는 과학자와는 달리 리듬을 연구하는 사람들이 극소수라는 것도 놀라운 일은 아니다.[1] 연속적으로 일어나는 일들은 균등한 간격의 시간에 의해 리드미컬한 것으로 규정되므로 리듬이 시간의 본질 그 자체임은 물론이다. 음악가나 무용수가 창출해내는 리듬도 그

---

1) 리듬은 인격에서뿐만 아니라 커뮤니케이션이나 건강에서도 궁극적인 활력의 구성요소임이 머지않아 입증되리라고 나는 믿는다.

과정의 일부이긴 하지만 여기에서 말하는 리듬의 의미는 그보다 훨씬 포괄적인 것이다.

우선 작은 일부터 생각해보기로 하자. 약 30년 전에 내가 프록세믹스 (proxemics : 공간의 사용과 인간의 공간적 행동에 관한 연구)[2]를 진지하게 연구하기 시작했을 때 유럽계 미국인들은 대화를 하는 동안 너무 가까이 다가서는 것을 좋아하지 않으며 또 대부분의 경우 잘 모르는 사람들과의 과도한 신체접촉이나 감각적인 개입을 혐오한다는 사실을 관찰했지만 그것만으로는 충분하지 못했다. 많은 미국인이 아랍인이나 그 밖의 지중해 연안 민족들과의 프록세믹한 관계에 대해 언급하고 있는 사실은 흥미롭고 타당한 측면이 있지만 우리는 실제로 일어나는 일들에 관해 좀더 알 필요가 있다.

예컨대 사람들은 다른 사람이 너무 접근한다는 것을 어떻게 지각하는가. 어떤 종류의 잣대로 그것을 측정하는가. 프록세믹한 행동이 근거하고 있는 생리학적-감각적 기초는 무엇인가? 이러한 물음에 답하기 위해 매우 다양한 관찰방법과 기록기법이 개발되었다. 그중에서 가장 훌륭하고 효과적이며 믿을 만한 한 가지 방법은 영화촬영(cinematography)이었다.

우리는 일상적인 상황에서 사람들이 상호작용하는 영화를 여러 편 제작했다. 나 자신도 공원 · 거리 · 축제 등의 공공장소에서 그리고 통제된

---

2) 프록세믹스란 한 문화의 독자적인 노작(勞作)으로서 인간의 공간 사용(거리를 취하거나 자신의 영역을 보존하는 습관을 포함하여)에 관한 연구이다. 프록세믹스를 통한 관찰대상은 문화적인 다양한 고려에 의해 지배되는데, 집과 도시의 설계를 비롯하여 사람들이 개인적인 거리를 어떻게 취하고 또 그에 반응하는가 등을 망라한다. 이 책 말미의 '말뜻풀이'와 Hall(1963, 1964, 1974) 참조.

조건하의 실험실에서 사람들을 촬영했다. 그러한 영화는 풍부한 연구자료뿐만 아니라 두고두고 참조할 수 있는 비교적 영구한 기록을 제공해 주었다. 비디오테이프나 영화로 기록하여 인간의 상호작용을 분석하는 데에는 여러 방법이 있지만 다양한 기술에 관한 것은 전문가의 기술적인 문제이므로 여기에서는 설명하지 않겠다.[3]

동작학(kinesics : 전달수단으로서의 몸짓과 표정에 관한 연구)과 프록세믹스의 연구에 사용된 영화를 통해 우선 다음 세 가지 점이 명백해졌다. ① 대화할 때의 거리는 믿을 수 없을 만큼 정확하게 유지되었다(오차는 1인치에 불과하였다). ② 그 과정은 리드미컬했다. ③ 인간은 거의 전적으로 의식 밖에서 기능하는 춤사위(댄스)에 서로 엮여 들어갔다. 이러한 행동이 지닌 무의식적인 성격은 특히 구미의 문화들이 그렇지만 아프리카 문화들은 비교적 덜하다. 아프리카인은 인간이 교류할 때 극미한 세부에 이르기까지 의식한다.

우리는 이 규칙적인 프록세믹한 춤사위를 영화로 기록했을 뿐만 아니라 현실적인 실험실에서의 작은 실험들을 통해서도 유사한 결과를 얻었다. 실험적으로 나는 사람들과 대화를 나누는 동안 한 번에 1인치씩 접근하면서 상대를 교묘히 방의 코너로 밀고갔다. 나의 피실험자들은 자신이 나와의 대화거리를 거의 30초마다 조정하고 있다는 사실을 눈치채지 못했다. 그들은 편안한 거리를 유지하기 위해 움직이지 않을 수 없었던 것이다. 실험대상은 모든 계층을 망라했는데 훈련된 실험관찰자나 과학자, 기업인이나 점원 등을 막론하고 결과는 마찬가지로 보였다.

나는 우리 눈앞에서 일어나고 있지만 사실 전혀 모르고 있었던 하나

---

3) 오늘날에는 인류학의 하위분야를 구성하는 시각적 커뮤니케이션 인류학회가 있다.

의 행동체계를 발견했다. 그렇지만 어떤 문화에서나 사람들이 프록세믹하게 반응한다는 점은 알고 있었다. 사람들은 프록세믹한 패턴과 관습이 침해될 때마다 능히 관찰가능하고 예측가능한 방식으로 반응했다.

만약 이러한 종류의 행동이 인간의 공간사용에 관한 연구를 통해 밝혀질 수 있다면 시간의 연구를 통해서는 어떤 발견을 기대할 수 있을까? 사실 우리는 시간의 연구를 통해서 행동이 얼마나 놀랄 만한 것인지, 아니 그 이상일 수 있는지를 알았지만 그것은 프록세믹스 연구로부터 얻은 결과와 유사하다. 사람이 리듬을 구조화하는 것은 범상치 않은 과정이지만 그것이 함축할 만한 의미는 아직 단편적으로밖에 찾아내지 못하고 있다.

나는 1968년 뉴멕시코 주 북부에서 민족 간의 상호관계(interethnic)에 관한 연구 프로그램에 착수했는데[4] 그곳은 미원주민인 푸에블로 인디언·에스파냐계 미국인·앵글로계 미국인의 세 문화가 혼재하는 지역이다. 그들은 제각기 자신의 아이덴티티를 보전하고 있지만 거리에서나 산타페의 광장과 같은 공공장소에서나 다양한 비율로 섞여 있을 뿐만 아니라 서로 만나고 거래하며 의식과 축전에 함께 참여하고 서로 사랑하고 다투면서 지낸다. 공개적으로 거행되는 푸에블로 인디언의 무용(댄스)은 또 다른 환경에서는 신성한 드라마이지만 영화촬영을 통한 연구조사에는 이상적인 공연이다. 사람들은 저마다 다른 사람들을 찍고 있지만 카메라의 수에는 아랑곳하지 않는다.

뉴멕시코 북부에서 성장한 나는 영화에 기록되어 있는 대부분이 이미 내 머릿속에 입력되어 있다는 것을 깨달았다. 그러나 그 영화기록들이

---

4) 국립정신위생연구소가 그 연구비를 제공했다.

시간—동작 분석장치에 의해 하나하나의 프레임으로 분석될 때 나타나는 시각적 기록의 풍부함와 세부사항에는 내가 미처 알 수 없는 바가 있었다.

내 눈앞에 펼쳐지는 장면은 멈추지 않는 무도였다. 물론 모든 문화는 제각기 고유한 비트·템포·리듬을 지닌 나름의 방식으로 안무되어 있다. 이 문화 고유의 안무를 넘어서는 개인적인 몸짓과 자신들만의 드라마로 엮이는 쌍쌍의 무도가 있다. 그리고 이 모든 문화적·개인적 특징의 저변에는 인간상호간의 만남, 특히 민족이 다른 사람들간의 만남에서 비롯되는 진실, 요컨대 오해와 편견과 증오마저 낳을 수 있는 행동의 구체적인 면들이 있다. 필름(영화)을 통한 한 단계 한 단계, 한 프레임 한 프레임의 분석으로 우리 삶의 모습이 낱낱이 드러났다. 수초 단위로 일어나는 사건들(일상의 환경에서 인지하고 분석하기에는 너무 빨리 스쳐가는)이 이러한 분석에 의해 비로소 관찰되고 연구될 수 있었다. 사물의 외관들이 내 눈앞에서 사라져 녹아버리는 것이었다.

그 일은 내가 미국 남서부에 거주하는 세 집단(구미계 백인·에스파냐계 미국인·인디언)의 상호작용 패턴에 관한 연구를 처음 시작했을 무렵에 일어났다. 내가 본 것이 단순히 '본 것'만이 아님을 확인하기 위해 나는 존 콜리에 2세(John Collier, Jr.)라는, 이문화 간의 교류에 관한 자료를 시각적으로 표현하는 분야에서 가장 재능 있고 통찰력 있는 한 사람에게 내 필름을 편집되지 않은 그대로 검토해줄 것을 의뢰했다.

그는 남서부에서 성장하여 어린 시절을 타오스 푸에블로에서 지냈는데 젊었을 때 교통사고로 청각과 연결된 뇌부분을 크게 다쳤다. 그러나 그 외면상의 불행이 어쩌면 다행이었을지 모른다고 말할 수 있는 것은, 그로 인해 그가 대개의 사람들이 지각할 수 없는 방식으로 시각적 정보에 의지하는 능력을 키울 수밖에 없었기 때문이다. 콜리에는 남과 북의 미원주민을 담은 참으로 주목할 만한 사진을 찍었다. 그리고 그의 재능이 너무나 뛰어났기 때문에 나는 그가 계속해서 사진에만 몰두하리라고 생각했다.

그러나 내가 의뢰한 영화를 내 시간–동작 분석장치로 검토하면서 그는 내가 보았던 것을 나 이상으로 정확하게 보았다. 간단하고 휴대가 간편한 슈퍼–8밀리 영사기의 성능에 탄복한 콜리에는 곧 영사기(moving film)로 사진기(still camera)가 포착할 수 없는 것들을 기록하기 시작했다. 그는 재능 있는 아들 말콤과 함께 몇 권의 훌륭한 저서를 출판했는데 거기에 담긴 기록들은 구미계 백인, 백인학교에서 교육받은 인디언, 공식적인 교육을 받지 않은 인디언과 에스키모가 각각 교사가 되어 가르치는 인디언 학교의 사실적인 수업장면이었다. 그 연구들은 남서부의 인디언에서 알래스카의 에스키모에 이르는 광범위한 집단을 망라한 것들이었다.[5]

여기서도 콜리에 부자는 리듬을 발견하였다. 그리고 뜻밖의 주목할 만한 발견은 교사가 교실의 리듬을 결정한다는 사실이었다. 백인에 의한 교육을 받지 않은 인디언이 가르치는 수업에는 자연스럽고 편안한 호흡과 대양의 파도(즉 약 5~8초 주기의)에 가까운 리듬이 있었는데 그것은 오늘날 태반의 미국 학생이 경험하듯 도시학교의 백인과 흑인으로 구성된 거친 분위기의 교실보다 훨씬 느린 리듬이다. 미국의 교육제도에서 양성된 인디언 교사가 만들어내는 리듬은 그 중간이었다. 나는 콜

---

[5] John Collier, *Alaskan Eskimo Education*, 1973; *Visual Anthropology*, 1967.

리에 부자가 수집한 자료를 통해 인디언 아이들이 안정된 수업을 받을 수 있을 만큼 편안하게 느끼는 경우는 그들만의 친숙한 리듬에 침잠할 때뿐이라는 사실을 알았다.

내가 찍은 영화로 되돌아가서 인디언 시장의 한 장면을 검토해보자. 미국 중서부 출신의 코튼무늬 드레스와 빳빳한 챙이 둘린 밀짚모자 차림의 구미계 미국여성이 어릴 때부터 멸시의 대상이었던 인디언에게 예의와 친절로 대하려고 애쓰는 장면이었다. 그녀는 도자기가 가득 진열된 탁자로 다가섰다. 탁자 건너편에는 산타 클라라에서 온 푸에블로 인디언 여성이 앉아 있었다. 나는 그 백인 관광객이 등장하는 장면을 보면서 그녀가 어떤 행동을 하더라도 그것은 그녀 잘못이 아니라는 점을 상기시켜야만 했다. 그녀는 푸에블로 여성을 보고 짐짓 겸손하게 미소지었다. 내 눈앞의 무비 스크린을 통해 미세극(microdrama)이 전개되기 시작했다.

백인 여성은 탁자로 인한 간격을 메우기 위해 움직이지 않은 채 상체를 앞으로 기울인 다음 팔을 들어 어깨 높이로 천천히 뻗었다. 맙소사! 그것은 마치 칼을 뽑아드는 자태 같지 않은가! 한껏 뻗은 손가락이 그 인디언 여성의 코에서 불과 몇 인치 간격을 두고 정지한 상태로 허공에 고정되었다. 결코 거두지 않을 것처럼. 그 사이에도 그녀의 입은 끊임없이 움직였다. 질문을 하는 걸까? 아니면 무언가를 말하는 걸까?

그 촬영은 이동 마이크나 숏건 마이크(미약한 음성용 마이크), 또는 동시 녹음장치가 없이 눈치채지 않게 이루어진 것이었으므로 무슨 말을 했는지는 알 길이 없었다. 잠시 후 인디언 여성은 그녀의 개인적 공간 깊숙이 침입한 공격적인 손가락으로부터 천천히 머리를 돌렸는데 그 표정에는 말할 나위 없이 불쾌감이 서려 있었다. 그 관광객은 그때에야 팔을 거두고 우월감을 드러내는 우쭐한 표정으로 몸을 돌려 서서히 사라졌다. 30초 동안의 일이었다.

나는 그 만남을 분석하면서 커뮤니케이션의 일부—그 인디언 여성이 말로는 표현되지 않는 감정으로 받은 실질적 충격—가 단지 들이댄 손가락뿐만 아니라 비난하는 듯한 손가락이 허공에 고정되었던 시간의 길이, 즉 백인 여성이 마치 종이를 들고 곤충을 잡으려는 듯이 팔을 뻗은 상태로 고정시켰던 사실로도 전해졌음을 알게 되었다.

그 필름에는 그 밖의 교류장면도 더 들어 있었지만 다행히 지금 묘사한 장면처럼 지속적으로 강렬한 긴장감을 유발시키는 것은 없었다. 또다른 장면에서는 한 관광객이 마침 점원이 없는 탁자로 다가갔다. 그 사이에 나는 영토권을 표시하는 동작이 화면에 나타나는 과정을 지켜보았다. 그 관광객은 타인의 영역에 너무 근접했는데, 별로 안정감이 없어 보이는 그가 깨지기 쉬운 값비싼 도자기가 빽빽이 올려져 있는 카드게임용 탁자를 건들 여지가 많아 보였다.

몇 피트 떨어진 장소에 앉아 있던 젊고 수려한 푸에블로 부인이 의자에서 일어나 등을 곧추세우며 천천히 탁자로 걸어와 탁자 가장자리에 쫙 편 두 손을 올려놓았다. 그러고는 "이 탁자는 내 거예요"라고 말하는 듯한 동작과 자세를 보였다. 그 관광객은 뒤로 물러나면서 계속 말을 주고받았다. 나는 실제 그 교류가 이루어지면서 한마디의 말도 주고받지 않았음을 맥락으로 확언할 수 있었다. 나는 두 사람 모두 일어난 일을 극히 일부라도 인식했을지, 또는 커뮤니케이션이 다중적 차원으로 이루어지고 있었음을 의식했을지 의심스럽다.

그다음 문제는, 이와 같은 일들을 다른 사람들도 볼 수 있었을까? 미국 남서부에 가본 적이 없는 사람 또는 거기에서 몇 년 정도 살아본 적이 없는 사람 역시 그것들을 볼 수 있었을까? 나는 다양한 연구조사 프로그램에서 사용된 방법을 반복해서 응용함으로써 사람들이 보는 바는 성장과정에서 훈련되고 학습된 숱한 기능임이 입증되었던 것들을 찾아내기로 마음먹었다. 사람들은 제각기 조금씩 다른 세계를 보며, 문화가 다르면 그들의 세계도 아주 아주 다를 수 있다. 문제는, 영화의 짧은 단편을 반복해서 지속적으로 보여주면 그것을 본 학습자들이 지금까지의 자신의 조건을 극복하고 다르게 보는 방법을 배울 수 있을까 하는 점이다.

그 당시 노스웨스턴 대학에서는 학생이 실질적으로 받는 정도의 액수로 정부가 학생들을 보조하는 프로그램들이 있었다. 나는 그중 하나를 통해 학생들을 고용하여 한정된 예산으로 지금까지 내가 아는 한 시도된 적이 없었던 한 연구에 과감히 착수할 수 있었다. 나는 학교인력계에 일자리를 찾고 있는 근처의 학생을 보내달라고 부탁했다. 물론 그곳의 직원들은 학생이 하게 될 일이 무엇이며 어떤 기술이 요구되는지 알려달라고 했지만 특별한 기술을 가진 것보다는 이웃에 사는 것이 내게는 더 중요하다고 설명했다. 사실 내가 알아야 했던 점은, 시각분석훈련을 받은 적이 없고 남서부에서 이민족 간의 만남에 나타나는 미묘함에 관해 잘 모르는 학생으로서 타인의 간섭을 받지 않고 자신만의 시각으로 내가 본 바를 보고 나와 같은 해석을 할 수 있느냐 없느냐였다.

첫 번째 학생은 영어를 전공하는 쉴라(Sheila)였는데 나는 그녀에게 시간-동작 분석장치를 보여주고 그 사용법을 일러주면서 그녀가 기계의 작동방법을 터득했는지 확인한 다음 이렇게 말했다.

"이 영화들을 보고 네가 처음에 확실하게 보지 못했던 것을 볼 수 있게 될 때까지 반복해서 보았으면 한다."

물론 쉴라는 무엇을 보아야 하는지 알고 싶어했지만 나는 그녀가 무엇을 보게 될지 모르겠지만 한 가지 조건은, 지겨워서 머리에 들어오지 않는다고 생각되더라도 계속 보는 것이라고 말해주었다. 그 과정에서 나는 마치 가장 포악한 감독관이 된 듯한 느낌이 들기 시작했다.

이틀이 지나자 쉴라는 걱정스러운 표정의 얼굴을 내 사무실에 들이밀며 말했다.

"홀 박사님, 나는 아무것도 안 보여요. 그냥 백인 여러 명이 배회하면서 인디언들과 얘기하는 것밖에는."

나는 말했다.

"쉴라, 그냥 계속 봐. 충분히 보려면 아직 멀었어. 그게 쉽지 않다는 것은 나도 알지만 나를 믿어."

쉴라는 책을 통해 온갖 궁리를 짜냈고 내 파일을 뒤져서 주지 않은 필름까지 꺼내 보았다. 그것은 괜찮았다. 왜냐하면 그녀도 이따금 휴식이 필요하다는 정도는 나도 아니까. 그녀의 어학실력은 전혀 도움이 되지 못했으므로 그녀는 새롭게 사물을 보는 방식을 습득해야 했고 기분이 내켰을 때 다시 자기가 맡은 일을 잡을 것이다. 암실로 걸어 들어가 영사기를 켜고 인디언과 백인이 뉴멕시코의 태양 아래 활보하는 50피트 길이의 필름을 3주 가까이 보고 또 보는 과정에서 마침내 그녀는 더 이상 볼 수 없는 지경에까지 이르렀음을 느꼈다.

그러다 어느 날 나 역시 그녀가 결코 보지 못하리라는 생각으로 포기하려는 즈음에 쉴라가 흥분을 감추지 못한 상태로 내 사무실 문을 박차고 들어왔다.

"홀 박사님, 어서 이리 오셔서 이 필름을 보세요."

그녀가 무언가를 발견했음에 틀림없었다. 코튼무늬 옷을 입은 여인의 정지상이 화면에 나타났다. 목면드레스와 빳빳한 밀짚모자를 쓴 여자가 미국의 곡창지대 한복판에서 바로 걸어나오는 듯한 모습이었다. 영사기를 돌리기 시작하면서 쉴라가 입을 열기 시작했다.

"저 여자를 보세요! 인디언 여자의 얼굴을 바로 찌르려는 듯한 검 같은 손가락의 움직임을. 저 손가락을 사용하는 방식을 보란 말이에요. 저런 모습을 본 적이 있나요? 인디언 여인이 무언가 불쾌한 것을 본 것처럼 얼굴을 획 하고 돌리는 그 태도를 본 적이 있냐고요?"

그때부터 매일 쉴라는 그 영화에서 이전까지 보지 못했던 것을 발견했다. 처음에 그녀는 자신이 그 필름에서 본 것이 처음부터 줄곧 그대로였다는 사실, 즉 그녀가 처음에 보지 못했던 것과 비로소 볼 수 있는 것이 동일한 사실이라는 것을 인정하기가 힘들었다. 그러나 그 필름은 달라진 것이 없었다. 그녀가 달라진 것이다.

이어서 실험에 참가한 학생들과 더불어 그 시나리오는 반복되었다. 즉 안달, 당혹, 싫증, 무언가 흥미로운 파일의 모색, 그리고 나서 내가 포기할 즈음의 돌연한 깨우침, "저 장면을 보셨어요?" 2년에 걸쳐 모든 학생이 같은 것을 거의 똑같은 순서로 보았던 것이다.

나중에 나는 뉴멕시코에서 이와 동일한 방법을 이민족 간의 교류에 관한 조사의 일환으로 이용하기로 마음먹었다. 내 의문은, 폴리크로닉한 시간체계를 가지며 인간관계가 긴밀한 뉴멕시코의 에스파냐계 미국인이 영화의 숨겨진 의미를 읽어내는 데 걸리는 시간은 모노크로닉하고 인간관계가 비교적 긴밀하지 않은 앵글로계 미국인과 얼마만큼 차이가 있을까 하는 문제였다. 나는 당시 함께 일하고 있던 인간중심적인 에스파냐계 미국인들이 비언어적인 행동을 읽어내고 영화에 겹겹이 숨겨져 있는 정보를 재빨리 알아채는 데 놀라울 정도로 익숙함을 보여주었을 때에도 그다지 놀라지 않았다. 상호간의 기분 변화와 미묘한 비언어적 커뮤니케이션에 민감한 에스파냐계 미국인 피실험자들은 영화를 읽어 내는 방법을 습득하는 시간이 앵글로계 미국 대학생보다 훨씬 짧았다. 보통 주말 동안이면 충분했던 것이다.[6]

이민족 간의 만남에서 한 요소가 되는 비언어적 커뮤니케이션을 주제로 한 연구 프로젝트를 시작하면서 우리는 바로 미묘한 몸짓이 전달하는 의미에 관해서는 흑인이 뉴멕시코의 에스파냐계 미국인보다 한층 민감하다는 사실을 발견했다. 하나의 언어문화에서 자란 사람들은 비언어적 행동의 단서를 읽어내는 능력이 민족집단에 따라 큰 차이가 있다는 사실을 알고 나서 다소 놀라게 된다. 그러한 능력이 일반적인 지능검사로 검증될 수 없다는 것은 유감스러운 일이다.

우리와 같은 시간체계의 문화에서는 드물게 예외(한 영화를 스무 번씩 보는 청소년들)도 있지만 보통사람들은 일회적인 시청이라는 데 구애되어 있다. 텔레비전의 재방송조차도 보지 않으려고 하며 마땅히 할일이 없는 경우나 명화를 재상영하는 경우가 아니면 다시 보지 않는다. 우리는 다양성을 구하고 한 번 본 것은 피한다. 이러한 성향 때문에 일종의 피상성, 즉 삶의 단순한 면들에 불만을 품는 깊이의 결여가 비롯된다.

쉴라와 내 학생들이 극복하지 않으면 안 되었던 것이 바로 그러한 패턴이었다. 반복의 가치를 평가하는 데 숙달된 미국인은 거의 없다. 아마도 우리의 문화에서 눈에 보이지 않는 리듬이 널리 인식되지 않은 이유는 그 때문일 것이다. 왜냐하면 리듬의 본질이라는 것이 있다면 그것은

---

6) 연구조사방법의 성격상 비교적 통제가 더한 대학의 조건을 갖추어 실험을 반복하는 것이 불가능했다. 그러나 실험결과들은 그 당시 나의 필요를 거의 충족시켜주었으며 또 내가 그 두 집단에 관해 알고 있는 다른 모든 지식과도 일치했다.

다름 아닌 간격의 반복이기 때문이다. 그러므로 우리의 진짜 리듬은 사장되고 의식 밖에서 작용할 수밖에 없는 것이다. 그러한 리듬은 무대나 스크린에서 명배우의 연기를 통해서나 시간－동작 분석장치를 이용한 미세분석을 통해서 겨우 볼 수 있을 뿐이다.

## 인간의 상호교류에서 나타나는 동조

영어로 리듬에 관해서 기술한다는 것은 쉽지 않다. 우리는 그에 해당하는 어휘를 갖고 있지 않으며 우리 문화에는 그러한 개념들이 없다. 우리 서구인들은 우리 모두가 이 세계 안에서 제각기 혼자라는 개념, 즉 행동이란 외부세계나 타인과는 별도로 자기의 피부 내부로부터 비롯되는 것이라는 관념을 지니고 있다. 그러나 그러한 관념보다 진실과 동떨어진 것은 없으리라.

독자는 특정한 상황하에서 특정한 사람들이 자신의 행동에 좋은 또는 나쁜 영향을 준다는 느낌을 받아본 적이 있을 것이다. 아마 그러한 느낌은 맞는 것일 테고 거기에 주의를 집중하지 않을 수 없을 것이다. 나는 한 친구와 이 리드미컬한 그물망에 관해 논하면서 그가 자신의 경험적 사례를 설명할 때 주의 깊게 경청하는 나 자신을 느꼈다.

"우리 가족이 아침식사를 하는데, 매우 영리하고 인간교류의 분위기와 소우주에 유달리 민감한 내 딸이 나와 대각선 방향으로 앉아 있었지. 어도비(햇볕에 말린 찰흙벽돌－옮긴이) 벽에 기댄 채 나는 내 잔에 커피를 따르려고 손을 뻗었는데 나도 모르게 그만 반쯤 찬 커피잔을 놓아버리고 말았어. 그런데 내가 자신의 어설픈 행동에 난처해할 틈도 없이 내 딸이 말했어. '저 때문이에요?' 어쨌든 어떻게 그랬는 줄은 모르겠지만 그 아이는 나의 리듬을 방해했던 거야. 나도 모르는데 그 아이가 어떻게 그렇게 재빨리 알아차렸는지는 모르겠어, 다만 서로가 이상하리만큼 동조되어 있었다는 말밖에는 할 수가 없네."

여기에 대한 몇 가지 단서는 나중에 잠깐 논의하게 될 콘던(William Condon)이 제공해줄지도 모르겠다. 그것은 사람들을 엮어주는 신체리듬의 미묘한 그물망, 이를테면 일종의 단절이나 중요한 시점에서 일어나는 행동연쇄의 단락(短絡)과 관계가 있다. 그것이 내포하는 의미는 좋은 것이건 나쁜 것이건 간에 거의 믿을 수 없을 정도로 중요하다.

콘던은 사람들이 이야기를 나눌 때 두 사람의 중추신경계가 서로를 몰아낸다고 말한다. 물론 다른 사람들의 리듬을 끊거나 방해하는 재주를 가진 사람들도 있지만 대부분의 경우 그것을 의식조차 하지 못한다. 그리고 어떻게 그것을 의식할 수 있겠는가? 어쨌든 그들의 재주로 인해 다른 사람들이 사고가 일어나거나 물건을 깨뜨리거나 떨어뜨리거나 비틀거리거나 넘어지는 일을 당하는 것이다. 다행히 그와는 다른 종류의 사람, 즉 항상 다른 사람과 동조(in sync)하고 기쁨을 주며 상대가 다음에 취할 동작을 예감하는 듯한 사람도 있다. 그런 사람과는 무슨 일을 하든 춤을 추는 듯하다. 예컨대 침대정리조차도 그와 더불어 하면 재미있을 수 있다. 나는 어떻게 하면 서로 동조할 수 있는가를 사람들에게 가르칠 방도는 모르지만 사람들의 동조 여부에 따라 인간관계가 달라질 수 있다는 것은 알고 있다.

인격이 인간상호간의 동조(synchrony)에서 한 요인임은 두말할 나위 없지만 문화 역시 강력한 결정요인이다. 폴리크로닉한 사람들은 동조상태를 유지하지 않으면 앞서 언급한 바와 같은 불협화가 생길 수밖에 없다. 나는 그 점을 수년 전 산타페에서 나의 에스파냐계 친구들과 이웃을 통해 발견했다. 우리가 집 한 채를 지으며 밀접하게 함께 일하는 과정에서 에스파냐계 친구들이 우리보다 훨씬 민첩하고 빨리 숙달된다는 사실이 밝혀졌다.

소수 인원으로 구성된 우리 팀은 마치 여러 개의 팔다리를 가진 하나의 유기체처럼 결코 각자의 일을 방해하는 일이 없었다. 이러한 종류의 동조는 생사가 걸려 있는 상황이나 다치기 쉬운 작업 중에 사람들의 생명을 좌우할 수 있는 것이다. 두 사람 이상이 벽 위에 세워진 무거운 지붕들보를 떠받치고 있을 때 그들은 하나의 단위체로서 움직이지 않으면 안 된다. 그렇지 않으면 그중 한 사람이 전체의 무게를 받게 되어 벽에서 떨어지고 만다. 내가 묘사하려는 바는 결승전이 벌어지는 농구코트에서 볼 수 있는 장면이나 미국의 뛰어난 재즈 콤보(jazz combo : 소편성의 재즈 밴드 – 옮긴이)의 연주자들이 한 생명체가 숨쉬는 듯한 일체감으로 정말 '신명을 내기' 시작하는 장면을 단순화시켜 느린 동작으로 보여주는 것이다.

그러한 종류의 조화를 일본에서 관찰할 수 있다. 일본 사람들은 서로 아주 가깝게 모여서 일하며 하나의 집단으로서 생활하고 호흡한다. 토요타와 같이 큰 기업의 부사장조차 합의를 통한 의사결정을 용이하게 하고 항상 서로의 정보를 주고받을 수 있도록 사무실을 공유하는 경우가 많다.[7] 그러한 환경은 결국 일본이 세계의 산업 및 유통시장을 지배하는 데 주요한 공헌을 했다. 구미의 패턴에서는 사무실은 사회적 위신과 위계질서를 표시하는 상징체계의 일부이다. 미국의 회사 간부는 경

---

7) 1981년 1월 29일에 방영된 「CBS 리포트」로서 일본의 자동차산업에 관한 1시간
   짜리 특집방송.

쟁에 유리하도록 각자 자신을 격려시킨다. 미국의 중역들이 회합하기 위해서는 많은 노력이 필요하다. 왜냐하면 미국의 시스템이 개인의 지위와 점유하는 공간을 긴밀하게 엮어놓았기 때문이다. 우리가 '사무실'이라는 배지(badge)'로서 지위 따위를 논하는 것은 우연이 아니다!

지위는 중요하지만 일본에서는 그것이 표시되는 바가 다르다. 집단은 개인보다 더 중요하므로 일본의 집단은 하나의 단위체로서 생활하고 일하고 즐긴다. 토요타의 일관작업팀은 함께 체조하는 것으로 하루를 시작하여 함께 일하고 함께 휴식을 취하며 함께 식사하고 사택에서 서로 가깝게 살며 휴가조차도 함께 떠난다. 과거에 나는 그들이 믿을 수 없을 정도로 좁은 장소에서 일하는 것을 본 적이 있다. 그들이 동조하여 움직이는 모습이 매우 인상적이었는데 그것은 협소한 공간에서의 작업에 필수적인 것이다.

동시성(동조)을 연구하기 위한 보다 빠른 방법이 개발된다면 문화의 동질성, 폴리크로닉한 의사결정방법, 작업집단 구성원 상호간의 접근성 사이의 긴밀한 관계가 명확하게 입증되리라고 나는 예측한다. 실제로 앞서 기술한 비교적 단순한 방법이 이미 그러한 종류의 연구에 이용되고 있다. 설사 그러한 연구가 아니더라도 나는 동시성에 관한 경험 있는 관찰자로서 일본인이 미국인이나 유럽인보다 작업에서의 동조가 더욱 잘 이루어지고 있다고 확신한다. 이에 대한 한 가지 단서라면 일본인이 평균적인 서구인보다 동시성에 관해 많이 의식하고 있다는 점이다. 예컨대 대단한 스모선수는 심판이 시합의 개시를 명하기 전에 호흡을 일치(동조)시켜야 하는데 관중들도 그것을 충분히 의식하고 있다. 같은 맥락에서 일본인은 대화를 나눌 때 상대와 동조를 유지하기 위해 자주 자신의 호흡을 가다듬는다!

## 사랑 · 동일화 · 동조 · 퍼포먼스의 수준

사람들의 다양한 리듬을 연구해온 레너드(George Leonard)는 인간관계에서 벌어지는 일치고 리듬 위계질서의 어느 지점에 반영되지 않는 경우는 없다고 확신한다.[8] 듀이(John Dewey) 또한 리듬에 관심을 보였는데, 『경험으로서의 예술』(Art as Experience)이라는 자신의 저서에서 "리듬에 관한 공통의 관심은 변함없이 과학과 예술을 긴밀하게 맺어주는 끈이다"라고 말한다. 듀이는 리듬이 회화 · 조각 · 건축 · 음악 · 문학 · 무용 등의 모든 예술에 스며 있다고 확신했다.

예전에 나의 친구이자 동료였던 볼스(Gordon Bowles) 박사는 일본과 미국의 언어와 문화 모두에 능숙한 사람이었는데 일본 쪽 성향이 다소 강했다. 볼스는 일본과 일본인을 몹시 좋아했다. 어느 여름 우리 두 사람은 뉴욕 주 북부에서 일본유학을 준비하는 학생들을 함께 지도한 적이 있었다. 당시 그는 며칠간 사라졌다 나타나는 일이 빈번했는데 그가 돌아오면 나는 이렇게 말하곤 했다.

"고든, 또 일본 사람을 만나고 왔군."

그가 "응, 그랬어, 교토에서 온 친구들과 디트로이트에서 만나 재미있게 보냈지, 그런데 자네가 그걸 어떻게 아나?"라고 응답하면 나는 이렇게 말했다.

"자네가 움직이는 방식, 즉 자네의 리듬에서 알 수 있지. 일본 사람을 만나고 온 며칠간은 자네가 움직이는 비트가 다르다네, 그러다가 다시 미국식 패턴으로 바뀌기 시작하지. 자네의 존재 전체에 영향을 준단 말

---

8) George Leonard, *The Silent Pulse*, 1981.

일세!"

　누구나 생각해볼 수 있듯이 리듬과 사랑은 연관성이 있다. 리듬과 사랑은 긴밀하게 연결된 것으로 사실 동일한 과정의 일부로 간주될 수 있다. 사람들은 보통 자기가 좋아하지 않는 사람들과는 별로 동조를 이루지 못하고 사랑하는 사람들과 동조를 이룬다. 그러나 사랑과 리듬 모두 너무나 다양한 차원을 갖고 있어서 사랑에 대한 리듬의 관계는 자칫 잘못 해석되기 쉽다.

　오랜 세월 수업을 해온 나는 내가 가르치는 학생들을 사랑할 수 없으면 수업이 잘 진행되지 않고 교실의 리듬이 안정되지 않고 끊임없이 변동한다는 사실을 깨우쳤다. 또한 리듬이 존재하는 듯이 느껴지는 좋은 날이 있는가 하면 그렇지 않은 날도 있는데 후자의 경우에는 다수의 리듬이 경합을 벌인다. 잘 나가는 수업은 그 고유한 리듬을 발전시키며 학생과 교수가 만날 때마다 서로를 이끄는 것도 바로 그 리듬이다. 그렇다면 자신의 학생들을 사랑한다는 것은 무슨 의미인가? 대학 강의실에서는 그 말이 어울리지 않는 것처럼 들릴지도 모르겠다. 나는 교수와 학생 간의 그 특별한 태피스트리(다양한 색실로 짠 벽걸이용 비단—옮긴이)를 구성하는 각양각색의 실들을 풀고 확인하는 일이 가능한지조차 확신이 가지 않는다.

　교실은 가정의 연장일 수 있다. 그러므로 교수는 그에게 부친의 역할을 구하는 학생 측의 모든 충동을 독려해줄 필요가 있다. 아무튼 교수로서의 최대의 기쁨이자 참된 애정의 표현은 그 집단구성원 각각의 재능을 지켜보면서 그것이 발휘되도록 수시로 격려해줄 수 있는 것이라는 생각을 받아들여야 한다. 또한 학생들이 각자 자신의 생각을 가질 수 있도록 신뢰하는 것도 필요하다. 이 말은 서로간에 최선의 것을 이끌어내어 집단의 리듬 그 자체가 형성되도록 허용하고 어떠한 일이 있어도 정해진 명령에 의한 인공적인 리듬을 강제로 부과하는 일은 피하도록 노력한다는 뜻이다.

개인적인 관계의 수준에서는 배우자가 다른 사람과 관계하게 될 경우 그 리듬에 변화가 생기는 것을 관찰할 수 있다. 마치 집안에 제3의 인물이 있는 듯하며 어떤 면에서는 그들의 리듬이 존재하기 때문에 실제로 있는 것이나 다름없다.

각 개인은 각자의 기본적 리듬에 상당한 차이들이 존재한다는 점을 반복적으로 제시한다. '빠른 제인'과 '느린 존'이 있다면 그들은 결코 결혼해서도 함께 일해서도 안 된다. 그러한 사람들은 노력하면 평균적인 사람과는 그럭저럭 공조를 이룰 수도 있겠지만 성격적으로 평균적인 사람들에서 너무 벗어나는 사람들끼리는 리듬이 양극을 이루어 그 간격을 메울 수가 없다. 사람들은 이른바 속도를 올려서 따라잡는 능력을 갖고 있는 듯하지만 대부분이 그렇기 때문에 우리는 그 점을 눈치채지 못하며 또 속도를 올리고 내리는 과정이 얼마나 많은 스트레스를 유발하는지도 알지 못한다. 그 점은 실제 누구나 겪는 일반적인 경험이다. 다른 사람에게 이끌리거나 밀려가거나 한 적이 없이 사는 사람이 과연 있겠는가?

운동선수라면 누구나 알고 있듯이 스포츠의 성공요인으로서 힘과 인내에 뒤따르는 중요한 문제는 대개 리듬이다. 탁월한 운동선수는 '리듬을 지닌' 자들로서 그들이 경기를 할 때 그토록 아름답고 우아해 보이는 이유는 바로 그 때문이다. 모토사이클(오토바이) 경주는 리드미컬하기는 커녕 미학적인 스포츠로 간주되는 경우가 거의 없다. 그러나 모토크로스(오토바이 크로스컨트리 레이스)의 기록보유자이며 주요한 상을 독점한 스미스(Malcolm Smith)는 리듬을 가지고 있다. 그에게는 달리는 길이 사막의 모래밭이건, 아로요(협곡)나 관목숲이건, 진흙탕이건, 바위 산비탈이건, 거친 사막지대건 대차 없어 보인다. 다른 선수들은 모두 핸들을 잡아당기거나 오토바이를 거칠게 다루면서 돌·통나무·관목·도랑 등을 헤쳐간다.

그러나 스미스가 나오는 영화——스티브 맥퀸 주연의 「영광의 라이더」(On Any Sunday)——를 보면 우리들은 무위(無爲, effortless)의 편안한 심포니를 느낄 수 있다. 그는 경기가 시작할 때 일단 자신의 리듬을 설정하면 결코 그것을 벗어나는 일이 없다. 가장 주목할 만한 점은 다른 선수들을 추월해가는 그가 크게 속력을 내는 것처럼 보이지 않는다는 것이다. 사실 다른 선수를 하나하나 보게 되면 스미스보다 실제로 더 빨리 달리는 것처럼 보인다. 그렇게 여유 있는 페이스로 주유하는 사람이 광적인 속도로 질주하는 사람들을 끊임없이 앞지르는 광경을 보는 것이 믿어지지 않을 정도였다.

이와 같은 리듬을 인간의 본성에 관해 매우 정통한 아일랜드의 극작가 쇼(George Bernard Shaw)가 「카셀 바이런의 직업」이라는 수필에서 묘사했는데, 그것은 한 초등학교 소년이 권투시합에서 앞서 언급한 그 무위의 리듬으로 가장 힘센 급우를 패배시켰다는 이야기이다. 그 소년은 나중에 챔피언이 된 다음 국회로 진출하여 논쟁에서 자연스럽고 때를 놓치지 않는 공격으로 존경받는 의원이 되었다.

레너드는 합기도의 검은띠 유단시험을 위한 친구의 비범한 연기를 묘사한 한층 극적인 사례를 보도하고 있다.[9]

---

9) 같은 책.

"그의 동작은 너무나 부드럽고 정연해서 마치 시간 그 자체를 장악한 듯 갈수록 장엄한 페이스로 느려지는 것 같았다……. 시험이 진행됨에 따라 공격의 속도와 밀도는 증가되었지만 시간은 시종일관 서둘지 않는 꿈 같은 페이스로 천천히 흘러가는 느낌이었다."

그 리듬을 지닌 정연한 방어는 몇 사람의 생도들이 동시에 그를 공격하는 동안에도 줄곧 유지되었다. 보통 상황에서는 좀체 낼 수 없을 속도가 정확한 리듬이 확립되면서 천천히 구사되어간다는 것은 역설적이다.

사실, 긴장이 리듬의 적이라는 점은 선(禪)의 기본적인 진리이다. 또한 어떤 연기(performance)이건 그 리듬이 완벽하면 할수록 타인은 자신의 눈앞에서 벌어지는 행위를 섬세하게 인지하기가 수월해진다.

독자는 남달리 우아하면서도 본능적인 자아감각과 근본적인 자신감이 결여된 사람을 본 적이 있을 것이다. 그 관건은 리듬에 있다. 자신감을 키우고 행위를 우아하게 개선하는 일에 관심 있는 사람들에게 가장 효과적이고 대가 있는 훈련의 하나는 체조와 말하기의 조합이라는 사실은 놀랄 만한 것이 못 된다. 진짜 전문가의 지도하에 훈련된 체조는 가장 중요한 요소이자 가장 우선적으로 꼽히는 것임에 틀림없다. 자신감이나 에너지가 부족한 사람(분명 나이가 장애요인은 아니다)에게는 댄스, 합창, 악기연주, 그리고 행진연습조차도 신체의 동조, 자신감, 전반적인 행복감에 기여한다.

이러한 사실은 앞으로 동조에 관한 연구가 광범위하고 다양한 질환을 진단적으로나 치료적으로 개선하는 데 응용할 수 있을 정도까지 충분히 진전될 가능성을 예시해준다. 오늘날 세계적으로 만연된 우울증은 내면의 기본적인 방식에서 동조를 이루지 못하는 사람들에게서 그 원인을 찾아볼 수 있을지도 모른다. 확실히 조화는 각 개인이 서로 동조를 이루는 정도와 밀접한 관계가 있다.


## 동조와 집단의 응집력

리듬이 존재하지 않는다면 두 사건이 동시성을 갖는다는 것(동조하여 일어난다는 것)이 불가능하다는 사실이 이제 명백해졌을 것이다. 리듬은 동조를 이루는 데 기본이 된다. 이 원칙을 운동장에서 놀고 있는 아이들을 촬영한 필름을 통해 설명할 수 있다. 학교 운동장에 넓게 흩어져 있는 아이들 집단이 동조를 이룰 수 있다는 것은 생각하기 힘들지만 그것은 정확한 사실이다(여기에서는 『문화를 넘어서』를 약간 개정시켜 인용한다).

내 학생 하나는 연구테마로서 영화를 통해 알아내는 훈련을 선택했다. 그는 버려진 자동차에 몸을 숨기고 인접한 교정에서 휴식시간 중에 놀고 있는 아이들을 촬영했다. 그가 그 필름을 보았을 때 최초의 인상은 명백한 것으로 다름 아닌 교정 여기저기에서 놀고 있는 아이들의 모습이었다.

그다음 내가 모든 학생에게 요구하는 연습방법에 따라 그 필름을 다양한 속도로 반복해서 관찰한 그는 다른 아이들로부터 돌출해 보이는 매우 활달한 작은 소녀를 주목하기 시작했다. 그 소녀는 교정을 종횡무진하고 있었다. 내 학생은 그 소녀를 집중해 보면서 그녀가 아이들 무리에 접근할 때마다 그 무리의 아이들은 자기들끼리뿐만 아니라 그녀와도 동조를 이룬다는 사실을 알았다. 또한 그는 그 필름을 수없이 반복해 본 결과 깡충깡충 빙빙 춤추듯 돌아다니는 그 여자아이가 사실 운동장 전체의 움직임을 조화롭게 편성하고 있다(!)는 것을 깨달았다.

아이들이 움직이는 패턴에는 마치 무성영화에 나오는 춤추는 사람들처럼 비트(beat)로 해석될 수 있는 무언가가 있었다. 더구나 그 운동장의 비트는 친근하다! 즉 그가 이전에 접해본 적이 있는 리듬이었다. 그는 록 뮤직 애호가인 친구집으로 가서 함께 그 비트를 찾아보기 시작했다. 그 친구는 금방 가까운 선반에서 카세트 테이프 하나를 꺼내 그것을 카세트 데크에 집어넣었다. 바로 이거다! 필름의 첫 부분과 카세트에 녹음된 현대적인 록음악을 동조시키는 데에는 시간이 좀 걸렸지만 일단 시작되자 3분 30초짜리 필름 전체가 그 음악과 동조를 이루었다! 필름의 어떤 비트 어떤 프레임도 음악과 조화(동조)되지 않는 부분이 없었다.

이와 같은 일을 어떻게 설명해야 할까? 그것은 대부분의 사람들이 운동장에서의 활동이나 음악의 유래에 관해 생각하는 것과 일치하지 않는다. 작곡가들이 어디에서 자기 음악을 취하는가에 관해 노스웨스턴 대학의 한 특별연구원과 논의한 적이 있다. 그때 그를 비롯한 많은 음악가에게 음악은 일종의 리듬의 컨센서스(합의), 즉 핵심적인 문화의 컨센서스를 재현하는 것이라는 사실을 알게 되었는데 그것은 내게 별로 놀라운 일이 아니었다. 그 아이들은 어떤 특정한 곡에 맞추어 놓고 움직이는 것이 아님은 명백했다. 그들은 그들이 그때에 공유하는 기본적인 비트에 따라 움직이고 있었다. 또한 그들은 그 비트를 작곡가와 공유하고 있었고 작곡가 또한 자신이 잠겨 있는 리듬의 바다로부터 그 비트를 끌어낸 것임에 틀림없었다. 그가 핵심 문화와 동조하고 있지 않았다면 그 곡조를 작곡할 수 없었을 것이다.

이와 같은 일들은 납득하기도 설명하기도 힘들다. 왜냐하면 인간의 동시성(동조)에 관해 전문적으로 알려진 바가 거의 없기 때문이다. 그러나 나는 공공장소에서 서로 아무 관계가 없는 사람들을 촬영한 내 영화에서 그와 유사한 동시성을 찾아냈다. 그런데 그늘은 미묘한 방식으로 동조를 이루고 있었다. 놀라운 것은 내 학생도 그 비트를 확인할 수 있었다는 점이다. 그러나 그가 우리의 세미나에서 그 영화를 보여주면서 자신이 행한 일을 완벽하고 명석하게 설명해주었음에도 불구하고 거기에 참석한 사람들은 실제로 일어난 일을 이해하는 데 곤란을 겪었다. 그중 한 교장은 아이들이 '음악에 맞추어 춤추고 있다'고 말했고 어떤 사람은 아이들이 '곡조를 읊조리고 있는지' 알고 싶어했다. 그들은 음악이 작곡가에 의해 '만들어진' 것이고, 그다음에 작곡가가 그 '창작품'을 다른 사람들에게 전하고, 나아가 그것을 넓은 사회로 확산시킨 것이라는 통념적인 생각을 피력하고 있었다.

아이들은 함께 어우러져 움직이고 있었지만 교향악단이나 마찬가지로 일부 파트는 때로 쉬고 있었다. 궁극적으로는 모두가 참여하고 모두가 동조를 이루고 있었는데 음악이 그 가운데 존재하고 있는 것이다. 아이들은 공유된 문화의 일부로서 그 음악을 운동장으로 옮겨온 것이다. 그들은 그러한 것들을 태어나면서 줄곧, 아니 태어나기도 전에 어머니의 음성에 자신의 움직임을 일치(동조)시키던 그때부터 행해왔던 것이다.[10] 이것이야말로 우리를 리듬이라는 매혹적인 세계의 진정한 개척자로 이끌어주는 것에 다름 아니다.

르네상스 시대 이전에는 신(God)을 음 또는 진동으로서 상상했다.[11] 그것은 한 민족의 리듬이라는 것이 인간을 함께 엮어주는 모든 힘 가운데 가장 강력한 것임을 입증해줄 수 있는 것이기에 이해가 가는 일이다.

---

10) William S. Condon, "Neonatal Entrainment and Enculturation," 1979; William S. Condon 그리고 L.W. Sander, "Synchrony Demonstrated Between Movements of the Neonate and Adult Speech," 1974.
11) R. Murray Schafer, *The Tuning of the World*, 1977.

사실 나는 인류가 어떤 사람들에게는 말로 표현될 수도 없지만 어떤 사람들에게는 확실히 감지될 수 있는 리듬의 바다에서 살고 있다는 결론에 도달하였다. 이는 그 리듬의 바다로부터 느끼기는 하지만 아직 음악으로 표현되지 않은 리듬을 끌어내어 사람들에게 보여주는 능력을 참으로 지닌 듯한 작곡가의 존재이유를 설명해준다. 다른 차원이기는 하지만 시인 역시 같은 일을 한다.

테드록[12]은 푸에블로 인디언의 주니(Zuni)족에 관해 이와 매우 유사한 것을 보고한다. 주니족의 노래들은 매년 거행되는 의식을 위해 작곡된 것이다. 한 사람의 작곡가가 춤이 시작되기 전에 키바(kiva : 푸에블로 인디언의 반지하 예배장—옮긴이)로 노래 하나를 가져온다. 그는 그 노래에 관해 이야기하고 도입 부분을 불러준 다음 노래의 주요 부분('이야기하는' 부분)을 낭송한다. 만약 그 노래가 그럴듯하면 그의 혈족형제들이 협조하여 그 노래를 편집하고 가사를 생략하거나 일부 바꾸거나 하는데 그중에서 가장 중요한 일은 가사(lyric)와 멜로디를 맞추는 일이다. 노래의 가사 · 멜로디 · 메시지가 모두 부합되지 않으면 안 된다. 즉 모든 것이 제대로 이루어져야 하는 것이다. 테드록은 자신이 녹음한 116곡의 노래 가운데 4퍼센트가 채 안 되는 것들을 코야(co'ya) 즉 아름다운 것으로, 26퍼센트를 콕시(k'oksi) 즉 좋은 것으로 보고했다. 노래가 정말 아름답고 좋으며 청중이 그것을 좋아하면 무용수들에게 재연주를 부탁한다.

역시 사람들의 마음으로부터 우러나온 좋은 재즈음악과 마찬가지로 주니족의 음악도 사람들이 침잠해 있는 리듬의 바다에 흐르는 다양한

---

12) Barbara Tedlock, "Songs of the Zuni Katchina Society: Composition, Rehearsal, and Performance," 1980.

해류의 생생한 실재에 근접한 정도에 따라 평가된다. 그 노래들은 종교, 의례, 사회적 피드백, 사회적 통제 등과 같은 다중의 기능을 수행한다. 왜냐하면 노래는 공동체 구성원의 행동을 세부에 이르기까지 일목요연하게 오류 없이 묘사하는 경우가 많기 때문이다.

서구적 사고에서는 종교와 사회적 통제가 별개의 문제이지만 주니족은 그렇지 않다(내가 아는 다른 모든 인디언 부족도 마찬가지이다). 그들의 것은 포괄적인 철학이다. 종교는 모든 것을 망라하며 삶과 유리되어 있거나 단편화되어 있지 않다. 그러므로 그 노래들은 뜻밖에 흘러나와 조직화된 기능을 수행한다. 왜냐하면 노래는 집단의 감상과 신념을 표현하는 무의식적인, 일찍이 언어로 표현된 적이 없었던 층으로부터 유래하는 것이기 때문이다. 이것이야말로 아주 좋은 노래가 코야(코야는 모든 차원에서의 조화이다)인 이유가 된다.

미국의 백인과 인디언, 그리고 흑인의 차이 가운데 하나는 인디언과 흑인이 백인에 비해 자신들의 음악과 더욱 긴밀하다는 점이다. 대부분의 흑인은 자신들의 음악이 어디에서 유래하는지 알고 있다. 그것은 그들 자신으로부터 나오는 것이다. 나바호족이나 그 밖의 인디언 부족과 마찬가지로 푸에블로족은 한 민족의 음악이 자신들의 생활과 불가분하다는 것, 노래는 자신들의 아이덴티티에서 중요한 부분을 표현한다는 것을 인식하고 있다. 그렇기 때문에 그들은 공개적인 의식이 거행되는 동안 이방인이 신성한 노래들을 녹음하는 것을 꺼린다. 또 다른 이유는 춤이 공연되는 동안 관중도 하나의 기능을 수행해야 하기 때문이다. 그 기능이란 선의의 기도하는 마음가짐으로 동참하는 것이다! 관중의 역할은 무언가를 춤에 보태는 것이지 일방적으로 취하는(관람하는) 것이 아니다.

인디언들만 자신들의 음악에 반영된 자신들만의 비트와 리듬을 갖고 있는 것이 아니다. 미국의 모든 지역과 소도시에는 저마다 고유한 리듬과 음악이 있다. 릴리 톰린, 제인 폰다, 돌리 파튼이 출연하는「나인 투파이브」라는 영화의 서막에서 그 뛰어난 사례를 볼 수 있다. 재기발랄한 파튼 양은 거리를 걸어가는 사람들의 다리와 발동작을 지면에서 촬영한 쇼트에 맞추어 노래부른다. 비트에 맞춘 발과 발목의 동작에 카메라의 초점을 두다가 세 개의 메트로놈으로 초점을 옮긴 쇼트에서 커팅하는 매혹적인 장면도 나오는데 거기에서 발과 메트로놈은 서로 동조를 이루며 도시의 비트와도 동조를 이룬다. 그것은 짧은 쇼트에 불과하지만 나의 등골을 오싹케 하였다.

내가 지금 표현하고 있는 그 힘을 매우 강력하게 체험했던 고(故) 리버슨(Goddard Lieberson)은 서거하기 직전 2년간을 로바즈(Jason Robards), 피터스(Bernadette Peters)와 더불어 CBS의 2시간짜리 특별방송「그들은 음악으로 말한다」의 제작에 바치도록 자극받았다. 그것은 음악을 통한 미국의 역사로서 '양키두들'(Yankee Doodle)로부터 시작해서 독립혁명을 거쳐 제1차 세계대전과 '오버데어'(Over There)로 끝을 맺는다. 리버슨에 의하면 그것은 그때까지 한 번도 시도된 적이 없었다고 하는데 나로서는 그 이유를 알기 힘들지만 아마도 우리가 신을 더 이상 음 또는 진동으로서 사고하지 않기 때문이 아닐까 생각한다.


## 주파수 · 예지 · 피드백 리듬의 차이

피드백은 사이버네틱스(cybernetics) 분야에서 유래하는 용어로서 위너(Norbert Wiener)가 만들어낸 전문용어이다.[13] 사이버네틱스란 제어에 관한 연구이다. 배의 항행이라는 문제를 예로 들자면, 조타수(pilot)와 자동조타장치는 모두 항해를 위해 정해진 항로를 벗어나려는 배의 자연스러운 경향을 수정한다는 원칙에 따라 작용한다. 조타수는 항로를 벗어나지 않기 위해 컴퍼스·성좌·관성항법체계와 같은 다양한 장치와 보조수단을 사용한다. 선체의 요철을 비롯하여 바람, 대양의 큰 파도, 해류 등이 배를 항로에서 벗어나게 한다. 배를 항로에서 벗어나게 하는 힘과 항로를 따라가도록 하는 힘의 관계가 피드백이다. 말하자면 배가 항로를 얼마나 벗어났으며 그것을 되돌리기 위해서는 얼마만큼의 수정이 요구되는지에 관한 '정보'이다.

인간, 그리고 사실 모든 생명체는 생활에 필요한 안정을 유지하기 위하여 인간과 자연이라는 환경으로부터의 피드백에 의존한다. 모든 피드백 메커니즘의 일부 전략은 수정작업을 위한 적절한 간격을 아는 것이다. 수정을 지나치게 서두르면 시스템이 불안정해지고 수정이 너무 늦어지면 배는 목표에서 너무 벗어나 항로로 다시 돌아와도 다시 반대편으로 벗어나거나 하는 등의 일이 생긴다. 그 결과 뱀이나 사행천의 흐름처럼 필요 이상의 거리를 헤매게 된다. 내가 피드백 리듬이라고 명명한 바 있는 이 결정적으로 중요한 수정간격은 여러 사항에 함수적으로 작용하는데 인간에게 이 리듬은 기층수준에서 문화적으로 결정된다. 의사소통의 역기능(communicative dysfunction)에서 거의 알려져 있지 않은 원인의 하나가 바로 이 피드백 리듬과 수정작업의 불일치이다.

나는 일찍이 『문화를 넘어서』에서, 폴리크로닉한 뉴멕시코의 에스파냐계 미국인들이 서로의 감정에 너무 세심하여 사소한 기분변화조차 즉각 감지하여 이렇게 말한다고 묘사한 적이 있다.

---

13) Norbert Wiener, *Cybernetics*, 1948.

"테레사, 무슨 일이야? 방금 전까지도 명랑하더니 지금은 슬퍼 보이는구나, 뭐 안 좋은 일이라도 있니?"

상대방의 기분을 이런 식으로 신속하게 독파하는 일은 특히 그 집단 구성원의 사이가 좋을 경우에는 집단의 사기에 좋은 영향을 줄 수 있지만 젊은 남자들 사이에서는 비극적인 대결이 초래될 수도 있다. 예민한 감성이나 낮은 수준의 비언어적인 단서를 성급하게 읽어버리는 성향이 일촉즉발적인 사내다움, 술, 스피드를 낸 자동차, 권총 등과 어우러지면 정말로 큰일을 내기 십상이다.

일반적으로 에스파냐계 미국인은 앵글로계 미국인에 비해 서로 의기투합하는 경향이 강하지만 개인 상호간의 단파적인 피드백으로 인해 크게 격해지는 경우도 많다. 에스파냐계 민족이 장기계획에 관심이 없는 것도 그것에 수반되는 한 패턴으로서 폴리크로닉한 문화에서는 별다른 긴급한 요소가 개입되지 않는 한 장기계획을 달성하기가 언제나 힘들다. 사건은 재빠르게 진전되고 그 결과는 대개 고려되지 않는다.

일본인은 감정적 수준으로 접촉을 유지하는 시스템을 구축해왔다. 이점은 일상적으로 함께 작업하는 팀에게는 특히 중요하다. 그 기본적 패턴은 일본인의 위계질서에서 어떤 단계에나 적용되는 것 같다. 아침에는 형식적인 태도로 업무를 시작하지만 일이 순조로울 경우 시간이 지남에 따라 말의 쓰임이 차츰 풀어지게 된다. 경어(각자의 상호관계에 따라 지위를 표시해주는 접미사)의 생략이 서서히 이루어지는데 이것은 관계자 모두가 일의 진행상태를 인지하고 있다는 뜻이다.

뉴멕시코의 에스파냐계 민족과는 달리 일본인은 일이 잘못되는 것에 대해 일일이 신경쓰지 않는다. 왜냐하면 일본인은 맥락에 크게 의존하여 잘못되고 있는 점이 무엇인지 대개 짐작하고 있는 듯하기 때문이다.

이 경우에 우리는 단기적인 피드백, 즉 상호작용의 단편적 관계들로 분해된 일상의 리듬을 지니게 되는데, 함께 일하고 생활하는 집단구성원들은 그것을 통하여 서로 조화를 이루면서 집단의 감정적 정조(tone)를 일치시킨다(synchronize).

나는 모든 집단과 일본인 전부가 완전한 조화 속에서 일한다는 의견을 피력하려는 것이 아니다. 사실 그렇지도 않다. 다만 그들에게는 일상적인 인간관계에서 한쪽 극단(형식성)으로부터 온화하고 편안한 반대쪽(비형식성)으로 옮아가도록 작용하는 이상, 방법, 적절한 리듬, 강력한 욕구가 구비되어 있다.

그러면 미국의 인간관계에서는 어떤 종류의 피드백 리듬을 발견할 수 있는가? 미국에서는 개인이 속해 있는 사회적 계층과 민족적 배경에 따라 상당한 차이가 있다. 미국처럼 다양한 사회에서조차 규범은 존재한다. 왜냐하면 규범 없이는 무슨 일이든 기능하는 데 요구되는 충분한 동조를 얻기가 힘들기 때문이다. 그런 종류의 행동은 책이나 관리지침서를 보듯이 전문적이고 언어로 명시되어 있는 분명한 형태로 나타나는 것이 아니라 오히려 전국에 퍼져 있는 집합적 무의식 가운데 나타난다.

일반적으로 앵글로계 미국인은 에스파냐계 미국인에 비해 인간관계에서 상당히 장기적인 피드백 리듬을 지니고 있다. 그들은 기분이 옮겨 다닌다는 것을 당연하게 받아들인다. 직장에서 좋지 않은 일이 생기면 그것을 집안문제 탓으로 돌리며 그 역도 마찬가지이다. 앵글로계는 타인의 생활에 간섭하거나 개입하는 일을 꺼리는 경향이 있다. 그것은 부분적으로 단편화된 모노크로닉한 시간체계의 기능이자 그러한 시간체계가 우리의 고도로 개인주의적인 문화에 강력한 영향력을 행사한 결과이다.

사람들은 흔히 자신이 세상에서 고립되어 있으며 자신의 문제를 스스로 해결할 수 있어야만 옳고 합당한 일이라고 느낀다. 그렇게 하지 못하면 나약하거나 도덕성이 결여되어 있다는 표시가 된다. 그렇다면 일이 잘못될 경우에는 어떻게 되는가? 처음에는 아무도 거기에 관해 언질조차 주지 않지만 전혀 손쓸 수 없을 정도로 일이 잘못된 사실이 명약관화해지면 그때에야 말들이 쏟아진다.

내가 아는 한 젊은 여성은 최근에 전문직에 있는 한 남성과 함께 일하던 파트타임직을 그만두었는데 그는 함께 일하는 여성을 이용해먹는 습성이 있었다. 그녀는 그만두고 나서야 비로소 그의 행동이나 사무실 운영방식 등에 불만을 토로하고 자신이 그만두게 된 이유를 그에게 말할 수 있었다. 그때에야 그도 그녀의 업무태도에 대해 품고 있었던 자신의 느낌들을 털어놓을 수 있었다.

그들이 서로의 감정을 보다 일찍 전달할 수 없었다는 것은 참으로 유감스러운 일이다. 결혼생활에서도 부부가 서로를 괴롭혀온 일들에 관해 무언가 말하기까지는 수년이 걸릴 수 있다. 이따금 결혼생활이나 직장에서 피드백이 원활하고 안정되어 있는 인간관계를 찾아볼 수도 있다. 하지만 이 문제에 관한 대중적인 자료(신문의 인생상담란, 연재만화, 투서 등)를 보거나 나 자신의 경험에 비추어 보건대, 불만이 표명되는 데에는 보통 3개월에서 6개월가량, 때로는 5년까지도 걸릴 수 있다. 이 점에서도 일본인과 에스파냐계 미국인 간의 격차는 매우 크다. 에스파냐계 미국인의 피드백 간격은 일본인보다 짧지만 일본인의 간격은 백인의 그것에 비하면 훨씬 짧다.

# 10 엔트레인먼트

엔트레인먼트(entrainment, 同調化: 생체의 주기리듬을 다른 주기리듬에 동조시키는 것－옮긴이)란 둘 또는 그 이상의 사람들이 서로의 리듬에 관여하기 시작할 때, 즉 동조를 이룰 때 일어나는 과정을 지칭한 윌리엄 콘던의 조어(造語)이다. 콘던과 나는 동조가 수태 후 6개월 무렵부터 청각신경의 형성과 더불어 시작된다는 사실이 결국 입증되리라 믿고 있다. 그 시점부터 자궁의 태아는 들을 수 있다. 그리고 탄생 직후 신생아는 어머니의 목소리에 맞추어 리드미컬하게 움직이게 되며 어떤 말이든 다른 사람들의 목소리와도 동조를 이루게 된다!

따라서 주변의 소리와 동조하는 성향은 생득적인 천성이라고 할 수 있다. 그러나 어떤 리듬을 취하는가는 그러한 패턴들을 습득하는 과정에서 주위에 있는 사람들의 문화에 의해 결정되는 기능이다. 보통의 인간은 일찍 시작하기만 한다면 어떤 인간의 리듬과도 공조하는 법을 습득할 수 있음을 어느 정도 자신 있게 말할 수 있다.

생물체의 생래적 행동 프로그램에 근거하며 모든 인류가 공유하는 것이 인생의 초기에 그토록 철저하게 습득된다는 사실은 분명 중요할 뿐만 아니라 우리 인류의 생존에 관건이 될 것이다. 앞으로 싱크로니와 엔트레인먼트[1])가 인류의 생존에서 개인적 차원에서의 성(sex)보다 더욱 기본적이고 집단적 차원에서의 성만큼이나 기본적인 것임이 완전히 밝혀질 것이다. 타인과 엔트레인(동조)하는 능력이 없다면——어떤 유형의 실어증에서 나타나는 증상——삶을 꾸려가기가 거의 불가능할 것이다.

보스턴의 소아과의로서 출산 직후부터 부모와 자식 간의 상호작용을 수년간 연구해온 브레이즐턴(Barry Brazelton) 박사는, 정상적인 관계에서 다양한 수준의 미묘한 공조에 관해 설명하면서 아이를 학대하는 부모는 자신의 아이와 동조를 이루는 법을 결코 습득하지 못한다고 말한다. 리듬은 모든 사람에게 생활의 일부 그 자체이기 때문에 실제로는 거의 의식하지 못한다. 동조의 과정 어딘가에 의식적으로 행하는 통상적인 경험과 이른바 형이상학적 경험 간의 연결점이 존재한다. 모든 사람이 동조를 이루는 리듬의 바다와 예지(豫知, precognition)에 관한 최근 이론들의 거리는 매우 좁다.

잠시 우리의 생활에서 리듬의 역할로 되돌아가 타인과 동조를 이룰 수 있는 능력이 왜 그토록 필요한가를 살펴보자. 현재 동조에 관해 널리 인정된 이론이 없는 이유는 그 분야의 연구자들이 거의 없기 때문이다.[2]) 어디서나 들을 수 있는 음악이나 댄스의 리듬과 같이 누구나 친숙한 중(中)주파의 리듬은 의식적으로 주목할 수 있는 리듬이다. 이 지구상

---

1) 싱크로니(synchrony)와 엔트레인먼트(entrainment)는 동일한 것을 의미하는 것처럼 보이지만 양자는 동일한 과정의 다른 측면에 초점을 두고 있다. 싱크로니는 명백하고 관찰가능한 현상인 반면 엔트레인먼트는 그 현상을 가능하게 하는 내적인 과정을 지칭한다. 즉 이 두 신경계는 '서로를 자극'한다.
2) 맥도웰(Joseph J. McDowell, "Interactional Synchrony: A Reappraisal,"

의 어디에서나 사람이 있는 곳이라면 음악이 연주될 때 동조를 이루는 모습을 관찰할 수 있다.

그런데 일반적으로 음악에 관해 잘못 형성된 개념이 있다. 음악에는 비트가 있기 때문에 일반적으로 수용되어 있는 믿음은 리듬이 음악에서 유래한다는 것이다. 그러나 음악은 인간의 내부에 이미 존재하는 리듬을 고도로 특수화시켜 풀어낸 것이다. 그렇지 않다면 민족성과 음악 사이의 밀착을 어떻게 설명하겠는가? 또한 음악은 인간으로부터 방출된 리듬의 다소 경이로운 연장물로 볼 수도 있다.

음악말고도 인간의 리듬체계는 짧게는 0.02초(뇌의 베타1파)부터 수백 년에서 수천 년에 이르는 긴 파장까지 광대한 스펙트럼을 망라하고 있는 것으로 보인다. 영국의 고전 역사가이자 이론가인 아널드 토인비가 상당한 관심을 기울인 초장(超−長) 리듬은 완주하는 데 수백 년이 소요되는데 우리는 그러한 리듬 패턴들이 문명의 흥망 가운데 형성되는 것을 보게 된다.

토인비의 이론은 고도의 문명 뒤에는 대개 주기적으로 저조한 문명이 도래한다는 문명의 계기에 관한 사려 깊은 관찰에서 도출한 것이다. 토인비의 이론은 아직 잘 입증되지 않았지만 현대 대중문화의 리듬 템포가 빨라지고 있는 것을 알 수는 있다. 즉 적어도 그 점에 관해서는 대중적인 동의를 얻고 있다. 그러한 리듬이 존재하고 또 실제로 속도가 빨라

*Journal of Personal and Social Psychology*, Vol.35, No.9, 1978)은 콘던의 작업을 재현하고자 시도하다가 실패했다. 만약 그가 콘던이 행한 그대로 하고 같은 장치를 사용했다면 그 재현이 가능했을지도 모르겠지만 그는 그렇게 하지 않았다. 맥도웰이 콘던의 가정을 시험하거나 그 연구방법을 재현하지 못한 이유에 관해서 더욱 자세히 알려면 J.B. Gatewood와 B. Rosenwein(1981) 참조.

지고 있다면 우리가 직면하고 있는 변화에 적응하기 위한 시간은 과거에 비해 적을지도 모른다.

자연에는 항상 위대한 일관성이 존재했는데 그 리드미컬한 상호관계에 관해 보다 많은 지식을 갖는다는 것은 가치를 둘 만한 일이다. 인간은 이제야 비로소 기층에 통일성이 있을 것이라는 사실을 인식하기 시작했다. 우리는 '리듬이 자연의 길'이라는 사실을 이해할 필요가 있으며, 그러한 주목할 만한 과정들이 우리의 생활에 어떻게 영향을 미치는지에 관해 가능한 많이 아는 것은 우리 인류에 달려 있다.

콘던은 누구보다도 그 문제의 근본에 접근해 있다.

"우리가 지각하고 사고하는 사물들 사이에는 진정한 일관성이 존재한다. 그리고 그 일관성은 우리가 창조해낸 것이 아니라 발견해낸 것이다……. 관념과 가설은 수고로운 관찰로부터 유래하고 또 명확해진다……. 그러나 이 세계 속의 다양한 차이를 구별하고 발견함으로써 우리는 그 세계를 결코 다시 결합시킬 수 없는 조각들로 파편화시켜서는 안 된다……. 시간적인 것은 기본이며 역사를 포함한다. 과정은 제각기 역사를 갖고 있다. 숱한 역사가 존재하고 그렇기 때문에 역사는 다원적이지만 그렇다고 해서 비연속적인 것은 아니다."[3]

콘던은 나와 마찬가지로 모든 자연(생명)은 역설적이지만 불연속적이자 연속적—동시에 그리고 모순 없이—이라고 믿는다. 또한 나는 자연이 물리적 세계에만 국한되어 있지 않고 인간 및 인간의 산물들을 포함한다는 생각을 견지한다. 자연으로부터 배제되는 것은 하나도 없으며

---

3) William S. Condon, "An Analysis of Behavioral Organization," in *Sign Language Studies*, 13, 1978.

특히 사람들을 서로 결합시키는 미세(micro)리듬은 배제되지 않는다.

현상학에 관심이 있는 철학자, 콘던은 원래 펜실베이니아 대학의 버드휘스텔(Raymond Birdwhistell) 교수 그리고 나중에 가서는 정신의학자인 동료 고(故) 셰플렌(Albert Scheflen)으로부터 동작학(kinesics)의 연구방법을 지도받았다. 콘던은 연구에 들어가자마자 두 가지 사실을 발견하였다. 우선 그가 예측할 수 없을 정도로 풍부한 연구영역에 발을 들여놓았다는 것이고, 그다음으로 그 당시 어느 누구도 기꺼이 그 영역을 발전시키려는 참된 의지나 인내심을 지니고 있지 않았다는 것이다.

이와 같은 종류의 연구에 요구되는 시간적인 관리계획은 굉장한 것이었다. 콘던은 1년 반에 걸쳐 한 가족의 저녁식사 광경을 촬영한 그레고리 베이트슨 교수의 필름 가운데 4.5초짜리 장면을 연구하면서 하루에 4, 5시간을 보냈다. 그는 그 장면을 130부 복사해서 각각 10만 번씩 반복하여 필름이 닳도록 관찰했다. 1년 반 동안 그러한 관심을 유지할 수 있었다는 것은 그 식사광경이 많은 일들을 담고 있었음을 말해준다. 또한 그 식사광경에서는 우리가 알 만한 그 이상의 많은 일이 벌어지고 있었을 것이다.

콘던은 그와 같이 수고스러운 연구절차를 밟아나가려면 각각의 프레임에 번호를 붙이고 동시녹음을 한 특수 16밀리 영화를 제작해야 한다는 것을 인식했다. 그것은 관찰자가 신체 각 부분의 동작과 그에 수반되는 언어를 기록할 수 있는 다중적인 기록 시스템이어야 하고 또한 한 프레임을 동시에 전후로 작동시킬 수 있는 특수하게 고안된 시간-동작 분석장치가 되어 있어야 한다. 그리고 이 모든 것은 행동을 하나의 연속체로서 기록할 수 있는 방식으로 장치되지 않으면 안 되었다. 콘던의 작업이 여타의 행동연구 작업과 구별되는 한 가지 특징은 사람들이 말하고 있는 단어들을 포함하여 신체 전 부분에서 줄곧 벌어지고 있는 몸짓을 연속적으로 촬영한 기록, 즉 동시녹화(synchronous record)라는 점에 있다. 콘던이 거둔 진정한 성과는 행동이 조성되는 데 사용된 구성요소들을 확인해낸 것이다.

그러한 의미에서 콘던과 나의 연구목적은 수년에 걸쳐서 서로 일치된 바가 있다. 인간행동이라는 맥락에서 보면 시간이란 조성과정 그 자체(organization)이다. 그러나 콘던의 통찰은 그 이상의 많은 의미를 담고 있다. 예컨대 자아에 대한 정의는 리드믹한 동조적 과정에 깊숙이 침투해 있다. 그것은 리듬이 유기체(organization)에 내재해 있고, 따라서 인격의 조성에 기본적인 구성(design) 기능을 수행하기 때문이다. 리듬은 과정과 구조로부터 분리될 수 없다. 사실 말하자면 사건이 결여된 리듬 따위가 존재하는지 의심스럽다. 리드믹한 패턴은 개개인을 분별해주는 가장 중요하고 기본적인 하나의 인격적 특징임이 밝혀질 것이다.

인간의 모든 리듬은 자아의 중심, 다시 말해서 자기동조(self-synchrony)와 더불어 시작된다.[4] 뇌의 리듬조차도 실제 사람들이 행하는 모든 것과 연관되어 있음을 확실하게 나타내고 있다. 뇌의 리듬은 수면 중에도 변하는데 그것에 의해 그 사람의 수면상태와 꿈을 꾸는지 안 꾸는지까지 알 수 있다.[5] 그러므로 콘던이 각기 다른 여섯 가지 뇌의 주파수가 자기동조 리듬의 스펙트럼상의 특별한 각 부분과 연결되어 있다는 사실을 확증했다고 해서 놀랄 일은 아니다. 뇌파의 주파수는 말하기(speech)

---

4) 자기동조이상은 말더듬 · 뇌졸중 · 파킨슨씨 병 등에 나타나는 다양한 형태의 '어벙한 증세'에서나 사람들이 당황한 태도로 행동할 때 볼 수 있다.
5) Gay G. Luce와 Julius Segal, *Sleep*, 1966.

와 다음과 같은 관계가 있다.

| | | | |
|---|---|---|---|
| 델타 | 발화(utterances) | 1초마다 | 1~3 |
| 테타 | 단어(words) | | 4~7 |
| 알파 | 짧은 단어와 단음(음: sounds) | | 8~13 |
| 베타 1 | 단음 | | 14~24 |
| 베타 2 | 단음(phones: 모음 또는 자음) | | 25~40 |

　1,2초 간격의 델타파는 명백히 인간행동의 기본적 리듬이다. 콘던에 의하면, 말로 표현된 구(spoken phrases)는 정확하게 세 개의 짤막한 구를 채우는 이 1,2초 간격과 합치한다. 그리고 이 세 개의 구는 각각 두세 개의 단어로 이루어지고(전부 아홉 단어) 그 단어들은 25개의 단음(음)으로 이루어진다(다음 도표 참조). 신체의 각 동작은 이 네 단계의 일련의 리듬과 정확하게 동조를 이룬다.

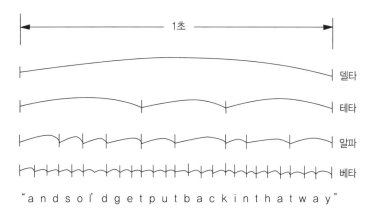

1초에 94프레임의 속도(정상속도의 거의 4배)로 필름에 기록된 그 말하는 장면의 길이는 1초에 지나지 않는다. 그 1초 동안 피실험자의 팔은 테타파의 패턴과 정확하게 일치한다. 그리고 그녀의 눈깜박임은 베타파의 패턴과 동조를 이루며 알파 리듬은 그 단어들과 동조를 이루고 그 역도 마찬가지이다.[6] 콘던은 이렇게 말한다.

"이러한 기본적인 리듬은 그 사람의 존재 그 자체의 일부가 되는 듯하다……. 그의 온몸은 그 리듬과 그 단계적 복합성에 참여한다."

사실 "보통의 행동에서 말하기와 몸짓 사이의 일치성과 통일성은 참으로 경이롭다"(고딕 강조는 에드워드 홀). 이 말은 지난 18년에 걸쳐 매일 상당한 시간을 그 놀라운 패턴들을 관찰하고 기록하는 데 몰두해온 한 인간의 말이라는 점을 유념해두자.

조지 레너드의 이론에 의하면 리듬은 모든 종류의 심령적 현상을 해명할 수 있다. 그리고 콘던의 작업은 궁극적으로 오늘날 영적인 것으로 보이는 일부 현상을 설명해줄지도 모른다. 왜냐하면 두 개의 중추신경계가 관계를 맺을 경우에는 항상 어떤 형태의 '엔트레인먼트'가 일어나기 때문이다. 그러므로 거리가 멀어도 그러한 엔트레인먼트가 일어날 수 있다고 생각하는 것은 견강부회가 아니다. 콘던은 사람들이 대화할 때에는 상호동조와 동시에 자기동조가 이루어질 뿐만 아니라 대화하는 사람들의 뇌파가 하나의 통일된 계기(繼起, sequence)로 맞물려 있기까지 하다는 점을 거듭 입증해왔다.[7] 우리가 이야기를 주고받을 때 우리

---

6) 이러한 예 외에도 콘던은 오실로스코프(oscilloscope: 역전류 검출관으로 전류·빛·음향 따위의 진동상태를 가시곡선으로 나타내거나 기록하는 장치 — 옮긴이)를 사용하여 242종의 발화, 365종의 연속된 단어, 1,055종의 연속된 음의 유형을 연구하여 동일한 결론을 얻었다.

의 중추신경계는 트랜스미션의 두 기어처럼 합치한다.

이 모든 사실은 신경분열증의 진단 및 치료와 관련이 있으며 분열증 가운데도 자신의 신체 경계가 방전체로 확장되는 것처럼 느끼는 지각이 상 환자에 관해 앞서 논의된 연구보고[8]와도 관련되어 있다. 이러한 종 류의 지각왜곡 증세를 지닌 환자는 방 안에 들어오는 모든 사람이 자동 적으로 자신의 경계막을 뚫고 들어온다(!)고 느끼기 때문에 엄청난 고통 을 겪을 수 있다.

또한 콘던의 작업은 실어증이나 분열증과 자폐증을 앓는 아이들에게 서 특히 눈에 띄는 또 다른 종류의 리듬의 실조(失調, disrhythmia)를 밝히 고 있다. 이 불행한 아이들은 공간적인 지각이상뿐만 아니라 시간적인 이상에도 대처하지 않을 수 없다. 콘던이 연구한 정신분열증 환자 중에 는 신체의 좌우측이 이따금 동조를 이루지 않는 경우도 있었는데, 이를 테면 한쪽 눈은 의사에게 고정되어 있는 상태로 다른 쪽 눈은 카메라를 보고 있을 수 있다. 그리고 눈꺼풀도 엇갈려가면서 한쪽은 감겨 있고 다 른 쪽은 뜨고 있는 식이다.[9]

최신의 시간-동작 분석장치가 없다면 1초의 몇 분의 1 사이에 벌어 지는 신체의 움직임이나 보통 육안으로는 감지할 수 없는 미미한 동작 을 분리해서 확인하고 검토하는 일이 불가능했을 것이다. 그러나 확실 하게 알 수 있는 것은 그 아이들이 다른 사람들과 상호관계할 때 그들에

---

7) William S. Condon, "Method of Micro-Analysis of Sound Films of Behavior," 1970; William S. Condon과 W. D. Ogston, "Speech and Body Motion Synchrony of Speaker-Hearer," 1971.

8) Edward T. Hall, *The Hidden Dimension*, 1966.

9) 콘던과의 사적인 담화에서 인용, 1979.

대한 긴장감이다. 아마 다른 아이들도 마찬가지겠지만 콘던이 연구한
아이들이 대부분은 적절하게 엔트레인(동조)하는 것이 불가능했다. 자기
자신과 엔트레인할 수 없으면 타인과 엔트레인하는 것도 불가능하며 또
한 엔트레인할 수 없다면 타인과 관계를 맺을 수도 없다.

　엔트레인먼트의 결속시키는 속성이나 운동장에서 노는 아이들의 무
의식적인 리듬을 지휘하고 조정하는 소녀에 관한 앞 장에서의 관찰에
비추어 본다면, 우리가 대화할 때 우리의 뇌파가 보조를 맞추고 있다는
사실뿐만 아니라 그러한 리듬들이 그때 우리가 우연히 속하게 된 집단
에 존재하는 보다 크고 일반적인 리듬 가운데 결속되어 있다는 사실을
전적으로 인정할 수 있다. 그리고 현 시점에서는 그 가설을 입증하기 힘
들다고 해도 거리를 둔 집단 개개인의 뇌파를 기록할 수 있는 조사장비
를 충분히 갖춘 유능한 연구자가 있다면 그 가설의 입증 또는 반증도 가
능할 것이다.

　나는 『프록세믹스 연구입문』이라는 책에서 이와 관련된 접근방법을
설명하면서 네 가지 기본적인 구성요소를 다루었다. ①기록체계, ②인
간상호작용을 촬영한 필름, ③시간－동작 분석장치, ④컴퓨터 프로그
램(데이터그래프)이 그것이다. 데이터그래프(DATAGRF)는 사람들이 언제
동조를 이루고 이루지 않는가 그리고 얼마만큼 동조에서 벗어나 있는
가, 즉 얼마만큼 처지고 있는가를 보여주고 더불어 상호작용의 밀도를
알 수 있도록 특수하게 설계된 것이다. 이 프로그램은 완벽하지 않다.
예컨대 속도의 증감은 나타나지 않는다. 그러나 콘던의 작업과 마찬가
지로 시간에 따라 일어나는 사건을 기록하고 하나하나 서로 비교가능한
방식으로 광대한 변수를 처리할 수 있다.

　보조를 맞추지 못하는 개인 또는 집단에게는 어떠한 영향이 미치는

가? 우선 하나는 집단의 프로세스가 크게 방해받을 수 있다. 나는 처음으로 집단을 구성하는 사람들을 공개적으로 촬영할 당시에 그 감격스러운 광경에 상당히 압도되었던 기억이 있다. 소집단의 동조뿐만 아니라 때로는 모든 사람이 하나의 광대한 리듬의 일부가 된 듯한 경우도 있었던 것이다.

아메리칸 인디언의 리듬이 독특하다는 점이 입증된 것은 꽤 되었다. 나는 대화를 주고받는 인디언이 무언가 제시하고 있는 것을 알기 위해 여러 번 관찰해왔지만 적절한 장치를 이용할 수 있기까지는 그것을 분석할 수 없었다. 그들의 리듬은 싱커페이션(당김음)이 들어간 리듬이다. 하나의 몸짓은 한쪽 손에서 시작하여 한가운데로 옮겨가 다른 쪽 손에서 끝맺음한다. 신체의 양측은 말하기와 보조를 맞추어 더불어 움직인다. 구미의 백인은 선형적이고, 언어의존적이며, 닫힌 악보이고, 숫자지향적인 좌뇌(左腦)문화를 지니고 있을 뿐만 아니라 필름을 보면, 신체의 한쪽만을 선호하여 흑인이나 인디언처럼 한쪽에서 다른 쪽으로 옮겨가지 않는다는 것을 알 수 있다.

패턴의 차이는 그렇게 신체에 관한 의식을 억제하도록 양육된 사람들에게 불안을 불러일으킬 수 있다. 집단 내부에서 리드믹한 메시지가 갖는 힘은 내가 알고 있는 어떤 힘보다 강력하다. 그것은 동일시(identification)의 과정에서 기본적인 구성요소의 하나, 즉 숨겨진 힘으로서 중력처럼 집단을 결집시킨다. 내 학생 가운데 그러한 힘의 작용을 받고 있는 청년이 있었다. 그는 흑인 여성과 결혼한 재능 있는 백인 청년인데 그녀의 가족과 함께 살면서도 가장 간단한 흑인의 걸음걸이마저 익숙해지지 않아 곤욕을 치르고 있었다. 10살도 안 된 그의 처제가 그에게 사람답게 걷는 방법을 가르치느라고 여러 시간을 허비했지만 결코 배울 수 없었던 것이 그의 실상이었다. 그녀는 그가 삐거덕거리는 어색한 걸음걸이로 집 안을 돌아다니는 모습을 보기가 불안하고 불편했다.

나 자신이 수집한 자료들은 매우 시사적이라고 말할 수 있다. 내가 연구했던 세 집단의 차이는 합리적이고 열린 마음으로 기꺼이 볼 준비가 되어 있는 사람이라면 누구나 알아볼 수 있는데 콘던의 세부적인 자료들은 그보다 더욱 명료하다. 그는 흑인에 관해 설명하면서 이렇게 말한다.

"흑인(일부)의 행동을 세심하게 살펴보면 **싱커페이션**이 **아름답게 구사**된다. 예컨대 내가 집중적으로 연구해온 흑인은 대개 우선 오른손과 팔을 최초의 자음과 동조시켜 움직인 다음 모음에 맞추어 더욱 빠르게 왼팔을 움직이고 나서 속도를 늦춘 다음 양팔을 함께 최후의 자음에 맞춘다. 그는 온몸을 사용하여 그렇게 움직인다……. 한편 백인은 연속적인 흐름 속에서 리듬을 유지시키려는 경향이 있다. 신체 다른 편과의 관계에서 한편은 싱커페이트된 대위점이 상대적으로 결여되어 있다."[10]

독자는 콘던이 자신이 관찰한 것을 설명할 때 그것이 몇 분의 1초 동안 일어난 사건이라는 점을 염두에 두어야 한다. 앞에서 논의된 도표를 참조하여 말하자면 이 싱커페이션은 알파와 베타 뇌파의 수준이다. 아메리칸 인디언의 싱커페이션은 기록하기가 훨씬 수월하고 더욱 명료하며 훨씬 느리다(아마도 테타와 델타 수준 정도일 것이다). 사실 미국 서부에 거주하는 인디언의 통상적인 행동의 템포는 백인이나 흑인의 그것보다도 현저하게 느리다. 그와 같은 차이는 민족의 경계를 초월하여 인간의 행동을 읽어내는 방식에 어떻게 영향을 미칠까? 집단과 동조를 이루지 못하는 한 개인이 그 집단을 환란시킬 수 있다면 지금 말한 것과 같은

---

10) 콘던과의 사적인 담화.

근본적인 리듬의 차이는 어떤 영향을 미칠 수 있을까? 그러한 문제들은 결코 사소한 것이 아니리라.

구미인들은 대개 서로의 행동에서 예시적인 단서를 읽어낼 수 있기 때문에 구미사회에서는 생활에서 안정을 유지하고 대립을 피하는 경우가 많다. 구미인들은 그 일련의 예시적인 단서에 의해 일어날 일을 미리 알 수 있으며 필요한 경우에는 수정작업도 할 수 있다. 예시적인 단서에는 많은 종류가 있는데 그중 한 가지 특별한 유형은 무언가를 말하는 것과 그 말에 대한 행동 사이의 시간의 경과이다. 이문화 간에 오해를 초래하는 매우 심각한 원인 가운데 하나는 위협받은 시점과 그것이 실행되는 시점 사이의 시간을 제대로 읽어내지 못하는 것이다.

구미문화에서는 무엇을 하겠다고 말하면서 어느 정도 시간이 지나도 행동에 옮기지 않으면 결코 하지 않겠다는 것으로 간주된다.[11] 이 점은 법률에조차 반영되어 있다. 예컨대 미국의 출소기한법은 그러한 패턴에 근거한 것이다. 미국에서는 범죄를 저지른 주(州)에 따라 3년에서 7년 정도의 차이가 있지만 그 기간 안에 재판에 송부되지 않는 한 대부분의 범죄는 소추될 수 없다. 또한 체포된 후 일정 기간(보통 체포 후 60일에서

---

11) 시간의 길이는 상황과 맥락에 좌우된다. 아직까지는 아무도 그 규칙들을 상세히 설명하지 못했다. 만약 어머니가 아들에게 다시 한 번 진흙 묻힌 발로 집 안에 들어오면 엉덩이를 때리겠다고 말하고 난 다음, 어느 날 거실에서 진흙을 발견한 후 30분 안에 엉덩이를 때리지 않는다면 어머니는 아들의 엉덩이를 때리려는 의도를 전혀 나타내지 못한 것이 된다. 만약 교장이 학교의 과학제에서 가장 창조적인 프로젝트에 대해 100달러의 상금을 주겠다고 말해놓고 과학제가 끝난 지 한 달이 지나도 상금을 주지 않았다면 그는 상금을 줄 의사가 없는 것이다. 일반적으로 진지한 일일수록 약속이 무효화되기까지의 시간적 여유가 길어진다.

90일) 안에 재판을 받지 못한 피고인은 석방되어야 한다. 그것은 물론 미국의 법정에 엄청난 부담을 주는 일이지만 적어도 우리 문화가 기능하는 방식과는 일관성을 지닌다. 그리고 다른 어떤 법률분야보다 더욱 그렇다고 말할 수 있다.

푸에블로 인디언의 패턴은 어떤지 살펴보자. 이 책이 출판되기 몇 해 전에 뉴멕시코의 한 푸에블로 인디언 부족이 분쟁을 일으켰는데 그 요인의 태반은 백인이 결코 이해할 수 없는 것들이었다. 그것은 산토 도밍고――뉴멕시코의 산타페와 앨버커키의 중간지점――의 푸에블로 인디언이 주정부에 대해 도로의 사용권을 두고 자신들이 납득할 만한 시정을 하지 않는 한 푸에블로 땅을 통과하는 주도(州道)를 폐쇄하겠다고 통고했던 일이다.

아무 일도 일어나지 않은 채 몇 해가 흘렀다. 주정부의 어느 누구도 그 도로――그것은 주의 거대한 댐, 리오그란데의 부동산 개발지, 또 다른 푸에블로 인디언 부락과 두 에스파냐계 미국인 마을로 통하는 도로였다――에 관해 인디언과 이야기하려 들지 않았다. 주의 도로국은 그 문제를 잊은 것으로 생각했다. 그러다가 결국 그 도로를 보수할 필요가 생기자 인디언들에게 한마디 자문도 구하지 않은 채 재포장공사를 해버렸다.

그 후 어느 청명한 아침에 코치티 댐공사를 위해 차를 몰고 가던 사람들은 길목을 막으려고 가로지른 철제 가드레일을 발견했다. 인디언들은 장벽의 효과를 더욱 확실히 하기 위해 가드레일 바로 뒤편의 구도로에도 엄청난 도랑을 파놓았다. 그리고 표시판의 설명은 이러했다. 이 도로는 인디언의 땅을 통과하며 산토 도밍고의 인디언은 도로 폐쇄의 권리를 행사하고 있는 것으로 **전면통행금지!**

백인들은 마치 산토 도밍고의 인디언들이 이성을 잃었다는 듯이 반응했지만 인디언들은 그 이유를 이해할 수 없었다. 푸에블로 인디언의 책임자는 이렇게 말했다.

"나는 왜 백인들이 놀라는지 모르겠다. 어쨌든 우리가 도로를 폐쇄할 것이라는 표시판이 1년 내내 우리집 앞에 걸려 있었고 모두 그것을 보았다. 백인들은 그 표시판을 도대체 어떤 의미로 생각했단 말인가?"

이것은 우리가 관심을 기울이거나 무시하거나 하는 일이 문화에 따라 어떻게 달라지는가를 가르쳐준 훌륭한 예이다. 인디언에게는 그 표시판이 명백하고 매우 현실적인 것이었지만 백인은 눈에 보이지 않는 그 시간의 경과에 더욱 비중을 두었던 것이다. 결국 또 다른 도로가 건설되었고 인디언은 만족할 만한 권리를 획득하였다. 그러는 동안 평상시 그 도로를 이용하던 사람들은 모두 얼마나 더 가야 하는지도 모를 거친 비포장길을 돌아갈 수밖에 없었다.

또 다른 예가 보이드(Doug Boyd)의 『노호한 천둥』(Rolling Thunder)에 기술되어 있는데 그것은 아이다호에 사는 쇼쇼니(Shoshone)족 주술사의 이야기이다. 정부는 가축용 목초지를 확장하기 위해 쇼쇼니족의 신성스러운 피뇽(pinon)숲을 불도저로 밀고 있었다. 인디언들은 격노했지만 어떻게 해야 할지 몰랐고 어떤 행동을 취해야 할지 결정할 수 없었다. 그러나 그들은 적어도 무슨 일이 벌어지고 있는지는 확인할 수 있었다. 쇼쇼니족은 자동차에 올라타고 숲으로 가서 수천 그루의 뿌리뽑힌 나무들 사이에 서 있는 체인 감긴 불도저를 목격했다. 이 경우 구미인들 같으면 어떻게 반응했을지 상상해보자. 아마도 구미인들은 불도저 앞에 드러누워 외쳐대거나 비명을 지르고, 진정서를 돌리고, 법정에 금지명령을 제소할 것이다. 그리고 정부 측에서도 일단 행동이 개시되면 법정에서 해결될 때까지 중지할 수 없으리라는 점을 명백히 알고 있을 것이다. 그러나 인디언들은 히스테릭해지기는커녕 그냥 서서 바라보면서 사진을 찍기 위해 따라온 한 백인 친구에게 몇 가지 질문을 했을 뿐이다. 몇 년이 흐른 다음 인디언들은 행동할 때가 왔다고 결정을 내렸다. 그리고 그들이 파업에 들어가자 정부의 모든 계획은 즉각 중단되고 말았다.

백인들은 처음에 쇼쇼니족이 말 이외에 어떤 일도 하지 않았다는 사실로 그들이 앞으로도 아무 일도 하지 않으리라고 단정했다. 한편 인디언의 입장에서는 백인이 일촉즉발의 상태로 보였음에 틀림없다. 나는 이러한 종류의 패턴을 여러 해 동안 관찰한 결과 자기 자신의 리듬체계라는 다소 좁은 범위 내에서가 아니면 제대로 기능할 수 있는 사람이 거의 없다는 사실을 확신하고 있었다. 만약 두 체계의 차이점이 고려되지 않거나 양자를 동조시키려는 신중하고 효과적인 노력이 기울여지지 않는다면 비참한 결과가 초래될 수 있다. 민족집단 간의 불협화를 야기시킬 수 있는 것은 리듬 스펙트럼상의 예시적인(불명료한) 부분만이 아니다. 그 밖의 다른 행동상의 특징들 역시 우리의 관심을 필요로 한다.

문화의 경계를 초월한 상호작용적인 싱크로니나 엔트레인먼트는 동조를 이루는 문제일 뿐만 아니라 말하는 사람이 자음-모음-자음(C-V-C)의 시퀀스(sequence)에 의해 움직이는 동시에 속도를 내거나 늦추는 문제이기도 하다. 현재 입증될 수 있는 한, 신체는 자음에서 멈추고 모음에서 속도를 내는 것이 보편적인 현상이다.[12] 미국에서 백인이 흑인과 상호작용할 때 백인의 움직임은 모음에서 느려지는 경향이 있지만 흑인은 그렇지 않다. 그 결과 백인에게는 흑인이 훨씬 긴장하고 있는 것

---

12) William S. Condon, "Neonatal Entrainment and Enculturation," 1979.

처럼 보인다. 그러한 긴장에 익숙하지 않은 사람이라면 그 긴장감은 분명 매우 위협적일 수 있다. 적어도 그러한 점을 인지하고 있는 것은 백인에게 유익할 것이다. 푸에블로 인디언이 사용하는 C-V-C 시퀀스에 관해서는 아직 분석된 것이 없다. 내 생각에는 그들이 백인보다 훨씬 모음에서 느려질 것 같다.

푸에블로 인디언과 지배적인 구미문화가 흔히 서로 동조를 이루지 못하는 중요한 이유 가운데 하나는 사건에 대한 각 문화의 전제조건, 즉 특정한 행동을 취할 수 있기 전에 반드시 벌어지는 일이 서로 다르다는 데에서 비롯된다. 예컨대 우리는 사랑이 결혼의 전제조건이라고 생각하는 반면 중동에서는 결혼을 성사시킬 때 사랑 이외의 것들이 우선적으로 고려되는데 그들은 모든 일이 순조롭게 진행되면 사랑은 거의 자동적으로 뒤따르는 것이라고 말한다.[13]

구미세계에서는 집을 지을 때 대개 토지와 돈을 먼저 확보한 다음 시작한다. 뉴멕시코의 푸에블로족은 토지만 있으면 돈은 없어도 된다. 집을 짓는 데 필요한 것은 친척의 협력이다. 그런데 대부분의 구미민족에게는 전혀 낯선 푸에블로족의 전제조건이 있는데 그것은 모든 중요한 문제에 적용된다. 푸에블로족이 토지에 삽을 대기 전에 갖추지 않으면 안 되는 것은 매사에 올곧은 사고 그 자체이다. 그들은 사고 그 자체에 생명이 있고 그러한 생명을 가진 사고는 인간이 만든 모든 구조물과 일체가 되며 그 구조물과 더불어 영속한다고 믿는다. 사고는 집을 짓는 데 모르타르나 벽돌과 마찬가지로 본질적인 요소이다. 올곧은 사고가 결여된 채 행한 일은 아무 일도 하지 않은 것만도 못하다.

---

13) Edward T. Hall, *The Silent Language*, 1959.

이에 관해 잠시 생각해보자. 우리 같은 구미문화에서 그러한 전제가 요구된다면 과연 어떻게 될까? 아마 우리는 모든 일정을 미리 짜는 일이 더 이상 불가능해질 것이다. 왜냐하면 '올곧은 사고'를 갖는 데 얼마나 시간이 걸릴지 아무도 말할 수 없을 테니 말이다. 자신의 머릿속에서뿐만 아니라 타인의 머릿속에서까지 올곧은 사고가 이루어지려면 긴 시간이 걸릴 것이다. 따라서 푸에블로 인디언과 같은 문화의 리듬은 타인이 설정한 시간표에 따라 운행되는 우리 같은 문화의 리듬보다 전반적으로 훨씬 느릴 것이라는 결론을 얻을 수 있다.

앞서도 주목해보았듯이 스케줄은 사람들을 격리시키고 서로를 차단시킨다. 반면 사람들은 올곧은 사고를 지님으로써 서로 결합하고 자신이 속한 집단의 단결과 연대감을 증대시킬 수 있다. 푸에블로 인디언이 집을 짓는다는 것은 집단의 단결을 재확인하는 것이다. 그러나 백인이 집을 지을 때 그 주인에게는 집단의 단결을 재확인한다는 생각조차 들지 않는다. 오히려 집을 짓는 일이 동료나 친구, 이웃의 질투심을 유발시킬 수조차 있다.

리듬의 특성 또한 다르다. 백인은 모든 것을 대문자 또는 그에 필적하는 것(결혼식 · 의식 · 취임식 등)으로 시작하기 때문에 누구나 일이 시작된 특정한 시점을 알 수 있다. 그러한 커다란 리듬을 음악의 경우를 들어 살펴보면, 우리의 음악은 육상경기의 출발을 알리는 피스톨처럼 갑자기 요란한 소리와 더불어 시작된다. 사실 베토벤의 제5번 교향곡의 제시부(타타타 타-)가 강렬한 충격을 주는 이유는 구미 전통의 핵심에 있는 지배적인 테마와 너무도 일치하기 때문이다. 그러나 이 '타타타 타-'의 문화가 시작할 때에는 거의 음을 내지 않다가, 음악이 전개됨에 따라 '미끄러져 들어가다가' 생각이 제자리를 잡아야 비로소 제소리를 내는 문화와 상호작용할 경우에 어떤 차이가 생기게 될지 생각해보자.

또한 한 문화가 한 세대를 초월하는 리듬을 전개할 때도 있는데 그 경우 누구도 일생 동안 교향곡의 전부를 다 들을 수 없다. 내 친구인 푸카타푸(Karaa Pukatapu)에 의하면 뉴질랜드의 마오리(Maori)족의 경우가 그러하다. 이 책이 집필될 당시 뉴질랜드의 민족문제국 차관이었던 그는 마오리족으로서, 인간의 재능개발은 지역에 따라서는 달성되는 데 수세대에서 수세기까지 걸리는 과정이라는 사실을 꽤 자세히 기술한 바 있다. 그는 이렇게 말했다.

"우리가 몇 세기 걸려서 아는 것을 당신들은 하룻밤에 알려고 한다!"

긴 리듬을 짧은 기간에 압축시키려는 구미인들은 그 결과, 자식이 자신의 기대대로 자라지 않았을 때 느끼는 좌절감 같은 것을 맛보게 된다. 그러나 마오리족은 진정으로 균형을 이룬 인격이 형성되는 데에는 수세대가 걸릴 수도 있다는 사실을 알고 있다.

그것이 의미하는 바는 마오리족이 태어날 때부터 심리적으로 유럽인과 다르다는 것도, 우리가 논의해온 유형의 어떤 생래적인 리듬이 있음을 시사하는 것도 아니다. 다만 동조를 유지하려는 능력——사실상은 욕구——이 생래적인 것이며 문화가 전개하는 어떤 리듬이라도 그 문화의 구성원 대부분은 그것을 고수하고자 한다는 것을 의미할 따름이다. 그러나 각각의 문화는 수세기에 걸쳐 그 고유한 리듬을 진화시킨다는 사실, 그리고 대부분의 리듬은 인생의 초기에 습득되기 때문에 흔히 무의식중에 마치 생래적인 것처럼 취급된다는 사실을 결코 간과해서는 안 된다.

또한 언어를 습득하는 데에는 올바른 리듬의 파악이 매우 유효하다는 점을 이해하고 실행하는 것은 탁월한 재능과 통찰력이 요구되는 일인데 하버드 대학의 더글러스 딜런 연구소에서 프랑스 문명사를 전공한 와일리(Lawrence Wylie) 교수가 바로 그러한 능력을 갖춘 사람이다.

많은 사람이 경험하지만 우리 문화가 그에 대해 과학적으로 수긍할 만한 설명을 주지 못하는 또 다른 형태의 엔트레인먼트가 있다. 내가 언급하고 있는 바는 다름 아닌 융(Carl Jung)의 '동시성'(synchronicity, 또는 共時性) 개념으로 그것은 같은 제목의 한 논문과 그의 후기 저작들에 설명되어 있다.[14] 구미문화에 속한 우리는 원인 – 결과라는 사고방식에 익숙하다. 그렇게 된 이유 가운데 하나는 선택의 여지도 없이 우리의 사고를 한 번에 한 가지씩이라는 선형적 태도로 틀 짓도록 한 언어나 시간 체계의 영향력과 관계가 있다.

"Post hoc ergo propter hoc"(그것에 뒤따르는, 그러므로 그것 때문인)이라는 라틴어는 사고에 미치는 언어의 영향을 논할 때 사용하는 말로서 기술(記述)언어학이라는 학문세계에서는 오랜 상투적 문구이다. 그것은 우리 구미전통의 일부로서 머리카락을 길게 늘어뜨린 나바호족 노인의 입에서는 흘러나올 수 없는 종류의 문구이다. 그런데 그와는 정반대의 개념이 바로 동시성이다. 이를테면 다른 장소에 있는 각기 다른 사람들이 동시에 동일한 체험을 하는 것으로 공간적으로 격리되어 있는 사람들이 동일한 감각과 감정을 경험한다고 알려져온 일이다.

융은 말한다.

"우리는 전혀 다른 법칙이 지배하는 다른 세계를 시각화할 수 없는데 그 이유는 우리가 자신의 정신을 형성하고 우리의 기본적인 심적 조건

---

14) Carl Gustav Jung, "Synchronicity: An Acausal Connecting Principle," in *The Structure and Dynamics of the Psyche*, second edition, 1969; *Memories, Dreams, Reflections*, revised edition, 1973.

을 정립하는 데 조력해온 특정한 세계에 살고 있기 때문이다……. 시간
과 공간에 관한 우리의 개념은 근사적으로만 타당할 뿐이다. 그러므로
크고 작은 일탈이 일어날 여지는 많다."[15)]

융을 이러한 결론으로 이끈 그 자신의 경험은 도대체 어떤 것일까? 거
기에는 무언가 주목할 만한 경험이 있었음에 틀림없으며 그 경험의 일
부는 다음과 같이 요약되어 있다.

융은 스위스의 한 지방을 방문한 후 기차로 귀가하는 중이었다. 그는
자신의 일에 집중할 수 없었다. 그는 울적했고 몇 년 전부터 보아왔던
한 환자 생각에 깊이 빠져 있었다. 그 환자는 이혼해야 하는데도 그러지
못하고 있는, 아내 일로 정신을 뺏기고 있는(이른바 침잠해 있는) 사람이
었다. 그때 융은 시계를 보았는데 나중에, 자신이 기차에서 그런 생각들
과 감정에 잠겨 있었던 바로 그 시각에 그 환자가 자살했다는 사실을 알
게 되었다.

또 다른 예로는, 한 친구가 마침 융이 연구하고 있던 주제를 다룬 책
한 권을 보내왔는데 그것은 융이 난제를 풀기 위해 몹시 필요로 했던 바
로 그 책이었다. 이 경우 흥미로운 것은 그 일이 융에게 뜻밖의 성과를
부가해주었다는 점이다. 그것은 다름 아닌, 자기 연구의 선구적인 성격
으로 인해 세상에 자기 혼자라고 느끼는 초조감을 몰아내준 효과이다.
그의 고립감은 어느 정도 근거가 있는 것으로 얼마 전 융은 프로이트와
결별하고(그때까지 그들은 친밀한 사이였다) 그 후 줄곧 혼자서 독자적인 연
구를 계속해왔기 때문이다. 우리와 같은 문화에서는 의식의 세계와 무
의식의 세계 사이에 드리워진 베일을 꿰뚫어보지 못하는 한, 융과 같은

---

15) Carl Gustav Jung, 같은 책, 1973의 p. 300 참조.

능력을 가진 사람은 고립감을 느낄 수밖에 없다.

나는 융의 생각에 대부분 동의한다. 그에 의하면, 유럽인은 의식적인 세계를 창조했는데 그 세계에 사는 사람들은 대부분 또 다른 세계, 즉 문화를 통합하는 리듬과 훨씬 밀접한 관계를 맺는 무의식의 세계가 존재한다는 사실을 거의 또는 전혀 깨닫지 못한 채 일생을 보낸다. 융은 그러한 세계를 '집합적 무의식'이라고 일컬었다. 그리고 그는 인간이 또 다른 지평에서 '동조'를 이루고 있다는 증거로부터 힘을 얻어 확신을 갖게 된 듯하다.

이 책의 필자인 나도 융과 유사한 경험을 우연 이상으로 허다하게 겪어왔다. 내 일생에서 특히 현저한 점은 일과 관심의 동시성이다. 이 글을 쓰기 전날에 오랫동안 소식이 없었던 한 동료가 장거리 전화를 걸어와 이 책과 가장 깊이 관련된 일을 전해주었다. 우리는 1시간 동안 통화했다!

다른 예로는, 나 자신의 신체를 통하여 타인의 신체가 느끼는 감각을 경험하는 것이다. 이에 대한 나의 유일한 설명은, 공간 때로는 시간을 초월하는 무의식적인 수준에서 이루어지는 동조의 한 형태가 존재한다는 것이다.

우리는 다른 사람들과 매우 잘 어울려 동조하고 또 춤춘다는 사실에 익숙하다. 사실 우리는 이따금 사람들과의 동조가 너무나 잘 이루어져 그들이 다음에 할 행동까지 미리 아는 경우가 있다. 융이 말하는 동시성이란 그러한 경우를 한 단계 더 내디딘 것에 불과하다. 인간의 리듬 스펙트럼에 관해 그리고 우리의 리듬이 지구의 에너지 장(場)과 관계하는 방식에 관해 많이 알게 될수록 한층 명확한 설명이 가능할 것이라는 게 내 생각이다. 그러한 수준의 동조를 활용하는 능력을 습득하는 일은 일본인들이 선(禪)의 기법을 실천할 때 하는 것처럼 자아와 조화를 이루는 일에 다름 아닐 것이다.

리듬의 문제에 관해서는 다양한 관점에 의한 접근방식이 가능하며 또한 지금까지 다양한 각도에서 연구되어왔다. 또 다른 접근방식에 관해서는 채플(Eliot Chapple)의 저작을 권한다.[16] 그는 생물학적 시계 및 그와 연관된 리듬에 관해 폭넓게 저술해온 인류학자이다.

---

16) Eliot Chapple, *Culture and Biological Man*, 1970.

# 11 신은 세부에 존재한다

아서 밀러의 대성공작 「세일즈맨의 죽음」은 남자 어른들의 눈물을 자아낸 작품으로, 기술과 이익을 우선시하는 기업의 가치와 사람들이 삶을 구축하는 비형식적인(기층의 핵을 이루는) 문화의 가치를 갈라놓는 깊은 골을 다루고 있다. 종업원에 대한 책임감(비공식적인 체계에 근거한)을 인식하지 못하는 고용주의 탐욕과 몰지각이야말로 경영과 그 밖의 사회 사이의 긴장을 야기해온 오랜 원천이었다. 밀러의 희곡은 그 한 예를 묘사한 것에 불과하다. 그 희곡의 기초가 되는 그리고 생명력을 부여한 갈등은 궁극적으로 이 작은 행성의 운명을 결정하게 될 문제, 즉 그 해결 여부에 따라 생존과 절멸이 판가름나는 결정적인 문제의 핵심에 자리한다.

과거 인간은 자신의 지도자를 따라 전장에 나갈 때에도 지도자의 이기심에 기꺼이 부응한다는 여유가 있다. 그 결과 인류는 과거 수천 년 동안 끔찍한 전투를 치러왔다. 그러나 국가와 도시가 파괴되고 수백만 명이 죽었어도 세계 전체가 파괴되는 일은 결코 없었다! 오늘날의 세계에 사는 사람들이 직면할 수밖에 없는 문제는 기술적으로 자아중심적인 의사결정 및 인간에게 아직도 그러한 여유를 부릴 수 있는 자유가 있는가 없는가에 집중되어 있다.

세계의 운명은 어떻게 밀러의 희곡을 문화의 비공식적인 수준 사이의 긴장과 동일한 시각으로 드러내 보일까? 이는 수월히 답이 나올 질문이 아니다. 그 이유는 인간의 신경계가 조직되어 있는 방식에 기인하는 본래 답변하기 어려운 문제이기 때문이다. 인간으로서 우리 삶의 일차적인 관심사는 타인의 바람과 욕구에 맞추어가는 것이라기보다는 우리가 쾌적한 상태를 유지하고 불안을 피하는 길로 우리 자신의 입력(input)을 관리해가는 것이다. 이 점에 관해서는 나중에 더 살펴보기로 하자.

쾌적한 상태를 유지한다는 것은 주로 비공식적인 문화의 문제이며 익숙한 환경에 안주할 수 있느냐 없느냐이다. 비공식적인 또는 핵심 문화는 인간 상호관계의 기반이다. 사람들이 당연시하는 사소한 모든 일로서 타인과 더불어 사는 삶을 즐겁게도 힘들게도 만드는 것은 비공식적인 패턴의 공유 여부에 달려 있다. 비공식적인 일에는 놀라울 정도로 유동적이고 유기적인 성질이 있어서 마치 일반적으로 사람들을 갈라놓는 개인의 외피가 팽창하는 듯이 보인다(실제로 그럴 수도 있다). 그러므로 타인과의 관계가 원만하면 그 순간 우리는 하나의 유기체가 된다. 비공식적인 일은 문화적 과정으로서의 시간의 연구와 긴밀하게 엮여 있다. 그러나 그것은 또한 밀러의 희곡과 마찬가지로 보다 커다란 문제의 메타포일 수도 있다.

집중적이고 단편화된, 규정적이고 통제를 필요로 하는 기술적인 일과는 대조적으로 비공식적인 일은 도처에서 일어난다. 우리와 같은 서구 문화에서 언어에 의하지 않은 집단의 지혜가 깃드는 곳이 바로 이 비공식적인 수준으로 거기에서야말로 창조적이고 혁신적인 진취성의 대부분이 발휘된다. 비공식적인 수준은 집합적 무의식의 보루이기 때문에 선동적인 정치가에게는 궁극적인 위협이 된다. 기업인은 이해가 더디고 정치가는 아직 이해조차 하지 못한 한 가지가 있다면 그것은 다름 아닌 사람들의 힘과 강인함, 그리고 생존가치는 비공식적인 문화의 건강하고 활력 있는 체계에 뿌리내리고 있다는 점이다.

비공식적인 커뮤니케이션을 다른 모든 커뮤니케이션 형태와 구별해 주는 것은 송신자도 수신자도 없고 쉽게 확인할 수 있는 메시지도 없다는 점이다. 모든 것이 과정 그 자체가 되어 타인에게 적절한 반응을 유발시킨다. 그리고 그 과정이 진행되면 모든 사람이 완벽한 동조를 이룬다. 이전의 논의에 입각해서 말하자면 비공식적인 커뮤니케이션은 맥락도가 상당히 높다. 그러므로 기업이나 정부처럼 맥락도가 낮은 체계에서는 당연히 그와 같은 복잡한 과정을 이해하기 어려울 것이고 수용하기도 꺼릴 것이다.

비공식적인 문화의 패턴은 결코 강제로 부과되는 것이 아니라 실생활의 상황에 따라 자연스럽게 진전되는 것이며 시간의 시련을 견뎌온 것이다. 그러한 패턴은 사람들로부터 유래한다. 그것들은 개인적으로 공유되고 경험된 것이며 집단 아이덴티티의 구조에 절대 불가결한 요소이다. 실제로 그러한 패턴은 개인을 집단과 결합시키는 것, 다시 말해서 집단을 결속시키는 접착제이다. 기업과 정부는 그러한 패턴을 사소하고 특이체질적인 것으로 끊임없이 배제시킨다. 그러나 유감스럽게도 사람들은 자신이 동경하고 열망하는 삶을 연예계의 유명인에게서 구하는 것과 마찬가지로 현실적인 성공의 모델이나 성공수단을 기업인에게서 구한다. 그러나 그들의 모든 권력과 부에도 불구하고 기업이나 정부가 행하는 어떠한 일도 오늘날 세계의 시민이 필요로 하는 종류의 모델을 제공해주는 것과는 거리가 멀다.

비즈니스 스쿨이 인적·물적 자원의 관리를 '합리화'하는 데 최대의 노력을 기울인 것은 숫자를 가르칠 수 있기 때문이다. 그러나 때로 그것이 유효할 경우도 있지만 항상 그렇지는 않다. 미국의 비즈니스 스쿨——가장 좋은 학교일 경우라도——이 숫자와 이론에 지나치게 많은 시간을 할애하는 반면 인간이해에는 너무나 소홀하다고 통렬히 비난하는 사람들도 있다. 그 문제에 관해 한 논문은 이렇게 말하고 있다.

"……경영대학원(MBA) 출신들을, 수리에 관해서만 훈련받고 제품의 제조 및 사람을 다루는 방법에서는 경험이 결여된 오만한 아마추어라고 생각하는 경영자들이 늘어나고 있다."[1]

비평가들은 그러한 결함이 경영 전반에 반영되어 있다고 본다. 또한 좁은 시야와 지나친 전문화에 대한 불평도 있다. 그러나 이론과 숫자 및 사례사(史)는 분석과 교육이 가능하기 때문에 비즈니스 스쿨의 필요성에 공감하는 사람도 있다. 비공식적인 패턴은 실제 업무사례에서 습득하는 것이 가장 좋다. 비즈니스 스쿨도 직접 시장에서 기능해야 한다는 점과 수강생과 기업 모두 경영자가 쉽게 파악할 수 있는 학습과정을 원한다는 점을 기억할 필요가 있다.

최근 몇 년간 비즈니스 스쿨과 기업 간에 벌어진 거리를 이어주는 긴밀한 피드백이 고려되고 있다. 최근 비즈니스 스쿨은 사람을 다루는 방식에 관해 아무것도 가르치지 않는다는 기업의 목소리가 높아져왔다. 그러나 기업의 컨설턴트로서 현실적인 상황에서 기업가를 접하면서 경험해온 나의 관찰에 의하면 경영자는 기업의 전 과정에서 노동력의 비

---

1) 『타임』지, 1981년 5월 4일자 기사, "The Money Chasers."

공식적인 문화나 노동자의 사기라는 결정적인 역할의 중요성에 관해 '최소한도'로밖에 이해하지 못하고 있다. 숫자는 아주 현실적이지만 사기는 너무나 막연하다나! 수많은 경영자들이 '손을 놓고' 있는 탓에 기업의 가장 중요한 측면이 경시되고 있다. 알아야 할 것은 다른 민족의 문화가 아니라 바로 우리 자신의 비공식적인 문화이다!

미국의 법률은 문화의 비공식적인 기반에 관해 특히 무지하다. 예컨대 사람들이 고용기간이라는 문제가 지닌 의미와 같이 중요하고 절실한 문제를 제기할 때 그들이 말하고 있는 것은 아예 무시해버릴 수 있는 가벼운 문제일 리가 없다. 우리의 생활을 형성해온 그러한 패턴은 문자 그대로 수백 가지가 넘는다. 대부분의 사람들은 그러한 패턴의 규칙을 설명하지는 못하지만 규칙이 위반될 경우에는 즉각 그것을 지적한다. 비공식적인 문화의 지배와 기술적인 문화의 지배 간에 비롯된 긴장관계는 그 지속이 불가피하며 현대의 경영에 대한 최대의 도전 가운데 하나로 나타나고 있다.

그러한 긴장관계의 하나로 최근 대중적인 관심을 끈 문제가 남성문화와 여성문화의 차이인데 그것은 여성이 중상급 경영자로 진출하는 데 겪는 난관의 일부 요인이 된다. 이 문제를 탐구해온 헨닉(Margaret Hennig)과 자르딤(Anne Jardim)은 미국 전역에서 상급 경영진으로 진출한 25명의 성공한 여성을 대상으로 철저한 연구를 행했다. 베스트 셀러가 된 『여성 경영자』(The Managerial Woman)라는 책에 실린 그들의 인터뷰 내용은 광범위하고 통찰력이 있다. 그들이 도달한 결론은 일부 전투적인 여성해방론자들이 빈번히 소리 높여 부인해왔던 관점, 즉 남성과 여성은 다른 문화, 말하자면 비공식적인 문화를 지니고 있다는 관점과 일치한다. 일과 집난 구성원에 대한 남성과 여성의 기대·전략·태도는 전혀 다르다. 다음은 헨닉과 자르딤이 정의한 양성간의 비공식적인 문화 저변적 차이를 요약한 것이다.

여성은 남성과는 다른 비공식적인 문화를 지니고 있으므로 시간과 관련하여 일을 대하는 태도 역시 다를 것으로 추측된다. 그 점은 정확히 그대로이다. 남성은 어떤 일을 행하더라도 장기적인 안목으로 자신의 경력(career)에 미치는 영향을 고려하지만 여성은 그렇지 않다. 여성은 일을 고립된 활동으로 보는 경향이 강하고 그 활동에 전력을 기울이지만 자신이 하고 있는 일이 자신의 경력에 어떤 의미가 있으며 일을 수행하면서 접하는 사람들을 어떻게 대해야 하는가를 생각하는 데에는 더디다. 남성은 장기적인 전망을 가지고 특히 상사와 같이 대하기 힘든 인물과의 관계도 참고 견디는 편이다. 그리고 이렇게 생각한다. '이 일은 일생을 통한 경력의 한 단계일 뿐인데 누군가 나를 괴롭힌다고 해서 어떻게 거기에 휘말릴 수 있겠는가?'

남성과 여성의 차이가 무엇보다도 여실히 드러나는 대목은 현재를 미래와 연관지어 다루는 방식이다. 여성은 일과 경력을 구분하지만 남성은 그렇지 않다. 남성은 경력과 현재라는 맥락 속에서 일을 생각한다. 여성은 그 둘을 분리하여 경력과 무관하게 '지금' 행하고 있는 일의 달성에 집중한다. 남성은 일이라는 의미에서의 경력과 개인적인 목표를 구분할 수 없는데 그것은 경력 자체가 남자의 일생에서 전부가 되기 때문이다. 그러나 여성에게는 경력과 자신의 개인적인 생활이 별개인 것이다. 보다 전통적인 의미에서의 여성의 역할이 여전히 생활의 중심에 놓여 있는 반면 남성에게 중심이 되는 것은 자기가 남자라는 사실이 아니라 그 경력이다. 남성에게는 그가 무엇을 하는가가 중요하지만 여성에게는 그녀가 누구인가가 중요하다.

"당신은 무슨 일을 합니까?" 또는 "당신의 남편/아버지는 무슨 일을 하십니까?"라는 질문의 배후에 있는 깊은 의미를 살펴보자. 여성에게 이런 질문을 할 때, 특히 남성이 물었을 경우에는 특별한 대답을 기대하지 않는 듯이 보일 수 있다. 그러한 모든 것이 조직 속에서 남성과 더불어 일하는 여성에게 핸디캡이 된다. 남성이 경력을 위해 자신의 일생을 바치리라는 것은 당연하게 여기는 반면 여성은 자신의 일을 중단하지 않고 장기적으로 경력을 지키리라는 것을 입증하지 않으면 안 된다. 새로운 문제나 난관에 직면할 경우 남성은 자신에게 이렇게 물을 것이다.

"이 일은 나에게 어떤 이득을 주는가?"

말하자면 장기적인 전망에서 어떤 의미가 있으며 자신의 경력에 어떤 영향을 미칠 것인가를 묻는 것이다.

남성은 팀플레이에 익숙하도록 육성되었지만 여성은 그렇지 않다. 이 하나의 큰 차이에는 다양한 의미가 함축되어 있다. 남성은 팀의 구성원 가운데 자신이 좋아하지 않는 사람도 있을 수 있지만 그러한 감정을 드러내면 자신의 장래나 팀 전체가 힘들어지기 때문에 그것을 표출해서는 안 된다는 사실을 잘 알고 있다. 여성은 문제를 보다 개인적으로 받아들이는 경향이 있다. 명확하게 기술되어 있지는 않지만 헨닉과 자르딤의 책에는 개인의 시간과 팀의 시간이 전혀 별개의 것이라는 실마리가 전체를 엮고 있다. 팀은 다른 무엇보다도 우선시된다. 이것은 기업이 가정의 행복을 고려하지 않고 마음대로 직원을 전근시킬 때 가족이 무시되는 경우가 많은 이유이다. 중요한 것은 오로지 팀이다.

팀플레이어 나아가 팀의 책임자가 되도록 육성된 남성은 미리 장래의 계획을 세우지 않으면 안 된다. 그러지 않으면 팀 전체가 곤란해질 수 있다. 그렇다고 여성은 계획을 세울 수 없고 남성이 여성보다 훨씬 계획을 잘 세운다는 말은 결코 아니다. 사실 여성들 가운데도 탁월한 계획자가 많다. 내 말은 단지 여성이 책임 있는 자리에 있을 경우 미리 계획을 세운다는 사고방식에 익숙해져야 한다는 것, 그리고 헨닉과 자르딤의 용어를 빌리자면 "이 일은 나에게 어떤 이득을 주는가?"를 먼저 자문하지 않으면 안 된다는 것이다.

이러한 물음에는 모순이 있다. 피상적으로 생각하면 이 물음은 이기적으로 들린다. 모순이란 다름 아니라 이 물음 자체가 남성문화에서 유래하는 것이며 여성 경영자로서 그 물음의 타당성을 인정한다는 것은 남성문화의 실재를 인정하고 암암리에 우리의 문화가 남성의 것임을 인정한다는 것을 시사하고 있다는 점이다. 한 개인으로서 자기 자신을 인정하는 방향으로 한 걸음 나아가는 일은 다른 인간의 본질에 대한 타당성을 인식하는 일에서부터 시작된다. 그리고 남을 자신의 요구에 맞추도록 만드는 심보를 일대 전환시켜 있는 그대로의 남을 받아들이고 그에 따르는 어떠한 적응에도 대처하지 않으면 안 된다. 결국 '힘에의 의지'란 자신의 입력을 통제하고자 하는 욕구의 연장(延長) 이상도 이하도 아니다. 말하자면 주변의 다양한 인간성의 실재를 모든 것을 연소시키는 자기 자신의 불꽃 속에 덮어둘 수 있는 증후군인 것이다.

성장하기 위해서 더욱이 생존을 위해서 인간은 궁극적으로 최초의 일보를 내딛는 일을 피할 수 없다는 키르케고르의 말은 옳았다! 미국 비즈니스 우먼의 경우라 할지라도 그녀 자신의 불안—고뇌—에 직면하여 동료 남성들이 오랫동안 질문해온 "이 일은 나에게 어떤 이득을 주는가?" 하는 물음을 타당한 것으로 받아들이는 최초의 일보를 내딛지 않을 수 없는 것이다.

헨닉과 자르딤의 연구에는 그 독자적인 재미와 시의적절함을 제외하고도 그로부터 도출할 수 있는 그 이상의 의미가 있다. 우리 자신의 문화 내에서조차 여성판(versions)과 남성판 사이에 그처럼 뿌리 깊고 심각한 차이가 존재하는데, 그리고 그 차이가 인간행동의 당연지사로 여겨지는데 하물며 국가 상호간의 수준에서는 그러한 차이가 어떤 영향력을 행사할 것인지 한번 생각해보자!

미국을 경영하는 남성과 여성이, 문화가 행동을 형성하는 방법이 세계에서 일어나고 있는 일에 얼마나 중요한 영향을 미치는가 하는 사실을 파악한다는 것은 특히 어려울 것으로 보인다. 여기에서 사용하는 의미에서의 문화란 정치적 과정과는 거의 전적으로 별개의 것이다. 세계의 민족들 간에는 이데올로기와는 무관한 차이들이 존재한다. 이를테면 모노크로닉한 시간체계와 폴리크로닉한 시간체계, 고맥락 문화와 저맥락 문화, 열린 악보와 닫힌 악보, 장기적인 계획과 단기적인 계획, 중앙집권적인 의사결정과 분권적인 의사결정, 개인에 의한 업무수행과 집단에 의한 업무수행 등으로 이 모든 차이는 바뀔 수도 있는 것들이다. 마거릿 미드가 조사했던 마누스족 사람들이 모여 앉아 자신의 문화를 신중하게 다시 디자인하여 그것을 20세기와 조화되도록 만들 수 있다면 우리도 같은 일을 할 수 있어야 한다.[2]

그러나 힘들게 다른 사람의 문화를 이해하고, 감정이입하고, 배우려고 애쓰는 이유는 무엇인가. 그리고 무엇 때문에 애써 일련의 새로운 규칙과 새로운 의사소통방법을 배우고자 하는가. 그것은 너무나 미묘하고 복잡하여 정의하기 힘든 일이 아닌가? 모름지기 그럴 것이다. 그러나

---

2) Margaret Mead, *New Lives for Old: Cultural Transformation—Manus, 1928~1953*, 1956.

그 일을 통해 돌아오는 보수는 엄청난 것일 수 있으며 그에 대신하여 생각할 만한 대안은 없다. 먼저 우리는 이 지구상의 사람들이 단순히 한 세계에 살고 있는 것이 아니라 다양한 세계에 살고 있으며 그중 몇몇 세계는 적절하게 이해하지 못하면 다른 세계를 파멸시킬 수도 있고 실제로도 그러한 일이 벌어지고 있다는 사실을 주저 없이 인정하지 않으면 안 된다.

시간은 모든 문화에 대한 메타포일 수 있다. 그리고 우리에게는 물리적 시간에 관해 사실 아무것도 말한 적이 없지만 무언가를 말해온 한 물리학자, 라비(I.I. Rabi)라는 사람이 있다. 노벨상을 받은 이 컬럼비아 대학 교수는 시간의 문제를 연구하기 시작하면서 이렇게 말한다.

"진정한 해답은 금세기에 들어오면서 아인슈타인에 의해 비로소 부여되었다. 사실 그는 시간이란 시계가 표시하는 것에 지나지 않는다고 말했다. 그 시계란 지구의 자전, 모래(물)시계, 맥박, 지질적 퇴적층, 세슘(cesium) 원자의 진동수 따위일 수 있다."[3]

그것들은 모두 제각기 물리적 메커니즘이라는 하나의 공통점을 지니고 있다. 이 책에서 논의해온 내용의 대부분은 아인슈타인과 라비의 주장과 일치한다. 그러나 문화의 시계는 물리적 시간에 몇 가지 차원이 부가된다. 각각의 시계는 저마다 특이한 형태의 조직을 나타내고 있기 때문이다.

우리 태양계의 실용적인 모델이었던 르네상스 시대의 정교한 아스트롤라베와 마찬가지로 시간의 문화적 모델은 그 문화에 속한 다른 모든 것의 모델이기도 하다. 아스트롤라베의 은유는 좀더 검토할 가치가 있

---

3) I. I. Rabi, "Introduction," *Time*, 1966.

다. 각각의 문화는 그 독자적인 우주모델을 가지고 있으며 그 모델에 입각해서 생활해온 것으로 생각할 수 있다. 나아가 적어도 몇몇 예에서는 그 모델들이 중첩되거나 지나치게 밀접한 경우에는 문자 그대로 서로를 파멸시키도록 디자인된 것도 있다. 모노크로닉한 시간과 폴리크로닉한 시간이 바로 그 예이다.

이 견해에 대한 뜻밖의 지지자로서 푸엔테스(Carlos Fuentes)가 있다. 멕시코의 작가이자 라틴아메리카 개발도상국의 문학적 대변자인 그는 대학생을 대상으로 하는 한 연설에서 이렇게 말했다.

"시간의 궁극적 문제는 우리가 함께 살 것인가 아니면 함께 죽을 것인가 하는 것입니다……. 서구인은 시간의 계기적이고 선형적인 이미지에 친밀감을 느껴왔습니다……. 그것은 과거를 비합리성의 무덤으로 지탄하며 죽음으로 몰아넣었고 미래를 완벽성을 보장해주는 것으로 찬양했습니다."[4]

푸엔테스에 의하면 우리는 과거를 부인함으로써 도덕성을 저하시키고 과거의 교훈을 부정해왔다. 다른 문화의 실재와 권리를 부정하는 것은 서구적 시간개념에서 비롯된 또 하나의 결과이다. 푸엔테스의 말처럼 "우리는 서로를 알든가 아니면 서로를 전멸시키든가 양단 간에 한쪽을 행할 것이다."

푸엔테스는 우리의 딜레마를 명확하게 확인했다. 그리고 폴리크로닉하면서 고도로 상황적인 논리에 전형적으로 나타나듯이 그의 논의에는 몇 가지 연결고리가 누락되어 있다. 그럼에도 불구하고 푸엔테스는 자신이 말하고 있는 두 세계를 지구상의 어느 누구보다도 잘 알고 있다.

---

4) Carlos Fuentes, Honnold Lecture, Knox College, Galesburg, Ill., 1981.

그러므로 그의 견해는 안이하게 간과될 수 없는 것이다. 그의 논의에 대한 나의 유일한 논쟁점은 미국인들의 미래관에 대한 그의 견해에 관한 것이다. 미국의 미래는 꿈이다. 그 꿈을 실현시키는 사람도 있지만 그러지 못한 사람도 있다. 나의 논점은 우리에게 사실 미래는 그다지 현실적이지 못하다는 것이다. 만약 그렇다면 어떻게 우리는 타인과 우리의 환경에 대해 그토록 끔찍한 일을 행할 수 있단 말인가? 또한 어떻게 우리의 정부와 기업은 다른 문화의 실재를 부인하고 그러면서 미국문화와 부합되지 않는다는 이유로 다른 세계를 소외시킬 만큼 맹목적으로 행동할 수 있단 말인가? 미국인에게 미래는 지극히 편협하거나 지나치게 단기적인 것으로 보인다.

오랜 세월에 걸쳐 내 동포들을 관찰한 결과 나는 미국인에게 현저한 두 가지 특징을 발견했다. 하나는 과거와 미래에 대한 왜곡되고 부적절한 시각이고 다른 하나는 내재화된 시간, 즉 우리의 고유한 시간의 실재를 인식하지 못한다는 점이다. 시간은 우리가 이승에서 소유하는 전부이며 사람들이 시간이 개인적으로 영향을 미치는 바를 더욱 잘 알게 되면 생활이 보다 풍요로워지고 의미를 지닐 수 있다는 것이 나의 신념이다. 그렇게 되면 미래는 다소 현실성을 띠기 시작하고 우리는 보다 현실적으로 행동하게 될 것이다.

나는 이 책에서 언젠가는 실용적이고 중요하며 누구에게나 의미 있는 주요한 연구분야가 될 내용의 개요를 제시하고자 최선을 다했다. 내가 시간에 관한 과학의 중요성이 장차 더욱 커지리라고 믿는 이유는 무엇이겠는가? 거기에는 여러 이유가 있는데, 예컨대 지구의 어느 지역에서도 인간은 애당초 시간과 관련을 맺어왔다는 사실이다. 만약 마샤크의 이론이 옳다면[5] 빙하기에 맘모스의 늑골에 아슐기(Acheulean: 구석기 시대의 한 시기—옮긴이)의 수렵인들이 새겨넣은 계절과 달의 주기에 관한 기록은 과학을 향한 인류의 첫걸음——그것은 가장 오래된 인간 두뇌의 연장물이다——을 제시한 것이다. 훨씬 나중에 청동기 시대가 되면 스톤헨지[6]를 비롯하여 태양·달·행성의 운동을 기록하고 예측하기 위한 수천까지는 안 되어도 수백 가지 고대의 장치가 제작된다. 그 당시 모든 사람은 시간 속에서 생활하였고 오늘날 많은 사람이 그렇듯이 시간으로부터 소외되는 일이 없었다.

시간의 연구는 인류를 밖으로는 우주로 안으로는 원자의 내부로 이끌어주었고, 물리적 세계의 본질에 관한 대부분의 이론에 기반이 되었다. 나아가 시간의 경험과 더불어 시간의 본질을 정의하고자 노력해온 철학자와 심리학자의 관심을 집중시켰다.

20세기 후반 들어 생물학적 시계라는 문제는 모든 생명이 내적으로나 외적으로나 자연과 동조를 이루는 리듬에 의해 규제되고 있다는 사실을 처음으로 입증하였다. 시간을 문화로서 인식한 사람은 소수나마 그래도 있었지만[7] 문화적 의미에서 인간의 두뇌를 형성하고 생산한 것으로서의 시간에 관한 연구는 20세기 후반을 넘어설 때까지도 알려지지 않았다. 미시적인 시간이나 의식 밖의 기층적 시간에 관한 연구는 그보다도 훨씬 늦어졌지만[8] 커뮤니케이션의 무의식적 체계로서의 시간에 관한

---

5) Alexander Marschack, *The Roots of Civilization*, 1972.

6) Gerald S. Hawkins, *Stonehenge Decoded*, 1965.

7) E.E. Evans-Pritchard, *The Nuer*, 1940; Paul Bohannan, "Concepts of Time Among the Tiv of Nigeria," 1953.

8) Edward T. Hall, *The Silent Language*, 1959; Benjamin Lee Whorf, *Language, Thought, and Reality*, 1956.

나 자신의 연구나 싱크로니에 관한 콘던[9]의 선구적인 업적은 하나같이 앞으로의 계속적인 연구가 절실하게 요구되는 것들이다.

특히 콘던의 연구는 하나의 문화적인 장(場)을 예시한다. 이를테면 사람들이 공공장소에서 상호작용하는 모습을 무작위 표본으로 촬영하여 짧은 영화나 텔레비전 시리즈로 만들 수 있다면 사람들이 경험하는 스트레스의 정도를 아는 자료가 될 것이다. 동조를 이루는 경우와 이루지 못하는 경우의 목록을 작성하면 혈액샘플과 마찬가지로 유효한 정보가 될 것이다. 사람들이 어떻게 동조를 이루는지 안다면 문화변용의 정확한 지표로서 이용될 수도 있을 것이다. 미국 원주민과 에스키모의 교실에 관한 콜리에 등의 연구 또한 학습환경의 일관성과 성공을 측정하는 하나의 수단으로서 매우 유망하다.[10]

생활을 구성하는 틀로서의 시간에 관해서는 아직도 연구해야 할 바가 많다. 모노크로닉한 시간과 폴리크로닉한 시간이라는 패턴과 같은 기본적인 체계는 기름과 물 같아서 평상적인 환경에서는 섞이지 않는다. 서구문화와 같이 스케줄에 지배되어 있는 모노크로닉한 문화에서 가족과 인간관계 같은 기본적인 집단과 기본적인 관계에 에너지를 집중시키는 민족집단은 경직된 스케줄과 엄밀하게 분단화된 시간구분에 적응하는 것이 거의 불가능함을 느낀다. 미국의 환경은 수 인디언 출신의 전 상원의원 레이펠(Ben Reifel)이 인디언 거류지에서 자기 부족 사람들에게 어떻게 하면 학교나 버스시간을 맞출 수 있는가를 가르쳤던 사례를 따르

---

9) 콘던(William S. Condon)의 대작(大作)은 아직 완성되지 않았다. 독자는 그 대신 우선 이 책의 참고문헌을 참조하기 바란다.

10) John Collier, *Alaskan Eskimo Education*, 1973; *Visual Anthropology*, 1967.

는 것보다도 훨씬 열악할지 모른다.[11]

레이펠은 폴리크로닉한 민족에게는 시간을 지키라거나 미리 계획을 세우라고 이야기하는 것만으로는 충분치 않다는 것을 잘 알고 있었다. 그 경우에 시간의 의미는 하나의 언어와 마찬가지로서, 시간의 새로운 어휘와 문법을 통달하여 실제 서로 다른 두 체계가 존재한다는 사실을 이해하지 못한다면 아무리 설득하더라도 행동을 변화시킬 수가 없다. 작가인 로드리게스(Richard Rodriguez)는 학교에서 언어와 문화를 가르치는 것이 중요하다는 점을 역설해왔다.[12] 그의 논점은 지금까지 학교는 기층체계를 설명하기 위한 이론의 틀조차 마련하지 못하고 있다는 것이다.

인간의 상상을 초월할 정도의 잠재력을 지닌 믿을 수 없을 만큼 풍부하고 재능 있는 종으로서 그 작가의 견해에 따르면, 우리 인류가 당면한 가장 중요한 최대 업무이자 가장 전략적인 업무는 가능한 한 우리 자신에 관해 아는 것이다. 오늘날 세계의 수도(정치적 중심)들은 대부분 인류의 진상을 파악함에 있어 석기시대의 모델을 사용한 석기시대의 정신(mentalities)에 의해 지배되고 있는 듯하다. 아무튼 삶에 대처하고자 노력하는 각 개인에 대한 연구로부터 얻은 다양한 통찰이 어떤 의미가 있다면 그것은 사람들이 자기 자신에 관해 갖고 있는 무언의 구상(具象)과 인간성에 관한 그들의 견해 사이에 어떤 직접적인 연관성이 있다는 점이다.

---

11) 레이펠은 수 인디언의 감독관 시절에 인디언 거류지에서는 스쿨 버스를 포함한 어떤 버스도 시간을 지키지 못하는 사람을 기다려주어서는 안 된다는 엄격한 지시를 내렸다. 학교의 시계들을 수리하여 일치시키고 학교업무는 엄격한 계획에 의해 운행되었다. 레이펠은 자기 부족 사람들이 백인 동네에서 직업을 놓치는 것보다는 자기 동네에서 버스를 놓치는 편이 낫다는 사실을 알고 있었다.

12) Richard Rodriguez, *Hunger of Momory*, 1982.

나의 논점은 다름 아니라 인간은 자신이 지니고 있는 믿기 어려울 정도의 감수성, 무한한 재능, 갖가지 다양성에 관해 보다 잘 알게 될 때 비로소 자기 자신뿐만 아니라 타인도 평가할 수 있게 된다는 점이다. 이는 궁극적으로 자신과 다른 것을 복종시키거나 배제시키려는 경향을 경감시키는 바람직한 방향으로 유도될 것이다. 인간은 자신의 능력에 합당한 경외심을 거의 지니지 못하고 있다. 미래에 대해 내가 기대하는 구상은 새로운 기술의 개발이라기보다는 오히려 인간본성에 관한 새로운 통찰의 개발이다.

　이 책은 인간본성의 한 구석을 들어내어 현미경으로 관찰한 보고서이다. 내가 관찰한 것은 앞으로 탐구되어야 할 전혀 새로운 차원 또는 일련의 차원들이다. 신은 참으로 세세한 구석에 깃들어 있다. 그리고 적어도 한순간이라도 나는, 인간이 지구상에서 서로를 파멸시키는 것이 신의 의도였다고는 생각할 수 없다.

# 부록 1 시간의 지도

    타임 만다라를 보면 몇 가지 사실이 명확해진다. 첫째, 여러 범주가 기능적으로 상호연관되어 있는 것으로 나타나는 네 개의 짝이 있다. 그것은 ①성과 속, ②물리학적인 것과 형이상학적인 것, ③생물학적인 것과 개인적인 것, ④동시적인 시간과 미시적인 시간이다. 둘째, 만다라의 대극에 위치하는 시간들 역시 서로 특별한 연관성을 지닌 것으로 보인다. 성스러운 시간과 개인적인 시간은 모두 사적인 것이며 형이상학적 시간에 관해 알려진 약간의 사실로부터 판단하건대 동시적 시간과 더불어 양쪽이 리듬을 공유하고 있는 것으로 보인다(제10장 참조). 리듬과 같은 공통적인 요소들은 다양한 종류의 시간과 연결된 고리들이다. 셋째, 두 개의 사선 축은 시간을 또 다른 방식, 즉 집단적·개인적·문화적·물리적 차원으로 나눈다. 넷째, 왼쪽은 명확하고 기술적인(저맥락의) 시간인 반면에 오른쪽은 상황적인(고맥락의) 시간이다. 이들은 모두 다양한 종류의 시간 사이에 질서 있는 일련의 관계가 존재함을 나타내고 있다.

    이 만다라는 또한 역사의 다양한 시대와 문화의 분류를 가능하게 해준다. 예컨대 호피족은 전통적으로 거의 성스러운 시간의 세계에서 생활해왔다. 또한 왼쪽 상단의 '집단'에 속한 네 개의 범주(6, 7, 8, 1)는 일괄적으로 단일한 캡슐(요지)로서 취급된다. 동시적 시간의 인식은 구미문화에서보다 아프리카 흑인문화에서 더욱 발달되어 있다. 인도권에서는 형이상학적 시간과 성스러운 시간이 하나로 융합되어 있다는 인상을 받는다. 미국에서는 속된 시간과 미시적 시간이 거의 구별되지 않는다. 또한 문화에 따라 강조하는 부분이 다르게 나타나기 때문에 그 결과는 제각기 매우 중차대한 의미를 지닐 수 있다.

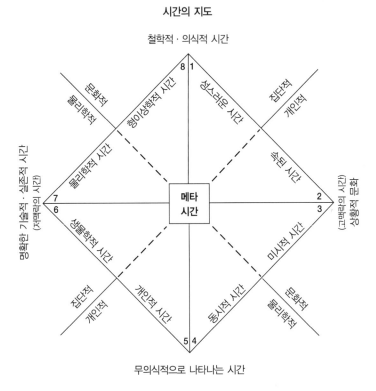

**시간의 지도**

철학적 · 의식적 시간

무의식적으로 나타나는 시간

※ 보완적인 체계를 논의하려면 통합적인 개념들이 들어설 수 있는 메타 시간을 환기할 필요가 있다.

# 부록 2 '마'(間)를 통해 본 일본과 미국의 시간개념

　일본인의 시간개념을 이해할 수 있는 가장 좋은 방법은 '마'(間, ま)를 통한 접근이다. '마'는 시간-공간개념으로서, 따로 구분해서 고찰할 수 없다. 다른 모든 개념과 마찬가지로 특히 선(禪)에서 '마'는 기술적인 설명을 불허한다. '마'는 분명 거의 모든 것의 근저를 이루며 커뮤니케이션의 중요한 한 요소이다. 몇 년 전 나는 관찰을 통하여 서구에서는 특히 사물의 배열에 관심을 기울이는 반면에 일본에서는 공간의 배열, 즉 '마'(the intervals)에 관심을 기울인다는 점을 파악했다. 예컨대 말을 할 때 의미의 전달과 더불어 중요한 것은 단어와 단어 사이의 침묵이라는 뜻이다.

　미국인이 일본에서 회합을 갖거나 강연을 할 경우 발표를 전개해나가는 데 '마'를 고려하지 못한다는 사실은 일본에서는 잘 알려진 바이다. 그 결과 미국인 연사는 일본인에게 청중을 바싹 몰아댄다는 인상을 주는데 그것은 고맥락의 커뮤니케이션 패턴에서 요구되는, 청중이 숨을 따라잡거나 말하는 내용에 대해 생각할 여유를 결코 내주지 않기 때문이다. 그러니 일본 청중과 미국 청중이 같은 발표내용을 달리 받아들이는 것도 이상한 일이 아니다.

　마는 사항과 사항 사이의 침묵(우리의 해석에 의하면) 혹은 침묵에 의해 구분되는 사항 이상의 의미를 지닌다. 마를 설명한다는 것은 일본인들에게 쉬운 일이 아니다. 왜냐하면 마는 일본 기층문화(비공식적이고 무의식적인 기층문화)의 일부이기 때문이다. 나는 아직 서구인의 저맥락적인 요구를 충족시켜줄 정도로 마를 자세하게 설명한 것을 보거나 들은 적이 없다. 당연한 말이겠지만 선과 궁도 혹은 선과 검도에서처럼 마를 이해하게 되려면 직접 체험하는 수밖에 달리 방도가 없다. 내 말은 우리 자신의 스테레오타입으로는 마를 이해하는 데 방해만 될 뿐이라는 뜻이다.

세상 사람들은 모두 자기 나름대로 세계를 바라본다. 우리가 보는 세계는 우리가 창조한 것이며 그 모두가 그토록 친숙해 보이는 이유도 그에 다름 아니다. 그러나 문화 간의 교류과정에서 나타나는 복잡성과 우미함을 이해하는 인간은 극히 드물다. 일본문화는 너무나 다갈래로 그리고 다양한 입장에서 맥락화되어 있기 때문에 서구인에게 설명하기가 실질적으로 불가능하다.

다음의 설명은 주로 뉴욕의 쿠퍼-휴잇(Cooper-Hewitt) 박물관에 전시된 아라타 이소자키의 마를 주제로 한 전시 카탈로그에서 인용한 것으로 맥락화의 성질을 자못 명시적으로 이해할 수 있으니만큼 훌륭한 예라고 생각된다. 독자들이 그가 마의 다양한 측면의 '의미'를 완전히 이해했다고 느끼는가 아닌가는 그다지 중요하지 않다. 왜냐하면 나는 그것이 가능한 일이라고는 생각지 않기 때문이다. 다만 그가 틀림없이 염두에 둔 것은 그러한 개념들이 진술되는 방식과 서로 관계하는 방식, 그리고 그러한 체계를 만들어내기 위해서 마땅히 생각할 수 있어야 하는 방식이다.

마(MA)는 아홉 가지 다양한 경험으로 분류되어 있다. 히모로기(ひもろ ぎ, 神籬), 하시(はし, 橋: 다리, 端: 끝, 시초, 가장자리), 야미(やみ, 闇: 어둠), 스키(すき, 隙: 틈, 겨를, 허점), 우츠로이(うつろい, 虚ろ: 텅 빔, 空ろ: 내부, 집 안), 우츠시미(うつしみ, 現身: 현세에 살고 있는 사람의 몸), 사비(さび, 寂), 스사비(すさび, 遊び: 소일거리, 점점 나아감), 미치유키(みちゆき, 道行き: 여행길의 풍경, 여정을 묘사한 옛 운문체)라는 마의 아홉 가지를 각기 다른 저자에 의해 아홉 장(또는 시나리오)으로 구성되어 있는 한 책자와 연관하여 설명하는데, 그 기본주제는 정해져 있지만 주제를 다루는 방식은 들을 때마다 달라진다. 그 전체 스토리는 본질적으로 일본적이라 서구인에게는 너무나 생소하여 설명을 듣는 사람들은 그 사고체계의 기원이 수천 년 전 서양의 영향이 거의 또는 전혀 미치지 않았던 시기였음에 틀림없다는 결론을 내리게 된다.

히모로기(Himorogi)는 두 가지 의미를 나타낸다. 하나는 가미(かみ: 불교 이전, 신도神道 이전의 토속신)를 모시는 조상 대대로의 신성한 장소, 다른 하나는 그 신성(神聖)이 이루어지는 순간이다. 히모로기는 우주창생이라는 '빅뱅'설을 연상시킨다. 일본에서는 어떤 일이나 중요한 한순간이 있는데 그것은 일의 본질을 순간적인 섬광으로 귀속시키는 것과 다소 유사하여 대부분의 중대사에 오랜 시간에 걸쳐 반복된 자잘한 의식이 요구되는 호피족의 개념과는 정반대되는 것이다. 『성경』에서 이야기하는 서양의 창조신화는 엿새가 걸리고 그러고 나서 신이 휴식하도록 이레째가 마련되어, 일하는 속된 시간과 신성한 신의 시간을 구별하는 구도로 되어 있다.

히모로기의 상징적 재현은 일본의 농촌과 도시풍경 곳곳에서 볼 수 있는 수백 개의 신사·절·정원에서 발견할 수 있다. 그 형태는 대개 정사각형으로 경계를 표시하는 네 개의 장대를 세워 새끼줄이나 끈을 둘러치고 중앙에 중심대를 세운 것이다. 또 다른 형태로는 단상을 올려 사

히모로기(神籬)

각기둥 가운데에 나무나 관목 한 그루를 심고 그 줄기 한가운데에 짚단 두 묶음을 매달아놓은 것이다.

일본인들은 이렇게 해서 과거와의 다양한 연결과 중요한 한순간을 날마다 떠올린다. 일본에서는 시간과 창조가 동일한 과정으로 진행된다. 모든 지역에 있는 신사는 뿌리 깊은 과거가 늘 현존하다는 생각을 항상 불러일으키는 시각적 이미지를 제공하고 있다. 가장 분주하고 현대적인 도쿄의 번화가 한복판에도 10세기에 전사한 무장, 마사카도 타이라(たいらのまさかど, 平將門: 헤이안 중기의 무장)의 정령을 기리는 100제곱미터의 광장이 자리잡고 있다. 세평에 따르면 그것이 차지하는 공간의 시세가 1,000만 달러를 호가하지만 그 기념물을 이전하려는 제의는 무모한 짓일 것이다.

하시(Hashi)는 '다리를 놓는 것'을 뜻한다. 그것은 시간과 공간의 배경에서 가교기능을 하며 건물에 거의 신성에 가까운 특별한 의미를 부여한다. 하시는 또한 두 사물 사이의 공간(두 사건 사이의 시간)을 의미하며 세계를 구분하는 것을 함축한다. 또 가장자리·틈새·이음새를 뜻하기도 한다. 이 책 전체는 하시에 있어서 일종의 연습이다.

야미(Yami)는 가미(神)가 왕래하는 어둠의 세계이다. 전통적으로 일본인들은 가미가 우주에 침투하여 시간과 공간을 구분하는 태양의 움직임을 의식하고 있다고 믿는다. 태양은 낮과 밤, 그리고 지구상의 생명체를

창조했다. 절대적 어둠 속에는 마가 유지되고 있으며 야미라는 단어에는 어둠(よ, 夜) 및 어둠에서 빛으로의 전이라는 의미가 합성되어 있다. 그러므로 야미는 우주 전체의 이미지를 불러일으킨다. 이러한 메타포는 노(のう, 能: 일본의 대표적인 가면음악극)의 무대장치에서도 볼 수 있는데 그것은 무대 전면의 자그마한 공간에 '이승'(이 세계)을, 보다 큰 공간에 '저승'(저 세계: 정령들의 세계)을, 그리고 두 세계를 이어주는 하시(다리)를 설치한 것이다.

스키 마(Suki MA)는 벌어진 틈을 뜻하지만 그 단어의 어원 때문에 '좋아한다'(すき, 好)와 프랑스어의 'chic'(멋, 근사한)과 유사한 개념인 후우류우(ふうりゅう, 風流)라는 언외지의를 지닌다. 스키는 서구의 개념과 연관짓기가 어렵지만 확신할 수는 없어도 '시간의 창', '기회의 창', 헤이그(Alexander Haig)의 표현인 '취약성의 창문'(허점) 등 우리의 은유적 표현이 스키의 개념과 다소 연관성이 있다고 말할 수 있다. '마' 전시 카탈로그의 스키에 관한 글에서 저자들은 다도(茶道)를 행하는 다옥(茶屋, tea-house)의 기원과 발달에 관해 다소 장황하게 논하고 있다. 원래 단순히 일군의 오두막을 본떠 만든 다옥은 16세기의 과장된 건축양식에 대한 반발을 상징하였다. 다나(たな, 棚: 선반) 위에 다도에 쓰이는 기물들을 늘어놓는 다도가(tea master)의 배열은 과거와 전통뿐만 아니라 미묘하고 상징적인 방식으로 타인과 관계하고 커뮤니케이션하는 기술을 상기시키는 또 하나의 은유이다. 다도가는 손님의 성격과 기호에 따라 매번 배열을 달리하는 솜씨로 높이 평가된다.

다나는 요코(よこ, 橫, alcove: 방 안 구석진 벽에 오목하게 만들어놓은 장소, 다락마루)에 위치하는데 거기에서 도코노마(とこのま, 床の間)의 개념이 유래하였다. 도코노마는 집 안에서 가장 중요한 장소로, 대개 특별히 아름

다운 족자나 예술품뿐만 아니라 계절이나 특별한 경우에 따라 적합하게 선별된 물건들을 전시해놓는다. 손님은 도코노마를 등지는 자리에 앉힌다. 또한 그 단순성의 표현에서 도코노마는 과장된 방식들같이 그 밖의 것들을 포기하는 것을 상징할 수 있으며 또는 미묘함, 예술, 손님에 대한 경의, 계절에 따라 시간의 흐름을 상기시키는 물건 등을 상징화하기도 한다. 여기에서 우리는 또다시 하나의 상징으로 결합된 과거와 현재를 보게 된다.

우츠로이(Utsuroi)는 변화의 전 과정을 망라한다. 전형적으로 이 과정은 우츠(うつ, 虛, 空: 텅 빔, vacuum)와 히(ひ, 飛: 영혼의 활동)가 우츠로이(移ろい: 변화)를 만드는 발단에서 출발한다. 우츠로이에는 가미가 빈 곳에 깃든 바로 그 순간과 시간의 경과에 따른 자연의 변화라는 두 가지 중요한 주제가 제시되어 있다. 일본에서는 시간과 자연이 밀접하게 연관되어 있다. 추측하듯이 일본인의 시각적 은유는 우츠로이의 맥락에서 다양하게 구별된다. 정신·나무·풀은 성장과 변화의 상징이다. 시드는 잎과 꽃 또한 의미심장하다. 서구에서는 계절이 시간에 대한 우리의 상상력을 지배하고 일본에서는 여러 계절에 걸쳐 일어나는 일이 시간을 상징화한다. 여기에서 또다시 앞서 언급한 패턴을 강화하는 변화, 즉 보다 큰 상(像)으로부터 세부적인 상으로의 변화를 보게 된다. 자연과의 유대에서 비롯된 효과는 결코 과장되게 이야기될 수 없다. 자연의 모든 것이 사람들에게 시간을 연상시킨다. 대양의 파도와 조류는 그 변함없는 운동으로 영원을 상징한다.

우츠시미(Utsushimi)는 현실에 투사된 신체적인 것을 뜻하며 '우츠시미 마'는 생명체가 살고 있는 장소, 즉 가옥 혹은 가정이다. 가정은 붓다와 그 밖의 신들을 모시는 제단이나 장소를 구체화하는 우주의 작은 모델이다. 우츠시미는 우츠로이 및 스키와 연관된 개념으로 역시 서양에서는 그 명확한 유형을 찾아볼 수 없다.

사비(Sabi)는 우츠로이나 히모로기와 마찬가지로 '정확한 순간'의 이미지를 불러일으키지만 생명의 또 다른 불가피한 힘, 즉 죽음과 소멸의 과정이나 생명주기와 같은 무언가 다른 의미를 포함한다. 사비는 탄생에서 적멸에 이르기까지 모든 것이 단계를 거친다는 사고로서 붕괴와 소멸에 다가가는 느낌을 불러일으킨다. 여기에서 상기되는 바는, 시간이 자연의 진행과정과 결합되어 있다는 점과 지시된 단계는 기나긴 과정의 최종단계라는 점이다.

스사비 마(Susabi MA)는 본래 가미의 놀이를 지칭했던 용어로 변덕스러우며 패러독스한 의미 이상의 무언가가 있다. 미학적인 모든 규범을 무시한 채 사방에 저속한 공예품과 붓글씨가 더덕더덕 뒤발라져 있고 조화라고는 찾아볼 수 없는, 아주 좁은 공간에 세워진 커다란 모든 건물은 광적인 인상을 준다. 스사비는 근대의 상징일지도 모른다. 그렇다면 서구에서도 그와 유사한 은유를 사용할 수 있을 것이다.

미치유키 마(Michiyuki MA)는 휴식, 이를테면 여행길의 휴식이나 정지를 다룬다. 예컨대 교토에서 도쿄에 이르는 길에는 53개의 역이 있는데 모든 역이 위치한 장소는 여행객에게 특별히 아름다운 경관을 보여주거나 주목할 만한 특징적 환경을 지니고 있기 때문에 선택된 것이다. 그와 유사하게 전통적인 일본의 정원에는 흔히 디딤돌이 있는데 그것들은 돌마다 멈춰 서서 위아래로 둘러보도록 함으로써 걸음마다 다른 전경을 볼 수 있게 배열되어 있다. 미치유키는 그 인터벌이 결코 동일하지 않다는 점을 제외하고는 스케줄의 요소들을 지니고 있다. 그러나 그러한 요소들은 이미 짜여 있는 프로그램이다.

이 글을 읽으면서 나는 인간성을 깊이 이해하지 않고는 하나의 세계관을 다른 세계관으로 적절히 옮기기 위한 별다른 방도가 없다는 점을 생각했다. 나는 진심으로 다리(하시)가 있다고 믿는다. 그러나 그러한 다리의 기초는 평범한 개인에게는 아직 탐구되어야 할 것이 많이 남아 있는 수준에서 우리 내부에 깊이 놓여 있다. 이러한 일반화는 동양과 서양 모두에게 적용되지만 이러한 종류의 사고에는 동양이 보다 익숙해 있다.

서구인이 마를 이해할 수 있다면 일본의 내적인 시간 경험에 도움이 되는 약간의 필링을 부여해줄 것이다. 여기에는 유념하지 않으면 안 될 몇 가지 예비사항이 있다. 일본인들은 두 세계에서 살고 있는데 그 두 세계는 마치 전자가 원자핵 둘레에서 궤도를 바꾸듯이 나란히 존재하기 때문에 여기에서 저기로 또 문자 그대로 순간순간 변화한다. 물론 그 두 세계는 전통적인 세계와 현대 세계이다. 현대 세계는 서양적인 것들로 가득 차 있지만 누가 어떤 세계에 속해 있는지 결코 명확하게 말할 수 없기 때문에 미혹적이기 십상이다.

한 세계로부터 다른 세계로의 전이라는 문제는 형식적이며 공적인 자아(다테마에: たてまえ, 建前)의 세계와 사적인 자아(혼네: ほんね, 本音)의 세계——제6장 참조——사이를 오가는 사람들 간의 일상적인 관계와도 일맥상통한다. 전자의 세계는 공식적이고 의례적이며 사회적 지위에 지배되고 후자의 세계는 비공식적이고 따스하며 친밀하고 우호적이며 평등주의적이다. 어떤 관계에서 어떤 식으로 상황을 진행시키는가 하는 기준은 그 상황의 공적인 판단과 사적인 판단 간의 이행을 어떻게 다루는가의 문제이다. 이러한 전환을 시의적절하게 판단하는 비공식적인 규칙을 연구하면 틀림없이 계발적인 점이 상당히 많을 것이다. 거기에는 예정된 순서, 그것도 제각기 나름대로의 의미를 지니는 다양한 예정표가 있음은 말할 나위도 없다.

일본의 문화가 다양한 변화형으로 이루어져 있다는 것은 오늘날 매우 명백한 사실임에 틀림없다. 사물들과 더불어 생활하는 것을 배운다는 것은 일본인의 높이 평가할 만한 중요한 속성 가운데 하나이다. 서양에서는 오늘날까지 생활에서 변화에 상당히 저항적으로 대처해왔던 중요한 부분들이 있다. 그리고 양성간의 성적 관계나 결혼, 생활방식의 성격이 크게 달라진 최근에 이르기까지도 여전히 우리 문화에는 변화되지 않는 것 같은 특정한 측면들이 남아 있다. 이를테면 상당히 중앙집권적인 의사결정방식이나 변화된 관계를 이룩하는 방법으로서 협상을 사용하는 우리의 방식, 그리고 우리 시간체계의 기본구조 등이다.

오늘날 우리 문화의 안정을 위해 좋지 않은 조짐으로 보이는 상업적 · 사회적 · 학문적 생활의 특징은 우리 사회의 지나치게 '유행을 따르는' 경향이다. 무언가 새롭다는 사실은 우리에게 다른 어떤 가치보다도 중요하게 여겨진다. 특별한 범주에 속하는 골동품을 제외하고는 무엇이 혹은 누군가가 오래되었다는 사실은 여전히 그것에 남아 있는 가치가 어느 정도인가를 막론하고 폐품더미라는 이미지를 불러일으킨다. 이 모든 경향은 오늘날 사업이건 계획이건 우리 생활에서 나타나는 극도로 단기적인 스케줄과 일관되어 있다. 일본인들 역시 "우리의 시대에 뒤져서는 안 되며 가장 최신의 것을 누려야 한다"는 구호에서 나타나듯이 이에 열광하고 있다.

일본문화와 구미문화가 시간을 다루는 방식에서 단 하나의 중요하고 근본적인 차이가 있다면, 그것은 구미인들에게는 시간이 외부로부터 부과된 것이며 스케줄이나 신속성과 같은 가치가 아무리 내재화되었다 해도 우리의 기본체계는 개인의 외부에 그 기원을 두고 있는 반면, 일본에서는 정반대라는 점이다. 일본인의 시간은 개인의 내부에서 출발한다. 사실 일본을 방문한 외국 기업인이 받는 첫인상은 꽉 짜인 스케줄이지만 우리가 보는 바는 우리 자신의 서양문명이 만들어낸 인공적인 것, 말하자면 유럽인이나 미국인을 받아들이기 위해 빌려온 기술적인 캐리커처에 불과하다는 느낌을 지울 수 없다.

모든 일이 새로운 상황에 따라 변하기 때문에 일본문화의 고도로 정황적인 측면은 외국인에게 숱한 의문점을 부여한다. 새로운 상황에 처할 때마다 모든 것이 달라지는 것이다. 일본을 방문하는 유럽인들에게 한마디 충고할 점이 있다면, 몇 가지 기본적인 상황을 숙달하여 그것을 준수하고 뜻밖에 새로운 일이 생기면 정통한 중개인에게 다소 도움을 받으라는 것이다. 그러나 이것은 미국인이나 북유럽인에게는 쉽지 않은 일이다. 왜냐하면 우리 가운데 누구도 지시에 따를 필요성을 인정하지 않을 테니까 말이다.

# 말뜻풀이

## 고맥락과 저맥락(high and low context)

고맥락 또는 저맥락은 어떤 커뮤니케이션이 이루어질 때 맥락의 한 기능으로서 거기에 담겨 있는 정보의 양을 지칭한다. 고도로 맥락화된 커뮤니케이션은 그 맥락에 대부분의 의미가 담겨 있고 전달되는 메시지 그 자체에는 의미가 거의 없다. 저맥락의 커뮤니케이션은 컴퓨터와 상호작용하는 것과 유사하다. 즉 정보가 명확하게 기술되지 않거나 프로그램이 엉성하면 의미가 왜곡된다. 서구세계에서는 비공식적인 성질의 일상적인 교류에 비해 법률의 맥락도가 낮다. 오랜 기간에 걸쳐 서로 잘 아는 사람들은 대개 고맥락의 커뮤니케이션을 사용하게 된다.

## 구미인(american-european people)

여기에서는 구미인이 지닌 일련의 문화적 그리고 그 밖의 특징을 아프리카, 아시아, 인도, 북미와 남미 원주민의 그것과 구별하기 위해 사용하였다.

## 기층문화(primary level culture)

쉽게 확인할 수 있는 문화층은 적어도 세 종류로 기층(일차적 수준)의 문화, 이차적 수준의 문화, 외재적 또는 명시적 문화가 그것들이다. 기본적인 기층문화(basic primary level culture)란 나름대로의 규칙이 존재하는 다양한 문화로서 모두가 그 규칙을 알고 있고 준수하지만 말로 표면화된 적이 거의 없었던 문화이다. 그 규칙들은 내재적이고 당연시되며 보통사람들이 그것을 하나의 체계로서 진술하기가 거의 불가능하며 일반적으로 의식되지 않는다.

이차적 수준의 문화(secondary level culture)는 충분히 의식되고 있지만 통상적으로 외부인에게는 드러나지 않는다. 이차적 수준의 문화는 다른 어떤 수준의 문화에 못지않게, 아니 어쩌면 그 이상으로 규칙적이고 구속적이다. 뉴멕시코 주의 푸에블로 인디언들이 백인들과의 접촉을 피하는 것도 이 문화 때문이다. 그러나 그것은 또한 사실 어떤 집단이나 사회라도 지니고 있는 특이한 문화일 것이다.

삼차적 수준의 외재적 · 명시적 문화(tertiary or explicit, manifest culture)는 우리 모두가 보고 서로 공유하는 것이다. 그것은 일반적으로 세상에 드러난 면으로 너무나 쉽게 입수하여 조종될 수 있기 때문에 적어도 의사결정을 위한 목적으로는 안전하게 의거할 만한 것이 되지 못한다. 오늘날 대부분의 사회과학과 정치과학은 이차적 수준의 문화로부터 이 명시적인 문화를 분리하는 장막을 꿰뚫어보는 전략에 집중되어 있다.

### 동시적으로 이루어지는 것 또는 동조상태(syncing or in sync)

원래 영화의 사운드 트랙을 영상과 동시에 제작하기 위한 필요에서 나온 용어로서 '동시녹음'(sync sound)이라는 말이 생겨났다. 콘던이나 버드휘스텔 같은 사람들의 연구에 의해 녹음기술자가 사운드 트랙과 필름을 동시제작하는 것과 마찬가지로 인간도 동조를 이루며 상호작용한다는 사실이 입증된 이래, 바로 이러한 인간행동의 특징을 동조(동시성) 또는 동조상태에 있다고 말한다.

### 동작학(kinesics)

커뮤니케이션 과정으로서의 신체동작(의식적이건 무의식적이건, 그러나 흔히 무의식적으로 나타나는 동작)에 관한 연구이다. 버드휘스텔은 그 연구 분야를 단순한 몸놀림에 관한 연구와 구별하기 위해 이 용어를 만들었다. 동작학(키네식스)은 보디랭귀지를 뜻하는 전문적이고 적확한 용어이다.

### 모노크로닉한 시간과 폴리크로닉한 시간(monochronic and polychronic time)

M-타임과 P-타임은 서로 배타적인 종류의 시간체계이다. M-타임은 서구에 아주 친숙한 선형적인 형식에 따라 한 번에 한 가지씩 하는 체계이다. P-타임은 폴리크로닉한(다원적인), 즉 한 번에 여러 가지를 하는 체계이다. P-타임의 스케줄은 M-타임의 그것과는 전혀 다르게 취급되며, 사실 스케줄이 있는지 없는지조차 판단하기 힘든 경우도 있다. P-타임은 지중해 문화와 이베리아 식민지 문화에 일

반적이다.

## 문화적응(enculturation)

문화를 습득하는 과정을 문화적응이라 부른다. 문화적응 과정은 대개 단계에 따라 진전된다. 말하자면 6세 아동은 3세 아동보다 문화적응이 더 잘되며 청소년은 그 과정을 거의 완성시킨다. 그리고 그것은 많은 경우 청소년들과 완전히 문화적응된 성인들 사이의 갈등을 유발시키는 한 원인이 될 수 있다고 생각된다. 이 용어와 문화변용(acculturation)이 혼동되어 사용된 적이 있는데, 후자는 미원주민처럼 집단 전체가 관련된 과정으로서 인디언 중에는 지배적인 백인사회의 구성원과 구별이 불가능할 정도로 '문화변용'된 경우가 있다.

## 사회 또는 사회조직(society or social organization)

제도 또는 제도가 조직되거나 구성되는 방식을 문화와 대비시켜 지칭하기 위한 의미로 사용한 전문용어. 이 구별은 미국문화가 독자적으로 만들어낸 인위적 산물일지도 모른다. 왜냐하면 영국의 인류학자들은 미국인들이 문화라는 용어를 지칭할 때와 유사한 방식으로 사회라는 용어를 사용하기 때문이다.
내 생각에 미국사회나 사회체계는 조직의 한 도표에 비유될 수 있는 반면, 문화는 조직 내의 사람들이 각자의 기능을 수행할 때 하는 일과 보다 밀접한 관계가 있다. 이 구별은 결국 관례적이거나 단순히 편의상의 것으로 판단될지도 모른다.

## 엔트레인먼트(entrainment)

엔트레인먼트는 생명체의 세계에서뿐만 아니라 물리적 세계에서도 관찰가능하다. 나방의 엔트레인먼트 성향은 한결같이 불로 날아드는 데서 관찰된다. 전자 발진기들은 각각의 주파수가 충분히 비슷해지면 가장 빠른 주파수에 엔트레인하게 되며 나란히 작동하는 추시계는 그 추의 길이가 같은 경우 엔트레인하게 된다(동시적으로 움직이게 된다). 대부분의 사람들은 고교 시절에 해보았던 같은 크기의 두 소리굽쇠를 공명시키는 실험을 잘 알고 있을 텐데 그것도 엔트레인먼트이다.
콘던은 동조를 이루게 만드는 과정을 설명하기 위해 이 용어를 사용하기로 했는데 이 과정에서 하나의 중추신경계는 다른 중추신경계를 촉발시키고 또 두 중추신경계는 서로를 촉발시킨다(제10장 참조).

## 연장의 전이(extension transference)

연장의 전이란 내재화되는——연장——과정의 결과인 활동이나 산물이 연장된 기본적인 근저의 과정과 혼동됨으로써 일어나는 과정을 말한다. 전형적인 한 예로는 문어체의 언어가 일반적으로 언어 그 자체로 취급되는 것이다(『문화를 넘어서』 참조). 요컨대 지도는 대지 그 자체가 아니다.

## 열린 악보와 닫힌 악보(open and closed score)

헬프린(1970) 참조. 스코어(總譜)란 하나의 패러다임, 즉 어떤 일을 완수하기 위한 계획 또는 일련의 규칙이나 절차이다. 컴퓨터 프로그램이나 의사일정표가 스코어라면 간단한 쇼핑 리스트도 스코어이다. 제한적인 닫힌 악보는 아주 엄밀하게 짜인 컴퓨터 프로그램과 같다. 이미 구체적으로 정해진 방식에 따라 목적을 달성한다면 닫힌 악보의 사용에 성공한 것이다. 대부분의 연구조사는 닫힌 악보이다. 자유롭게 열린 악보는 그와 정반대로 처음에 세운 계획에 따라 곧이곧대로 일을 수행하다가는 실패하기 십상이다.

열린 악보는 자발적인 것으로, 창조적인 연구의 대부분이나 실질적으로 획기적인 모든 과학적 발견은 적어도 그 시작 단계에서는 열린 악보이다. 열린 악보를 사용하면서 새로운 것을 하나도 도입하지 않는다면 실패하게 마련이다. 닫힌 악보는 세심하게 프로그램화되어 있는 반면 열린 악보는 자발적이고 직관적이며 혁신적이다(『문화를 넘어서』 참조).

## 예시(adumbration)

예시란 문학에서 빌려온 용어로서 전조가 되는 것을 의미한다. 예시적 과정은 행동연쇄와 관계가 있는데 예외가 있다면, 메시지의 강도와 구체성이 고조되는 경우나 예시적인 상황에서 개인(또는 집단)이 고조되는 과정을 멈추고 목록에 수록된 몇몇 행동연쇄 가운데 하나의 고리를 선택하게 되는 경우이다. 고전적 형태의 외교는 예시적 행동을 읽어내는 과학이다. 일반국민이 그 과정과 관계될 쯤이면 예식적인 패러다임은 이미 한참 진전된 후——때로는 전쟁에 이르기까지——이다. 예시적인 행동을 성공적으로 실천하는 사람은 '얼굴 표정'과 에고(ego)가 나타나기 이전에 그 메시지를 능숙하게 파악한다. 예시는 맥락도의 최고수준에서 시작해 단계가 진행됨에 따라 맥락도가 떨어진다(갈수록 선명해진다). 행동연쇄와 마찬가지로 예시도 문화마다 특이하다.

## 우뇌, 좌뇌(right brain, left brain)

오른스타인(Robert Ornstein)을 비롯하여 대뇌피질 좌우반구의 분화된 각각의 기능에 관심 있는 여러 학자들에 의해 일반화된 개념이다. 대체로 서구세계에서는 좌반구는 언어와 수리 지향적이며 우반구가 그 구조상 전일적이고 공간적인 데 비해 보다 선형(직선)적이다. 몇 가지 점에 비추어 볼 때 일본인은 서구인들이 하듯 좌우반구의 기능을 구분하지 않는 것 같다.

## 유발체(releaser)

문화에 적용된 경우의 유발체라는 개념은 커뮤니케이션 이론과 밀접하게 결부되어 있다. 호켓(Charles Hockett)은 그의 저작(1958, 1964)에서 유발체 이론을 고맥락과 저맥락의 패러다임에 적절하게 부합시키고 있다. 맥락이 낮아짐에 따라 커뮤니케이션이 갈수록 기술적으로 되면—그리고 장황해지면—유발체는 더욱 복잡해진다. 대부분의 유발체는 본질적으로는 언어적이지만 반드시 언어에 제한된 것은 아니다.

사실 유발체는 커뮤니케이션의 전 과정을 알려진 문화와 일치하도록 만들며 그에 따라 언어와 문화는 동일한 과정의 구성요소들로 간주될 수 있는 것이다. 바로 그 점이 커뮤니케이션 유발체 이론의 요점이다. 요컨대 언어는 이미 프로그램화된(유전적으로건 학습을 통해서건) 상대의 반응을 유발시킨다. 인간에 관한 한 커뮤니케이션에서 백지상태(tabula rasa) 따위는 있을 수 없다.

## 이베리아 식민지 인디언(colonial iberian−indian)

원래 신세계로 이주해온 에스파냐인과 포르투갈 민족으로 대개의 경우 토착민과의 혼혈이다.

## 프록세믹스(proxemics)

프록세믹스는 사람들이 문화의 한 기능으로서 공간을 사용하는 방식에 관한 연구이다. 말하자면 문화가 공간을 구성하고 사용하는 데 미치는 영향, 예컨대 문화에 따라 달라지는 개인적으로 취하는 거리나 가옥과 도시를 설계할 때의 언표되지 않은 규칙들을 말한다(『숨겨진 차원』 참조).

### 행동연쇄(action chain)

동물행동학에서 빌려온 용어로서 하나의 행동이 일관된 패턴으로 또 하나의 행동을 유발하는 상호작용의 과정을 가리킨다. 구애는 다소 복잡한 행동연쇄의 예이다. 데이트를 하거나 만찬에 사람을 초대하는 것도 행동연쇄의 또 다른 예일 것이다. 요점은 양측이 상호의존적인 각각의 역할을 수행한다는 것이다. 이를테면 A가 B를 초대할 경우, B는 일정한 범형(패러다임)이 기능할 때 비로소 대응해야만 한다. 만약 고리가 어느 한 군데 끊어지면 처음부터 다시 시작할 수밖에 없다.
삶은 행동연쇄로 가득하다. 그러나 사실 행동연쇄는 분류된 적이 없을뿐더러 단일한 한 문화에서의 예비적인 목록조차 작성된 일이 없다. 인간에 관한 행동연쇄의 가장 결정적인 특징은 문화마다 독특한 단계와 국면이 있다는 점이다.

# 참고문헌

Abernathy, William J., and Robert Hayes, "Managing Our Way to Economic Decline," *Harvard Business Review*, July 1980.

Aschoff, Jurgen, "Circadian Rhythms in Man," *Science*, Vol.148, June 11, 1965.

Ayensu, Edward S., and Philip Whitfield, *The Rhythms of Life*, New York : Crown Publishers, 1982.

Barnett, Lincoln, *The Universe and Dr. Einstein*, New York : William Sloane Associates, 1950.

Benedict, Ruth, *The Chrysanthemum and the Sword*, Boston : Houghton Mifflin Co., 1946.

_____, *Zuni Mythology*, 2 vols. New York : AMS Press, 1969.

Birdwhistell, Raymond, *Introduction to Kinesics*, Louisville, Ky. : University of Louisville Press, 1952, 1974.

Bohannan, Paul, "Concepts of Time Among the Tiv of Nigeria," *Southwestern Journal of Anthropology*, Vol.9, No.3, Autumn 1953.

Boyd, Doug, *Rolling Thunder*, New York : Dell Publishing Co., 1974.

Brazelton, Thomas Berry, *On Becoming a Family : The Growth of Attachment*, New York : Delacorte Press, 1981.

Brodey, Warren, "The Clock Manifesto," In Roland Fischer, ed.,

*Interdisciplinary Papers of Time, Proceedings of the New York Academy of Science, Annual Meeting, 1966*, New York : New York Academy of Science, 1967.

Brown, Frank A., "Living Clocks," *Science*, Vol.130, December 4, 1959.

Bruneau, Thomas J., "The Time Dimension in Intercultural Communication," In Dan Nimo, ed., *Communication Yearbook 3*, New Brunswick, N.J. : Transaction Books, 1979.

Capra, Fritjof, *The Tao of Physics*, New York : Bantam Books, 1977.

Carrington, Patricia, *Freedom in Meditation*, Garden City, N.Y. : Anchor Books/Doubleday, 1977.

Chapple, Eliot, *Culture and Biological Man*, New York : Holt, Rinehart &Winston, 1970.

Church, Margaret, *Time and Reality : Studies in Contemporary Fiction*, Chapel Hill, N.C. : University of North Carolina Press, 1963.

Collier, John, *Alaskan Eskimo Education : A Film Analysis of Cultural Confrontation in the Schools*, New York : Holt, Rinehart & Winston, 1973.

_____, *Visual Anthropology : Photography as a Research Method*, New York : Holt, Rinehart & Winston, 1967.

Colton, Harold S., *Hopi Kachina Dolls*, Albuquerque, N.M. : University of New Mexico Press, 1949.

Condon, William S., "An Analysis of Behavioral Organization," *Sign Language Studies*, 13, 1978.

_____, "Method of Micro-Analysis of Sound Films of Behavior," *Behavior Research Methods and Instrumentation*, Vol.2, 1970.

_____, "Multiple Response to Sound in Dysfunctional Children," *Journal of Autism and Childhood Schizophrenia*, Vol.5, 1975.

_____, "Neonatal Entrainment and Enculturation," In M. Bullowa, ed., *Before Speech: The Beginning of Interpersonal Communication*, New York: Cambridge University Press, 1979.

_____, "A Primary Phase in the Organization of Infant Responding Behavior," In H.R. Schaffer, ed., *Studies in Mother-Infant Interaction*, New York: Academic Press, 1977.

_____, and H.W. Brosin, "Micro Linguistic-Kinesic Events in Schizophrenic Behavior," In D.V. S. Sankar, ed., *Schizophrenia: Current Concepts and Research*, Hicksville, N.Y.: PJD Publications, 1969.

_____, and W.D. Ogston, "A Segmentation of Behavior," *Journal of Psychiatric Research*, Vol.5, 1967a.

_____, and W.D. Ogston, "A Method of Studying Animal Behavior," *Journal of Auditory Research*, Vol.7, 1967b.

_____, and W.D. Ogston, "Sound Film Analysis of Normal and Pathological Behavior Patterns," *Journal of Nervous and Mental Disease*, Vol.143, 1966.

_____, and W.D. Ogston, "Speech and Body Motion Synchrony of Speaker-Hearer," In D.L. Horton and J.J. Jenkins, eds., *Perception of Language*, Columbus, Ohio: Charles E. Merrill Press, 1971.

_____, and L.W. Sander, "Neonate Movement Is Synchronized with Adult Speech: Interactional Participation and Language Acquisition," *Science*, Vol.183, 1974a.

_____, and L.W. Sander, "Synchrony Demonstrated Between Movements of the Neonate and Adult Speech.: *Child Development*, Vol.45, 1974b.

Conklin, J.C., *Folk Classification*, New Haven, Conn.: Yale University Press, 1972.

_____, and Mitsuko Saito, *Intercultural Encounters with Japan*, Tokyo: Simul Press, 1974.

Danielli, Mary, "The Anthropology of the Mandala," *The Quarterly Bulletin of Theoretical Biology*, Vol.7, No.2, 1974.

Dean, Terrence, and Allan Kennedy, *Corporate Cultures*, Reading, Mass.: Addison-Wesley Publishing Co., 1982.

De Grazia, S., *Of Time, Work and Leisure*, New York: Twentieth Century Fund, 1962.

De Long, Alton, "Phenomenological Space-Time: Toward and Experimental Relativity," *Science*, 213, August 7, 1981.

_____, "Spatial Scale and Perceived Time-Frames: Preliminary Notes on Space-Time in Behavioral and Conceptual Systems," Knoxville, Tenn., no date.

_____, "The Use of Scale Models in Spatial-Behavioral Research," *Man-Environment Systems*, Vol.6, 1976.

_____, and J.F. Lubar, *Scale and Neurological Function, Summary*, Knoxville, Tenn.: University of Tennessee Press, 1978.

Dewey, John, *Art as Experience*, New York: G.P. Putnam's Sons, 1934, 1959.

Doob, Leonard, "Time: Cultural and Social Aspects," In T. Carlstein, D. Parkes, and N. Thrift, eds., *Making Sense of Time*, Vol.1, London: Edward Arnold, 1978.

Dürckheim, Karlfried Graf von, *Hara: The Vital Centre of Man*, London: George Allen & Unwin, 1962.

Einstein, Albert, Trans. by Robert W. Lawson, *Relativity: The Special and General Theory*, New York: Henry Holt & Company, 1920.

Ekman, Paul, *Emotion in the Human Face*, New York: Pergamon Press, 1972.

Eliade, Mircea, *The Sacred and the Profane*, New York: Harcourt, Brace and World, 1959.

Englebardt, Stanley L., "The Marvels of Microsurgery," *The Atlantic*, February 1980.

Evans-Pritchard, E.E., *The Nuer*, Oxford, England: Clarendon Press, 1940.

Fallows, James, "American Industry. What Ails It, How to Save It," *The Atlantic*, September 1980.

Floyd, Keith, "Of Time and Mind: From Paradox to Paradigm," In John White, ed., *Frontiers of Consciousness*, New York: Avon Books, 1974.

Fraser, Julius T., ed., *The Voices of Time*, New York: George Braziller, 1966, Amherst, Mass.: University of Massachusetts Press, 2nd ed., 1981.

Frazier, K., "The Anasazi Sun Dagger," *Science 80*, November/December 1979.

Fromm, Erich, *Man for Himself*, New York: Rinehart & Co., 1947.

_____, D.T. Suzuki, and others, *Zen Buddhism and Psychoanalysis*, New York: Harper & Brothers, 1960.

Fuentes, Carlos, Honnold Lecture, given at Knox College, Galesburg, Ill, Knox Alumnus 7, October 15, 1981.

Gardner, Howard, "Thinking: Composing Symphonies and Dinner Parties," *Psychology Today*, Vol.13, No.1, April 1980.

Gatewood, J.B., and R. Rosenwein, "Interactional Synchrony: Genuine or Spurious? A Critique of Recent Research," *Journal of Nonverbal Behavior*, Vol.6, No.1, 1981.

Gedda, Luigi, and Gianni Brenci, Louis Keith, ed., *Chronogenetics*, Springfield, Ill.: Charles C. Thomas Publisher, 1978.

Gibney, Frank, *Japan, the Fragile Superpower*, New York: New

American Library, 1979.

Hall, Edward T., "Adumbration as a Feature of Intercultural Communication," *American Anthropologist*, Vol.66, No.6, December 1964.

_____, *Beyond Culture*, Garden City, N.Y.: Anchor Press/Doubleday, 1976.

_____, *Handbook for Proxemic Research*, Washington, D.C.: Society for the Anthropology of Visual Communication, 1974.

_____, *The Hidden Dimension*, Garden City, N.Y.: Doubleday & Company, 1966.

_____, *The Silent Language*, Garden City, N.Y.: Doubleday & Company, 1959.

_____, "A System for the Notation of Proxemic Behavior," *The American Anthropologist*, Vol.65, No.5, October 1963.

Halprin, Lawrence, *The R.S.V.P. Cycles: Creative Processes in the Human Environment*, New York: George Braziller, 1970.

Hardin, Garrett, *Exploring New Ethics for Survival: The Voyage of the Spaceship "Beagle,"* New York: The Viking Press, 1972.

Hawkins, Gerald S., in collaboration with John B. White, *Stonehenge Decoded*, Garden City, N.Y.: Doubleday & Company, 1965.

Hediger, Heini, Trans. by Geoffrey Sircom, *Studies of the Psychology and Behaviour of Captive Animals in Zoos and Circuses*, London: Butterworth & Co., 1955.

Hennig, Margaret, and Anne Jardim, *The Managerial Woman*, Garden City, N.Y.: Anchor Press/Doubleday, 1977.

Herrigel, Eugen, Trans. by R.F.C. Hull, *Zen in the Art of Archery*, New York: Vintage Books, 1971.

Hoagland, Hudson, "Brain Evolution and the Biology of Belief,"

*Science*, Vol.33, No.3, March 1977.

Hockett, Charles F., *A Course in Modern Linguistics*, New York: The Macmillan Company, 1958.

_____, and R. Asher, "The Human Revolution," *Current Anthropology*, Vol.5, No.3, 1964.

Hoffmann, Yoel, *Every End Exposed : The 100 Koans of Master Kido*, Brookline, Mass. : Autumn Press, 1977.

Howard, N.E., *Territory and Bird Life*, London : John Murray, 1920.

Isozaki, Arata, *MA : Space-Time in Japan*, Catalog for the 1979 Cooper-Hewitt Museum Exhibition on MA, New York.

James, H.C., *Pages from Hopi History*, Tucson, Ariz. : University of Arizona Press, 1974.

Jung, Carl Gustav, *Memories, Dreams, Reflections*, New York: Pantheon Books, revised edition, 1973.

_____, "Synchronicity : An Acausal Connecting Principle," *The Structure and Dynamics of the Psyche*, Bollingen Series XX, Vol.8, Princeton, N.J. : Princeton University Press, second edition, 1969.

_____, and Wolfgang Pauli, *The Interpretation of Nature and the Psyche*, New York : Pantheon Books, 1955.

Kabotie, Fred, *Fred Kabotie, Hopi Indian Artist*, Flagstaff, Ariz. : Museum of Northern Arizona, 1977.

Kardner, Abraham, *The Psychological Frontiers of Society*, New York: Columbia University Press, 1945.

Kasamatsu, Akira, and Tomio Hirai, "An Electroencephalographic Study on the Zen Meditation (Zazen) Folio," *Psychiatia Neurologia Japonica*, Vol.20, 1966. (Seishin Shinkeigaku Zasshi)

Kato, Hidetoshi, "Mutual Images : Japan and the United States Look at Each Other," In Condon and Saito, eds., *Intercultural*

*Encounters with Japan*, Tokyo: Simul Press, 1974.

Kennard, Edward H., *Hopi Kachinas*, New York: J.J. Augustin, 1938.

Kierkegaard, Søren, Trans. by Walter Lowrie, *The Concept of Dread*, Princeton, N.J.: Princeton University Press, 1944.

Kilpatrick, Franklin P., ed., *Explorations in Transactional Psychology*, New York: New York University Press, 1961.

Korda, Michael, *Success!*, New York: Random House, 1977.

_____, *Power: How to Get It, How to Use It*, New York: Random House, 1975; Ballantine Books, 1976.

Korzybski, Count Alfred, *Science and Sanity: An Introduction to Non-Aristotelian Systems and General Semantics*, Lakeville, Conn.: International Non-Aristotelian Library Publishing Company, 1948.

Leach, E.R., *Rethinking Anthropology*, London: Athlone Press, 1961.

Le Lionnais, François, "Le Temps," In Robert Delpire, ed., *Encyclopédie Essentielle*, Paris, 1959.

Leonard, George, *The Silent Pulse*, New York: Bantam Books, 1981.

Libassi, Paul T., "Biorhythms: The Big Beat," *The Sciences*, May 1974.

Lorenz, Konrad, *King Solomon's Ring*, New York: The Thomas Y. Crowell Co., 1952.

_____, *Man Meets Dog*, Cambridge, Mass.: Riverside Press, 1955.

Luce, Gay G., *Body Time: Physiological Rhythms and Social Streess*, New York: Random House, 1971.

_____, and Julius Segal, *Sleep*, New York: Coward-McCann, 1966.

Mabie, H.W., *In the Forest of Arden*, New York; Dodd, Mead & Co., 1898.

MacLean, Paul D., "Man and His Animal Brains," *Modern Medicine*,

Vol.95, 1965, p.106.

Maraini, Fosco, *Japan: Patterns of Continuity*, Tokyo: Kodansha International, 1979.

Marschack, Alexander, "Ice Age Art," *Explorers Journal*, Vol.59, No.2, June 1981.

_____, *The Roots of Civilization*, New York: McGraw-Hill Book Co., 1972.

Matsumoto, M., "Haragei" (ms.), 1981.

Mayer, Maurice, *The Clockwork Universe: German Clocks and Automata, 1550~1650*, Neal Watson Academic Publications, New York, 1980.

McDowell, Joseph J., "Interactional Synchrony: A Reappraisal," *Journal of Personal and Social Psychology*, Vol.35, No.9, 1978.

Mead, Margaret, *New Lives for Old: Cultural Transformation— Manus*, 1928~53, New York: William Morrow & Co., 1956.

Munro, H.H., "The Unrest Cure," The Chronicles of Clovis, In *The Short Stories of Saki*, New York: The Viking Press, 1946.

Needham, J., "Time and Eastern Man," Royal Anthropological Institute, Occasional Paper, No.2, 1965.

Nystrom, Christine, "Mass Media: The Hidden Curriculum," Educational Leadership, November 1975.

Ornstein, Robert, *On the Experience of Time*, Baltimore, Md.: Penguin Books, 1969.

_____, *The Psychology of Consciousness*, New York: Pelican Books, 1975.

Park, David, *The Image of Eternity*, Amherst, Mass.: University of Massachusetts Press, 1975.

Piaget, Jean, Trans. by A.J. Pomerans, *The Child's Conception of Time*, New York: Basic Books, 1970.

_____, Trans. by Joan and Andrew Tomlinson, *The Child's Conception of the World*, New York: Harcourt, Brace & Co., 1929.

_____, "Time Perception in Children," In Julius T. Fraser, trans. by Betty Montgomery, ed. by Emily Kirb, *The Voices of Time*, 1981.

_____, and Inhelder, Bärbel, *The Child's Conception of Space*, Trans. by F.J. Langdon and J.L. Lunzer, London: Routledge & Kegan Paul, 1956.

Piers, Maria W., "Editorial," Erikson Institute Outrider, No.18, Chicago, Fall 1980.

Pietsch, Paul, *Shufflebrain*, Boston: Houghton Mifflin Co., 1981.

Powers, William T., *Behavior: The Control of Perception*, Chicago: Aldine Publishing Co., 1973.

_____, "Beyond Behaviorism," *Science*, Vol.179, January 26, 1973.

Pribram, Karl H., *Languages of the Brain*, Englewood Cliffs, N.J.: Prentice-Hall, 1971.

Priestley, J.B., *Man and Time*, Garden City, N.Y.: Doubleday & Company, 1964.

Puthoff, H.E., and R. Targ, "Perceptual Channel for Information Ttansfer Over Kilometer Distances: Historical Perspective and Recent Research," Proceedings of the IEEE, Vol.64, No.3, March 1976, pp.329~354.

Rabi, I.I., "Introduction," *Time*, New York: Time-Life Books, 1966.

Rodriguez, Richard, *Hunger of Memory*, Boston: David R. Godine, 1982.

Scarf, Maggie, *Unfinished Business: Pressure Points in the Lives of Women*, Garden City, N.Y.: Doubleday & Company, 1980.

Schafer, R. Murray, *The Tuning of the World*, New York: Alfred A. Knopf, 1977.

Scheflen, Albert E., *Body Language and the Social Order*, Englewood Cliffs, N.J.: Prentice-Hall, 1972.

Searles, Harold, *The Non-Human Environment*, New York: International Universities Press, 1956.

Selye, Hans, *The Stress of Life*, New York: McGraw-Hill Book Co., 1956.

Shaw, George Bernard, *Cashel Byron's Profession*, New York: Harper & Brothers, 1886.

Sheldon, William, and S.S. Gruen, *Varieties of Human Temperament: A Psychology of Constitutional Differences*, New York: Hafner Publishing Co., 1970.

Simmons, Leo W., ed., *Sun Chief: The Autobiography of a Hopi Indian*, New Haven, Conn.: Yale University Press, 1942.

Skinner, B.F., "Selection by Consequences," *Science*, Vol.213, July 31, 1981.

Slovenko, Ralph, "Public Enemy No.1 to Community and Mental Health: The Automobile," Bulletin of the American Academy of Psychiatry and Law, Vol.4, 1976, p.287.

Sofaer, A., R.M. Sinclair, and L.E. Doggett, "Lunar Markings on Fajada Butte in Chaco Canyon, New Mexico," In *New World Archaeoastronomy*, Cambridge, England: Cambridge University Press, 1982.

_____, V. Zinser, and R.M. Sinclair, "A Unique Solar Marking Construct," *Science*, October 19, 1979.

Sol, D.R., "Timers in Developing Systems," *Science*, Vol.203, March 1979.

Suzuki, D.T., *Essays on Zen Buddhism*, London: Rider & Co., 1951.

_____, *Manual of Zen Buddhism*, London: Rider & Co., 1950.

_____, *Zen and Japanese Culture*, Princeton, N.J.: Bolingen

Foundation, Princeton University Press, 1959.

_____, *Zen Buddhism*, Garden City, N.Y.: Doubleday & Company, 1956.

_____, and Erich Fromm, *Zen Buddhism and Psychoanalysis*, New York: Harper & Brothers, 1960.

Tedlock, Barbara, "Songs of the Zuni Katchina Society: Composition, Rehearsal, and Performance," In Charlotte Frisbie, ed., *Southwestern Indian Ritual Drama*, Albuquerque, N.M.: University of New Mexico Press, 1980.

_____, *Time and the Highland Maya*, Albuquerque, N.M.: University of New Mexico Press, 1981.

Tsunoda, Tadanobu, *Nihon-jin No No—The Japanese Brain*, Tokyo: 1978.

UNESCO, *Cultures and Time: At the Cross Roads of Culture*, Paris: UNESCO Press, 1976.

Vogel, Ezra, *Japan as Number 1*, New York: Harper & Row, 1979.

Von Uexkull, Jacob, "A Stroll Through the Worlds of Animals and Men," In C. Schiller, ed., *Instinctive Behavior*, New York: International Universities Press, 1964.

_____, and Georg Kriszat, *Streifzüge durch die Umwelten von Tieren und Menschen*, Berlin: J. Springer, 1934.

Watts, Alan, *The Way of Zen*, New York: Pantheon Books, 1957.

Whorf, Benjamin Lee, *Language, Thought, and Reality*, New York: John Wiley & Sons, 1956.

_____, "Science and Linguistics," *The Technology Review*, Vol. XLII, No.6, April 1940.

Wiener, Norbert, *Cybernetics: or, Control and Communication in the Animal and the Machine*, New York: John Wiley & Sons, 1948.

Yamaoka, Haruo, *Meditation But Enlightenment: The Way of Hara*, Tokyo: Heian International Publishing Co., 1976.

Zerubavel, Eviatar, *Hidden Rhythms*, Chicago: University of Chicago Press, 1981.

# 찾아보기